별난,
한국사
Keyword

별난, 한국사 Keyword (上)

초판 1쇄 2014년 04월 19일

지은이 최우창
발행인 김재홍
책임편집 김태수 조유영 박보라
마케팅 이연실

발행처 도서출판 지식공감
등록번호 제396-2012-000018호
주소 경기도 고양시 일산동구 견달산로225번길 112
전화 031-901-9300
팩스 031-902-0089
홈페이지 www.bookdaum.com

가격 15,000원
ISBN 979-11-5622-024-4 04910
979-11-5622-025-1 04910 (세트)
CIP제어번호 CIP2014011942
이 도서의 국립중앙도서관 출판시 도서목록(CIP)은 e-CIP 홈페이지(http://www.nl.go.kr/ecip)에서 이용하실 수 있습니다.

260개의 핵심어로, 한국사 꿰뚫어 보기

별난, 한국사
Keyword

| 최우창　上

머리말

　단어(낱말)가 모여서 문장이 되고, 문장이 모여서 문단을 구성하며, 문단이 모여서 글이 된다는 것은 누구나 아는 사실이다. 이런 맥락에서 보면 '글(정보) 이해의 기본'은 '단어(낱말)의 이해'라는 등식等式이 성립된다.

　세상에는 크게 두 가지 정보가 있다고 한다. 내가 읽고 듣고 봐서 이해가 되는 정보와 그렇지 않은 정보이다. 이해가 되지 않는 정보는 진정으로 나의 것이 아니라고 할 수 있다. 음식을 먹어서 소화가 되어야 영양분이 몸으로 골고루 공급되는 것과 같은 이치로, 이해되지 않는 정보는 소화되지 않은 음식과 같다고 생각한다.

　학교에서 30년 가까이 역사 과목을 가르치면서 절실하게 느낀 것은, 가르칠 내용은 많은데 시간은 늘 부족하고 학생들은 수업에 잘 집중하지 못하고 지루해 한다는 것이다. 가장 큰 원인은 나의 교수력 부족이겠지만, 그것만으로 다 설명할 수 없는 그 무엇인가가 존재한다는 것이다.

뇌 전문가들에 의하면 인간의 뇌는 직접(체험) 해보는 것을 가장 좋아하고, 그다음이 동영상, 그래픽 순서라는 것이다. 그런데 안타깝게도 인간이 만든 대부분의 정보는 뇌가 가장 싫어하는 텍스트(글)로 되어 있다는 것이다. 따라서 학생들이 주로 동영상이나 그래픽으로 구성된 게임이나 스마트폰에 열중하는 것은 당연한 뇌의 작용이라는 생각이 든다.

게임과 스마트폰에 익숙한 학생들은 따분한 텍스트 중심의 수업에 오랜 시간 집중하지 못하는 것은 당연한 현상이 되니까, 나는 그나마 그것으로 위안을 삼는다. 하지만 언제까지 그것을 위안으로 삼고 살 수도 없고, 나 나름의 해결 방안을 만들어 보고자 하는 고민의 결과물로 이 책을 만들게 되었다.

언어에는 구체어와 추상어(관념어)가 있다고 한다. 관념적이고 추상적인 내용을 구체적으로 얼마나 정확히 알고(이해하고) 있는가를 테스트하는 것이 수학능력시험(수능)과 학교시험(흔히 내신)이라고 한다. 반면에 구체적인 현상을 원리와 법칙을 적용하여 얼마나 추상적이고 논리적으로 그럴듯하게 말하게 하는 것이 구술口述 시험이고, 글을 쓰게 하는 것이 논술論述 시험이라고 한다.

안타깝게도 어려운 정보나 시험의 지문地文. 주어진 내용의 글의 대부분은 추상어로 되어있다. 추상어(개념어)에 대한 구체적인 이해가 시험과 정보 해독의 키워드라고 할 수 있다.

그런데 우리나라 추상어의 대부분은 한자어漢字語로 되어 있다. 따라서 한자의 적질한 이용이 추상이에 대한 개념 형성의 방법이 아닌가 한다. 한글을 사랑하는 것과 한자어의 이해는 별개의 개념이라고 생각한다. 한자어는 한자에 기초하여 만든 우리말이다. 한자로 쓸 수 있는 우리말이 한자어이다.

다시 역사수업으로 돌아와서 보면, 어느 시대나 그 시대를 특징짓는 키워드

(핵심어)가 있기 마련이다. 고대국가의 핵심어는 '중앙집권국가'이다. '중앙집권국가'와 같은 개념어의 의미를 가장 쉽고 빠르게 이해하고 전달할 수 있는 방법에, 부족한 나의 근력筋力을 사용했다. 소치동계올림픽에서 이상화 선수가 스피드스케이팅 500미터에서 금메달을 목에 걸 수 있었던 다리 근력만큼은 아니지만, 이 책을 읽고 이런 방법도 있었다는 마음을 가진 분이 몇 명만이라도 계신다면 여한이 없다. 그리고 그것에 그치지 말고 나와 비슷한 방법으로 모든 공부에 끊임없이 적용한다면 큰 성과가 있을 것이라고 확신한다.

끝으로 하나님의 은혜와 지혜로 여기까지 왔음을 고백한다. 또한 항상 기도로 응원해주시는 점촌중앙교회의 성도님들께도 감사드린다. 그리고 부족한 나에게 힘과 용기를 주시는 이건선 재단이사장님, 이춘대 교장선생님과 교직원님들께 감사드린다. 항상 격려와 조언을 아끼지 않은 이정호, 김사현, 권영하 선생님께도 감사의 인사를 드린다. 나의 절친 배준, 전표, 환규에게도 고맙다고 말하고 싶다. 무엇보다 내가 존경하고 사랑하는 부모님과 장인·장모님께 큰절 올린다. 그리고 아내 애란과 딸 혜민 아들 태훈이의 사랑과 희생이 없었다면 중도에 포기했을 것이다. 그 모든 것에 감사한다.

2014년 3월 문경에서 최우창

머리말 5

I. 고대사회

001 | 역사 16
002 | 역사시대 17
003 | 선사시대 17
004 | A. D와 B. C 18
005 | 세기 19
006 | 빙하기 = 빙기 19
007 | 간빙기 20
008 | 직립보행, 인류 20
009 | 사료 22
010 | 한반도 22
011 | 화석 23
012 | 99% 이상, 구석기시대 23
013 | 무리사회, 채집 25
014 | 생산, 신석기시대 26
015 | 움집 27
016 | 빗살무늬토기, 즐문토기 28
017 | 중석기시대 29
018 | 가락바퀴 30
019 | 씨족과 부족 31
020 | 자연신 숭배, 애니미즘 32
021 | 토테미즘 33
022 | 영혼불멸사상 34
023 | 조개더미=조개무지=패총 34

024 | 문명 35
025 | 청동기시대 37
026 | 제정일치, 정교일치 39
027 | 민무늬토기 40
028 | 비파형동검 40
029 | 거푸집 = 용범 41
030 | 세형동검 42
031 | 고인돌, 지석묘 42
032 | 암각화 44
033 | 선민사상, 선민의식 44
034 | 명도전 45
035 | 반달돌칼, 반월형석도 46
036 | 단군왕검 46
037 | 홍익인간 47
038 | 8조법, 8조법금, 8조금법 48
039 | 고조선 49
040 | 중계무역, 중개무역 50
041 | 요령지방 50
042 | 한사군 51
043 | 철기시대 52
044 | 연맹왕국 53
045 | 널무덤 = 토광묘 54
046 | 독무덤 = 옹관묘 55

047 | 부여 55
048 | 4출도 56
049 | 순장 57
050 | 토우 = 토용 58
051 | 영고 58
052 | 형사취수 59
053 | 우제점법 60
054 | 껴묻거리 = 부장품 60
055 | 일책십이법 61
056 | 동맹 61
057 | 서옥제 62
058 | 옥저 63

059 | 예부제, 민며느리제도 63
060 | 동예 64
061 | 책화 65
062 | 족외혼 66
063 | 무천 66
064 | 삼한 67
065 | 소도 68
066 | 천군 69
067 | 벽골제·수산제·의림지·공검지 70
068 | 단오 = 수릿날 71
069 | 상달 = 계절제 71
070 | 변한 → 가야 72

II. 삼국시대

071 | 고구려의 역대 왕조 계보 74
072 | 백제 역대 왕조 계보 75
073 | 신라 역대 왕조 계보 76
074 | 중앙집권국가 77
075 | 진대법 80
076 | 태학 80
077 | 관등, 관위, 관품 81
078 | 관직 82
079 | 율령 83
080 | 연호 84
081 | 천도와 환도 86
082 | 돌무지무덤 87
083 | 장군총 88
084 | 광개토대왕 = 호태왕 89
085 | 조공 90
086 | 장수왕 90

087 | 호우 92
088 | 대대로, 상좌평, 상대등 94
089 | 제가회의 96
090 | 정사암 97
091 | 화백회의 97
092 | 나·제 동맹 99
093 | 우경 99
094 | 법흥왕 100
095 | 골품제도 101
096 | 단양적성비 103
097 | 순수비 104
098 | 화랑도 105
099 | 임신서기석 106
100 | 한강 유역의 중요성 107
101 | 대첩 108
102 | 연개소문, 대막리지 109

103 | 을지문덕, 여수장우중문시 109
104 | 무용도, 고분벽화 110
105 | 서산마애삼존불, 마애 111
106 | 칠지도 111
107 | 지석 112
108 | 천마총 113
109 | 사리장치 114
110 | 부여 정림사지 5층 석탑 115
111 | 탑 = 탑파 116

112 | 불상 116
113 | 묘·침묘·가묘·문묘·종묘 117
114 | 능·원·묘 119
115 | 불교 사상 120
116 | 도교 사상 124
117 | 천리장성 125
118 | 도호부·도독부 126
119 | 삼국의 동맹 관계 127
120 | 금동미륵반가상 = 금동미륵보살반가사
      유상 128

III. 남북국시대 (통일신라와 발해)

121 | 남북국시대, 남국과 북국 130
122 | 시호, '시호를 알면 업적이 보인다.' 131
123 | 왕권의 전제화 133
124 | 집사부, 집사성 135
125 | 상수리제도 136
126 | 소경 137
127 | 녹읍과 식읍, 관료전 138
128 | 조·용·조 139
129 | 민정문서, 장적 140
130 | 정전 141
131 | 모줄임 양식 141
132 | 발해가 고구려를 계승했다는 근거는? 142
133 | 해동성국 143
134 | 말갈족·여진족·만주족 144
135 | 정당성 145
136 | 주작대로 145
137 | 발해의 대외 관계 및 교통로 146
138 | 유민과 유민 147

139 | 신라방·신라촌·신라원·신라소·
      신라관 148
140 | 진골 귀족 149
141 | 촌주 150
142 | 금입택 150
143 | 최치원의 시무책 10여조 152
144 | 숙위학생 154
145 | 빈공과 154
146 | 왕위쟁탈 싸움, 대공의 난 155
147 | 호족 156
148 | 장보고와 청해진 158
149 | 왕오천축국전 159
150 | 서역 160
151 | 원효의 화쟁사상과 정토종 160
152 | 의상의 화엄사상 162
153 | 독서삼품과 163
154 | 대승불교, 소승불교 163
155 | 교종, 선종, 5교 9산 164

156 | 풍수지리설 166
157 | 후삼국 시대 168
158 | 백제·후백제, 탄현 169
159 | 궁예와 미륵, 궁예미륵 170
160 | 봉기 172

161 | 공, 토, 벌, 정 172
162 | 삼대목 173
163 | 성덕대왕 신종 173
164 | 호석 174
165 | 여왕 175

IV. 고려시대

166 | 고려 왕조의 계보 178
167 | 봉건제도 179
168 | 개경 송악 → 개경 → 개성 179
169 | 서경 180
170 | 고려 태조, 왕건 180
171 | 왕건의 혼인을 통한, 왕권강화책 182
172 | 기인, 사심관제도 183
173 | 고려 광종, 노비안검법, 과거제도 184
174 | 과거제도와 음서제도 186
175 | 고려의 성종, 조선의 성종 188
176 | 고려의 중앙정치제도 189
177 | 고려의 지방행정제도 193
178 | 고려의 군사제도 195
179 | 고려의 토지제도, 전시과 196
180 | 고려의 신분제도 199
181 | 무신정변 202
182 | 최충헌과 교정도감 205
183 | 삼별초 207
184 | 만연·갈등·농민과 천민의 봉기 208
185 | 강동 6주, 귀주대첩, 천리장성 209
186 | 윤관, 별무반과 동북 9성 212

187 | 팔만대장경 214
188 | 무구정광대다라니경 215
189 | 상정고금예문, 직지심경 216
190 | 동국·대동·청구·해동 = 우리나라 219
191 | 동국 ~ 219
192 | 상감청자 221
193 | 기철, 권문세족 222
194 | 일본원정, 정동행성 224
195 | 공민왕, 전민변정도감 226
196 | 홍건적과 왜구 227
197 | 정도전, 신진사대부 230
198 | 안향, 성리학 232
199 | 최영과 이성계, 위화도 회군 235
200 | 조준, 과전법 237
201 | 의천, 천태종과 지눌, 조계종 239
202 | 건원중보 241
203 | 김부식의 삼국사기와 일연의
      삼국유사 242
204 | 최충, 문헌공도 243
205 | 코리아, 벽란도 244
206 | 관음보살도, 불화 245

V. 조선시대

207 | 조선의 역대 왕조 계보 248

208 | 간지 249

209 | 간지 + 역사적 사건의 성격 250

210 | 사대·교린·정책 260

211 | 조선 태종과 세조, 육조 직계제 263

212 | 성종, 경국대전 265

213 | 속·속 265

214 | 조선 전기, 통치 제도 266

215 | 진관체제와 제승방략체제 267

216 | 유향소와 경재소 270

217 | 세종, 농사직설 271

218 | 세종, 훈민정음 272

219 | 훈구와 사림, 산림 275

220 | 장영실과 이천의 혼천의, 간의 278

221 | 조선왕조실록 281

222 | 공전과 사전 283

223 | 지주전호제와 전주전객제 284

224 | 역, 군역과 요역 286

225 | 공납 = 납공, 잉류 288

226 | 결부법과 전분6등법, 연분9등법 291

227 | 의창, 상평창 293

228 | 조운과 역원제도 294

229 | 봉수제도 296

230 | 직파법과 모내기법 그리고 이모작 297

231 | 김육, 대동법 300

232 | 시전상인, 보부상, 난전 304

233 | 관영수공업과 민영수공업 308

234 | 개시무역, 후시 312

235 | 상평통보, 전황 313

236 | 타조법, 도조법 317

237 | 이순신, 임진왜란 318

238 | 납속책과 공명첩 323

239 | 영조, 균역법 324

240 | 인조, 영정법 330

241 | 조선, 성리학 332

242 | 향~ 333

243 | 이황의 주리론, 이이의 주기론 336

244 | 이황, 소수서원 338

245 | 이조전랑, 붕당 340

246 | 송시열, 예송 논쟁 343

247 | 숙종, 환국 348

248 | 영조, 탕평책 349

249 | 안동김씨, 세도정치 351

250 | 비변사 355

251 | 효종의 북벌론, 박제가의 북학론 356

252 | 김육, 시헌력 359

253 | 정조, 규장각과 장용영 360

254 | 양명학 363

255 | 시파·벽파 364

256 | 진경산수화, 풍속화, 민화 365

257 | 분청사기, 청화백자 367

258 | 양반·중인·상민·노비 369

259 | 실학, 실사구시 375

260 | 동학 388

찾아보기 391

I
고대사회

KEY WORD

001 역사^{歷史}

① 지날 역, 기록할 사. 기록된 문서 사.

② 지나온^歷 사실이나 인물에 대한 기록^史이 역사^{歷史}이다.

③ 과거에 일어난^歷 사건에 대한 역사가가 남긴 기 록^史이다.

④ 과거의^歷 인간의 삶에 대한 기록^史이다.

⑤ 인간이 겪어온^歷 여러 가지 삶에 대한 기록^史이다.

⑥ 과거에 일어난 사건이나 인물에 대한 기록이다.

⑦ 과거에 인간이 살아온 이야기가 역사이다.

⑧ 과거에 있었던 일사건. 사실. ^歷 + 역사가(역사학자. 사관)의 기록^史 = 역사^{歷史}이다.

⑨ 따라서 역사학은 인간의 삶을 연구하는 학문이며, 인간 활동의 변화적인 측면에 초점을 두고 있다고 할 수 있다.

002 역사시대 歷史時代

① 지날 역, 기록할 사, 때 시, 구분할 대

② 문자가 있어서, 지나온歷 인간의 삶의 모습을 문자로써 기록할史 수 있었던 시대時代가 역사시대歷史時代이다.

③ 시대時代는, 어떤 '기준'에 의하여 시기時期. 때를 구분한(나눈) 연대年代이다.

④ 선사시대와 역사시대를 구분하는 기준은 '문자'사용 여부與否이다. 문자를 사용하여 그 시대 인간의 삶의 모습을 기록으로 남긴 것은 역사시대이고, 그렇지 않은 것은 선사시대이다.

003 선사시대 先史時代

① 먼저(이전, 앞선) 선, 기록할 사, 때 시, 구분할 대.

② 역사시대歷史時代 이전의先 시대를, 선사시대라고 한다.

③ 선사시대에는 인류가 그들의 삶을 기록으로 남기지 못했기 때문에, 남겨진 흔적(유물과 유적, 바위그림 등)을 통해서 그들의 삶을 엿볼 수 있다.

④ 인류의 과거 중에서 문자가 없어서 남겨진 물건(유물), 남겨진 흔적(유적), 바위그림(암각화) 등으로만 그때의 삶의 모습을 짐작할 수 있는 시대이다.

⑤ 유물遺物은 남겨진 물건, 유적遺蹟은 남겨진 흔적을 말한다.

004 A. D와 B. C

① A. D^{Anno Domini}

* Anno Domini : IN the year of our LORD^{우리 주님의 해} = 그리스도 기원이라는 뜻이다.
* 기원紀元 : 역사 연대를 계산하는데 기준이 되는 최초의 해.
* 서력기원西曆紀元 = 서기西紀 : 예수의 탄생을 서양西洋 달력曆의 출발점(기원)으로 삼음.
* 단군기원檀君紀元 = 단기檀紀 : 단군의 탄생을 달력曆의 출발점(기원)으로 삼음.

② B. C^{Before Christ}

* Before Christ : 예수^{Christ} 탄생 이전^{Before}이라는 뜻이다.
* 기원전紀元前. 서력기원 이전의 준말 = 서기전西紀前이라고 도 한다.
* 기원전은 예수가 탄생한 해를 기준으로, 그 이전의 시기를 말한다.

③ 서기西紀 : '서력기원西曆紀元'의 준말이다.

④ 기원전 서기전. B.C ↔ 기원후 서기. A.D

서기전 = 기원전 = B·C	예수 탄생	서기 = A·D
서기전 2333년 ←	0	→ 서기 2014년

▶ 실제로, 예수의 생존은 : 기원전 2년(?) ~ 서기 30년.

▶ 2014년은 단기(단군기원), 서기전 2333 + 서기 2014 = 4347
년이다.

005 세기世紀

① 백년 세, 해 기.

② 한 세기(1세기) : 백년百年. 100년 = 100百 + 해年

③ 서력西曆. 서양 달력에서, 예수 그리스도 탄생을 기원紀元. 시작으로 하여
100년을 1세기로 하는 시대時代 구분 단위를 말한다.

④ 1세기는 몇 년을 말해요? = 100년.

⑤ 세기世紀 = Century = 1C. 예수 탄생의 해를 1년으로 해서 1년부
터 100년까지를 1세기¹C라고 한다. 그리고 세기를 계산할 때에
는 연도의 100단위 이상에 1을 더하면 된다. 예를 들어 임진왜
란은 1592년에 일어났는데, 세기로는 16세기 말이 된다.

⑥ 2014년 + 1 = 21세기이다.

006 빙하기水河期 = 빙기氷期

① 얼음 빙, 강 하, 시기 기.

② 얼음덩어리氷가 강河처럼 흘러다니던 시기時期. 때가 빙하기이다.

③ 오랫동안 눈이 쌓여(만년설) 얼음덩어리氷를 이루고 강물河처럼 계곡 등을 흘러다니던 시기時期를 말한다.

④ 지구상의 기온이 몹시 차가워, 북반구北半球의 대부분이 대규모의 얼음 덩어리로 덮여 있던 시기이다.

⑤ 구석기시대에는 추운 빙기와 따뜻한 간빙기가 여러 차례 번갈아 나타났다.

007 간빙기間氷期

① 사이 간, 얼음 빙, 시기 기.

② 빙하기氷河期와 빙하기 사이間의 시기時期를 말한다.

③ 두 빙기氷期 사이間에, 기온이 따뜻했던 시기이다.

④ 300만 년 전에서 1만 년 전 사이에, 지구상에는 4차례의 빙하기와 3차례의 간빙기가 존재했다고 한다.

⑤ 제4 빙하기 말기인, 1만 년 전쯤 지금과 비슷한 모습의 한반도가 형성되었다. 지금으로부터 1만 년 전쯤에 한반도에는 신석기시대가 시작되었다.

008 직립보행直立步行, 인류人類

① 사람 인, 무리 류.

② 인류人類는 사람人 무리類, 인간人間 무리類라는 뜻으로, 사람을 다

른 동물과 구분하여 부르는 말이다.

③ 인류의 진화 요인 중 가장 중요한 것은, 직립直立 보행步行 이었다.

④ 직립보행直立步行 : 바로直 서서立 걸어步 감行. 허리를 펴고 바로 서서 걸어감.

⑤ 손(도구)의 사용과 직립(곧 선) 보행은, 오직 인류(인간)만이 완전하게 해낸 것이고, 이것이 인류 진화의 핵심이었으며, 최고의 영장류靈長類가 되는 결정적 계기가 되었다. 인류의 탄생과 관련하여 진화론과 창조론이 있는데, 역사학자들은 대체로 진화론을 따르고 있다.

⑥ 영장靈長. 신령 령, 어른 장은 '신령스러운 힘을 가진 우두머리'라는 뜻으로, 사람을 말한다. 영장류는 사람과 비슷한 무리.

⑦ 인류가 동물과 구분되는 가장 큰 특징은 도구, 불, 언어, 문자의 사용이다.

⑧ 최초의 인류는 '오스트랄로피테쿠스'이다.

⑨ 최초의 현생인류는 '호모사피엔스사피엔스(크로마뇽인)'이다.

⑩ 크로마뇽인은 프랑스의 크로마뇽 동굴에서 발견된 화석인류로, 키가 크고 얼굴이 길쭉하며 오늘날 백인의 조상으로 생각되는 최초의 현생인류이다. 이들은 고도의 수렵, 어로 생활과 알타미라 등의 동굴벽화를 남기기도 했다.

⑩ 현생現生이란 '지금現, 현재現在 생존生存하고 있는, 지금 살아 있는' 이라는 뜻이다. 현생인류란, 현재 생존하고 있는 인류와 같은 종種에 속하는 인류라는 뜻이다.

009 사료史料

① 역사 사, 자료 료.

② 역사歷史 서술에 필요한 자료資料, 재료材料로서, 사료에는 유물·유적·기록 등이 있다. 음식을 하려면 음식재료가 있어야 하듯이 역사서술에는 '사료史料'가 있어야 한다.

③ 역사의 연구와 편찬에 필요한 문헌·유물·유적 따위의 자료(재료, 밑천)이다.

④ 역사가들이 옛날에 일어난 일들을 조사하고 연구하기 위해서 이용하는 모든 자료가 '사료史料'이다.

010 한반도韓半島

① 나라 한, 절반 반, 섬 도.

② 한반도韓半島는 한민족韓民族이 사는, 절반折半이 섬島으로 이루어진 땅이라는 뜻이다.

③ 우리 민족의 생활 무대였던 만주와 한반도에, 사람이 살기 시작한 것은, 70만 년 전쯤이다.

④ 구석기시대에 한반도에 살았던 사람들은 오늘날 우리 민족의 직접적인 조상으로 보기는 어렵다. 그 이유는 기후의 변화에 따라 남·북으로 상하上下 이동을 했기 때문이다.

011 화석化石

① 될 화, 돌 석.

② 돌이石 됨化.

③ 생물 生物. 동식물 등 의 유해 遺骸. 유골. 시체 가 돌石 처럼 굳어짐, 딱딱해 짐化.

④ 지질시대에 살던 동식물의 유해遺骸 및 유물이 퇴적암 같은 바위 속에 남아 있는 것으로, 공룡 화석·물고기 화석 등이 있다.

⑤ 뼈로 만든 여러 종류의 도구와 화석 등의 구석기 유물이 출토되 었다.

⑥ 화석은 생물의 진화와 그 시대 지표地表. 땅의 겉면의 상태를 아는 데 에 큰 도움이 된다.

012 99% 이상, 구석기시대舊石器時代

① 옛 구, 돌 석, 도구 기, 때 시, 시대 대.

② 구식舊式. 옛날 방식 돌石로 만든 도구器를 연장으로 사용했던 시대時 代가 구석기시대이다.

③ 구석기시대는 뗀석기(구석기)를 연장(도구)으로 사용했던 시대 이다.

④ 인류(인간) 역사의 99% 이상이 구석기 시대였다.

⑤ 인류가 처음으로 지구상에 나타난 시기부터, 약 1만 년 전에 신

석기시대가 시작되기 전까지, 돌을 깨뜨려 도구(뗀석기)를 만들어 사용하던 시기를 말한다.

⑥ 한반도에는 약 70만 년 전부터 사람이 살기 시작하였다.

⑦ 인류는 '생존生存'을 위해 도구를 사용하는 방법을 터득하게 되었다.

⑧ 뗀석기는 돌을 깨거나 떼어 내어 만든, 구석기시대의 도구다.

⑨ 구석기시대의 대표적인 뗀석기는 주먹도끼이다.

⑩ 구석기시대에 한반도에 살았던 사람들은 기후의 변화가 심하여, 식량을 찾아 상하上下로 이동생활을 하였기에, 우리 민족의 직접적인 조상으로 보기 어렵다.

⑪ 구석기의 존재 여부에 따라서 그 지역 문명의 시작이 결정되기 때문에, 구석기를 중요하게 여긴다. 구석기는 문명의 첫 단계에서 사용한 도구이다. 인류가 가장 먼저 사용한 도구가 구석기이다.

⑫ 박편석기剝片石器, 두드릴 박, 조각 편는 두드려서剝 조각片을 내어 만든 석기石器를 말한다. 몸돌에서 떼어낸 돌 조각을 격지라고도 한다. 돌을 타격하거나 충격을 가하여 떼어낸 파편으로 만든 석기가 박편석기이다. 구석기시대 사람들은, 박편 석기를 도구로 사용하였다.

무리사회, 채집探集

① 무리 = 떼. 무리 짓다 = 떼를 이루다. 떼는 목적이나 행동을 같이하는 무리(집단)이다.

② 무리를 지어서 이동하며 살았던 사회가 구석기시대였다.

③ 그래서 구석기시대 사회를 '무리사회'라고 한다.

④ 인류는(사람들은) 처음에 먹을 식량을 생산할 줄 몰랐다. 그래서 자연 상태에서 저절로 자란 식물의 열매나 잎을 따거나 주워서 먹고, 뿌리 등을 뽑아서 먹었다. 또한 짐승이나 물고기도 잡아서 먹었다. 이러한 것을 채집探集. 캘 채. 모을 집이라고 한다. 구석기시대에는 식량을 채집하여 먹고 살았다.

⑤ 천둥, 번개와 같은 자연현상으로부터 두려움을 극복하거나, 먹거리의 풍요를 바라는 마음에서 동굴에 벽화를 그렸던 구석기시대와, 신석기시대에는 애니미즘, 토테미즘, 샤머니즘, 조상신 숭배와 같은 원시적 형태의 신앙생활이 시작되었다.

⑥ 약 1만 년 전, 지구상에는 기후의 극심한 변동이 점차 줄어들고 기온이 올라가면서 기후가 온난해졌다. 이러한 자연환경의 변화에 따라 인류는 원시적인 농경과 목축을 하기 시작하였다. 즉, 신석기시대에 이르러 인류는 채집경제에서 생산경제로 발전하게 된다. 인류의 위대한 '생산 혁명'이 일어난 것이다.

① 새 신, 돌 석, 도구 기, 때 시, 시대 대.

② 신식新式. 새로운 방식 돌石로 만든 도구器를 연장으로 사용했던 시대時代이다.

③ 간석기를 도구로 사용했던 시대를 신석기시대라고 한다.

④ 신석기시대를 특징짓는 대표적인 유물은 간석기와 토기이다.

⑤ 인류의 역사의 99% 이상이 구석기 시대이고, 지금에서 1만 년 전부터 신석기시대가 시작되었다.

⑥ 신석기시대 사람들은 농경과 목축생활을 하면서 점차 정착생활을 하게 되었다. 구석기시대와 신석기시대를 구분하는 기준점은 '농경생활'의 여부이다.

⑦ 간석기는 돌을 갈아서 날을 세워 만든 도구로, 간석기의 사용으로 사람들은 그전보다 예리하고 단단한 날을 얻을 수 있게 되었다. 그리고 무디어진 날은 다시 갈아서 사용하면 되었기에 석기의 재활용 빈도가 구석기시대보다 많아졌다.

⑧ 신석기 혁명 : 신석기시대에 들어와 농경과 목축생활을 하면서, 인류는 식량을 채집하는 단계에서 생산하는 단계로 진입하는데, 이를 신석기 혁명이라 한다.

⑨ 농경과 목축생활을 하면서 점차 이동생활에서 정착생활을 하게 되면서, 움집과 같은 주거지를 마련하게 되었다.

⑩ 한반도에서의 신석기시대는, 1만 년 전에서 기원전 15~10세기 정

도까지라고 볼 수 있다. 10,000년 전~3,500년 전 사이가 신석기시대라고 할 수 있다. 기원전 8,000년 무렵과 1만 년 전은 같은 의미이다.

015 움집

① 움을 파서 만든 집. 흙구덩이(움)를 파고 그 가운데에 기둥을 세우고 지은, 반지하식 집이 움집이다.

② 움 = 땅속. 움푹 = 가운데가 깊이 들어가 우묵한 모양. 움푹하다.

③ 움집은 신석기시대와 청동기시대의 대표적인 주거지이다. 구석기시대의 주거지는 동굴이나 막집이었다. 막집은 '대충 막 지은 집'이라는 뜻이다. '막'은 '앞뒤를 가리지 않고 함부로'라는 뜻이다. 구석기시대 사람들이 강에서 물고기 등을 잡을 때 잠시 머물렀을 것으로 여겨지는 나뭇가지나 나뭇잎으로 지은 집이 막 집이다.

④ 신석기시대와 비교하면 청동기시대에는 움집의 크기가 커지고 깊이는 얕아지고 둥근 모양에서 네모난 모양으로 점차 바뀌었다.

⑤ 구석기시대에는 동굴이 신석기와 청동기시대에는 움집이 대표적인 주거지였다. 움집은 신석기시대 사람들이 정착생활을 하였음을 짐작케 한다.

⑥ 신석기시대의 움집터에서 간석기나 빗살무늬토기 등이 발견된다. 신석기시대의 움집터는 강가나 해안에서 많이 발견된다. 이러한 사실은 신석기 시대인들의 삶의 주된 터전은 강가나 해안

이었다는 증거이다. 빗살무늬토기에 나타나는 무늬도 물결(물의 상징)로 여겨진다. 신석기 시대인들은 생계의 상당한 부분을 어로漁撈. 고기잡이에 의존했음을 엿볼 수 있다.

⑦ 신석기시대의 사람들은 빗살무늬토기를 사용하여, 음식물을 저장하거나 요리하여 먹었다.

016 빗살무늬토기土器, 즐문토기櫛文土器

① 빗 즐, 무늬 문, 흙 토, 그릇 기.

② 흙土으로 빚어 구운 그릇器을 토기土器라고 한다.

③ 빗살무늬토기는 빗살 모양의櫛 무늬를文 새겨 만든 토기土器라는 뜻이다. 빗살무늬토기는 신석기시대의 대표적인 토기이다.

④ 신석기시대의 사람들은 토기를 만들어 음식물을 요리하고 저장하였다. 토기는 인류가 농경생활을 시작했음을 알려주는 대표적인 유물이다.

⑤ 빗살은 머리를 빗는 빗의 가늘게 갈라진 낱낱의 살을 말한다.

⑥ 신석기시대 이전부터 구석기시대 사이의 시기를 중석기시대라고 한다. 중석기시대에는 작고 날랜 짐승을 잡기 위하여, 잔석기를 사용하였고, 잔석기는 이음(슴베)도구와 결합하여 사용하였다. 이음도구의 대표적인 것으로는 '슴베 찌르게'가 있다. 슴베는 칼, 호미, 낫 따위에서, 자루 속에 들어박히는 뾰족한 부분이다.

⑦ 구석기시대는 먹고 남을 정도의 생산물이 없었기에, 저장의 필요

성이 많지 않아 토기를 만들지 않았다. '필요는 발명의 어머니'라
고 할 수 있다.

017 중석기시대 中石器時代

① 가운데 중, 돌 석, 도구 기, 때 시, 시대 대.

② 구석기시대舊石器時代와 신석기시대의 중간中間에 존재했던 시대時代
가 중석기시대이다.

구석기시대 말기에서 신석기시대의 초기에 해당한다. 대략 1만
년 전에서 8,000년 전 사이이다. 구석기시대에서 신석기 시대로
넘어가는 과도기적인 단계를 중석기시대로 부르고 있다.

③ 중석기시대에는 잔석기를 도구로 사용하였다.

④ 잔석기는 세석기細石器, 작을 세, 돌 석, 도구 기라고도 하며, 작은 뗀석기라
는 의미이다. 잔석기는 중석기시대에 사용되었던 뗀석기의 하나
이다.

⑤ 인류가 잔석기를 도구로 사용하게 된 것은 기후의 변화와 관련
이 많다. 1만 년 전쯤부터 4빙하기가 끝나고 기후가 다시 따뜻해
지면서 덩치가 작은 토끼, 사슴과 같은 짐승들이 늘어나면서 작
고 재빠른 짐승의 사냥에 적합한 도구가 필요하게 되었다. 그러
면서 작고 정교한 뗀석기인, 잔석기가 만들어지게 된 것이다. 따
라서 잔석기는 이음도구가 많다.

⑥ 이음도구(슴베)는 칼, 괭이, 호미 따위의 자루 속에 들어박히는

뾰족하고 긴 부분을 말하는데, 대표적인 것이 슴베찌르개이다. 슴베는 칼과 살촉 등에서 자루나 살대 속에 들어가는 부분이다.

⑦ 구석기에서 중석기시대를 거쳐, 신석기시대로 넘어가는데, 신석기시대에는 원시 형태의 직조생활이 시작되었다.

⑧ 신석기시대에 직조생활과 관련된 대표적인 유물이 가락바퀴와 뼈바늘이다.

018 | 가락바퀴

① 가락은 실을 뽑을 때, 실이 감기는 꼬챙이를 말한다.

② 바퀴는 돌리거나 굴리려고 둥글게 만든 물건이다.

③ 가락바퀴는 중앙의 구멍에 나무막대기(가락)를 끼워 돌려 실을 꼬던 도구이다. 섬유에 꼬임을 주어 실을 만들던 도구이다.

④ 가락바퀴는 신석기 시대의 사람들이 식물이나 동물의 섬유나 털을 가지고 실을 뽑는 데 사용하였다.

⑤ 가락바퀴로 뽑은 실로 옷을 지어 입거나, 그물을 만들어 물고기를 잡는 데 사용하였다.

⑥ 가락바퀴와 뼈바늘로 원시적인 수공업을 하였던 신석기시대 사람들은, 씨족 또는 부족을 단위로 생활하였다.

⑦ 그래서 신석기시대 사회를 '부족사회'라고 한다.

① 씨족^{氏族}은 같은^氏 조상으로부터 갈라져 나온, 혈연적으로 같은 계통의 사람들^族이다.

② 혈연^{血緣. 피 혈, 묶을 연}은 피로 맺어진 인연, 같은 핏줄로 맺어진 인연 이라는 뜻이다.

③ 씨족공동체는 공동^{共同}의 조상을 가진 혈연공동체이다.

④ 다른 씨족과의 결혼을 통하여 부족을 이루었다.

⑤ 신석기인들은 같은 핏줄이 모여 씨족을 이루고, 다른 씨족과의 혼인을 통해 부족사회를 이루고 살았다.

⑥ 씨족(혈연중심) → 부족(지연중심. 지역중심).

⑦ 신석기시대의 부족장은 지배자가 아니라 지도자였다.

⑧ 구석기, 신석기시대는 평등사회였고, 청동기시대에 계급이 생 겨났다. 계급이 생기면서 계급에 따른 신분제도도 점차 마련 되었다.

⑨ 부족은 같은 지역에 거주하면서 동질적^{同質的}인 문화를 지닌 사람 들이다. 지연^{地緣}은 같이 살고 있는 지역^{地域}을 중심으로 맺어진 인연^{因緣}이다. 부족은 같은 핏줄로 맺어진 가족이나 씨족보다 더 큰 집단이다. 구석기시대는 무리를 지어 이동하면서 살았기에, 구석기시대 사회를 '무리사회'라고 한다. 구석기시대의 무리사회 에서 신석기시대의 부족사회로, 청동기시대는 군장사회로 발전 하게 된다.

020 자연신 숭배, 애니미즘 Animism, 정령신앙, 영혼숭배

① 스스로 자, 그러할 연, 귀신 신.

② 인간의 삶에 영향을 미치는 자연自然과 자연현상自然現象 천둥·번개·비
등에 영혼(정령)이 깃들어 있다고 믿고, 그것을 숭배하는 신앙이
자연신 숭배이다.

③ 자연물自然物은 자연계에 존재하는 유형물(해, 달, 산, 강, 동식물,
광물 등)을 말한다.

④ 자연현상自然現象은 인간의 의지와는 관계없이 자연계에서 나타나
는 현상(천둥, 번개, 지진, 화산폭발 등)이다.

⑤ 자연계의 모든 사물과 자연계의 여러 현상을 정신적·생명적인
것의 작용으로 보고, 숭배하는 원시적 신앙이 자연신 숭배이다.

⑥ 인간의 삶에 절대적 영향을 미치는 태양에 대한 숭배가 자연신
숭배 가장 으뜸이었다.

⑦ 정령精靈은 만물의 근원을 이룬다는 신령스러운 기운이나 죽은
사람의 영혼을 말한다.

⑧ 애니미즘Animism 또는 정령신앙精靈信仰, 물활론物活論. 모든 물질은 생명이나
혼, 마음을 가지고 있다고 믿는 자연관은 자연계의 모든 사물에 생명이 있다고
보고, 그것의 영혼을 인정하여 인간처럼 의식, 욕구, 느낌 등이
존재하다고 믿는 신앙이다.

⑨ 자연신自然神은 자연현상이나 자연물을 숭배하여 신격화한 것
이다.

① 토템은 원시사회(미개사회)에서, 자기 씨족 또는 부족과 특별한 인연이 있다고 믿으며, 섬기는 동식물 또는 자연물(해, 달, 강 등)을 말한다.

② 토템(특정한 동식물·자연물)을 금기禁忌. 터부. 마음에 꺼려서 하지 않거나 피함 하거나, 숭배하는 신앙이 토테미즘이다.

③ 토테미즘은 자기 부족의 기원(출발점)을 특정한 동식물과 연결시켜 숭배하는 신앙이다.

④ 특정한 동식물을 자기 부족의 수호신으로 숭배하는 신앙이다.

⑤ 우리 역사에서 곰과 호랑이(단군신화), 말(박혁거세), 닭(김알지) 등은 토테미즘의 모습이라고 할 수 있다.

⑥ 샤머니즘Shamanism은 하늘과 인간을 연결시켜 준다고 하는 무당과 그 주술呪術을 믿는 신앙이다. 샤먼Shaman은 무당을 말 하는데, 단군신화의 단군檀君이나 삼한의 천군天君, 신라의 차차웅 등은 샤먼의 성격을 지닌 존재라고 할 수 있다.

샤머니즘은 무격신앙巫覡信仰이라고도 하는데, 무격巫覡이란 '무당여자. 巫과 박수남자. 覡'를 말한다. 무당과 박수를 신과 인간의 매개체로 생각하는 신앙이 무격신앙이다.

022 영혼불멸사상 靈魂不滅思想

① 신령 령, 넋 혼, 아닐 불, 멸망할 멸, 말씀 설.

② 사람은 죽어도 육체는 소멸되나, 영혼靈魂은 없어지지 않고不滅 영원하다는 사상이 영혼불멸사상이다.

③ 사람이 죽으면 육체는 없어지나 그 영혼은 없어지지 않는다는 믿음이다. 육체는 죽음과 함께 없어지나 영혼은 육체를 떠나서 영원히 생존한다고 하는 사상이다.

⑤ 영혼불멸사상은 영혼숭배와 조상숭배 신앙으로 연결되었다.

023 조개더미 = 조개무지 = 패총 貝塚

① 패총貝塚. 조개 패. 무덤 총. 무지다 = 쌓다. 모으다.

② 조개를 먹고 난 뒤, 그 껍데기를 버린 것이(무지, 더미) 무덤처럼 쌓인 유적지를 조개더미 또는 조개무지, 패총이라고 한다.

③ 조개더미는 신석기 시대의 타임캡슐이라고 할 수 있다. 타임캡슐은 그 시대를 대표하는 기록이나 물건을 담아서 후세에 온전히 전할 목적으로 고안한 용기容器. 그릇이다.

④ 패총은 무덤이 아니다.

⑤ 조개더미는 신석기시대의 쓰레기 처리장이라고 할 수 있다. 따라서 조개더미 속에서 신석기시대의 각종 유물이나 유적이 발견되기도 한다.

⑥ 신석기시대를 거쳐 청동기시대에 오면서 인류는 문명의 단계에 진입한다.

⑦ 인류 최초의 문명은 메소포타미아 문명이다.

⑧ 메소포타미아 문명은 청동기 문화를 바탕으로 형성되었다.

024 문명文明

① 글자 문, 밝을 명, 갖추어질 명.

② 문자文字의 사용으로 더욱 지혜롭게 살게 되면서 사회적, 정치적, 기술적인 삶의 질서가 이전보다 잘 갖추어진明 상태를 말한다. 인간의 지혜로 인하여 사회가 정신적, 물질적으로 진보된 상태를 말한다.

③ 인간이 삶의 질을 높이기 위하여 노력하는 과정에서, 사회가 기술적, 물질적으로 발전된 상태를 말한다. 문명文明 ↔ 미개未開, 야만野蠻.

④ 문명文明이란 인류(사람)가 문자文字를 통한 지적知的 삶을 삶으로써 '원시사회, 원시 상태, 야만, 미개'에서 벗어나 질서를 잘 갖추어(도시와 국가를 이루어) 사는 상태를 말한다.

⑤ 문명이란, 인류의 지혜가 발달하여 미개한未開 상태에서 벗어나 사회생활에 필요한 기술이나 제도가 발전된 상태를 말한다.
문명이란, 인간의 지혜로 자연적 제약을 극복하여 무리를 이루어 살면서 사회가 물질적, 정신적으로 발전해 간 상태를 말한다.

⑥ 인류 최초의 문명은 메소포타미아 문명이다.

⑦ 메소포타미아 문명은 청동기 문화를 바탕으로 형성되었다.

⑧ 청동기 문명은 주로 큰 강 유역을 중심으로 형성되었다.

⑨ 청동기 문명의 공통된 특징은 청동기사용, 문자사용, 계급발생, 사유재산(빈부격차), 도시성립 및 국가조직 등이다.

농경이 시작되면서 사람들은 점차 땅이 비옥한 큰 강 유역을 중심으로 마을(촌락)을 이루어 생활하였다. 농사를 짓는 데는 반드시 물이 필요했고, 기름진 땅도 중요한 역할을 하였다. 큰 강 유역은 물이 범람하는 과정에서 비료의 역할을 할 수 있는 퇴적물이 많아 농사짓기에는 좋았지만, 큰 홍수는 골칫거리였다.

이러한 홍수를 막기 위해서는 큰 둑을 쌓아야 했고, 큰 둑^{제방. 堤防}을 쌓는 데는 많은 노동력^{人力}이 필요했고, 이러한 인력을 체계적으로 관리할 수 있는 지도자가 필요했다.

문명은 관개농업에 유리한 큰 강 유역에서 먼저 시작되었다. 그 과정에서 집단의 규모가 커지고 계급이 발생하게 된다. 〈씨족 공동체사회. 신석기〉는 〈공동소유와 공동분배〉를 원칙으로 하는 평등사회였다. 그러나 〈신석기혁명. 농업혁명〉을 거치면서 농업생산력을 크게 증대하게 되었고 그에 따라 〈빈부의 격차〉가 발생하였다.

한편 가장 쉽게 가장 빨리 먹을거리를 확보하는 방법으로, 다른 부족이 이미 생산한 생산물을 빼앗기 위하여, 청동제 무기를 가진 부족은 이웃 부족들을 정복했고 그 과정에 지배와 피지배 관계가 형성되었다.

이렇듯 신석기 혁명 등에 의한 농업의 발전은 빈부의 격차 크게 하였고, 빈부의 격차는 계급을 형성하게 하였다. 계급의 발생으로 지배자들은 피지배자들을 효과적으로 지배하는 방편으로 신전神殿을 만들고, 그들 스스로 신전의 책임자가 되었다. 신전을 관리 하는 종교적 지도자는 농업 등에서 생산의 풍요를 기원하는 역할을 하였으며, 신과 인간의 소통자로서의 역할을 하였다. 그리고 종교의식에 필요한 제물의 양과 숫자, 그리고 종교의식에 대한 내용을 기록하는 과정에서 자연스럽게 문자를 발명하게 되었다.

청동기를 사용하게 되면서부터 활발한 정복전쟁으로 부족 간에 통합이 이루어져 도시가 성립되었고, 국가가 조직되었다.

025 청동기시대青銅器時代

① 푸를 청, 구리 동, 도구 기, 때 시, 시대 대.

② 청동青銅을 도구器로 사용하던 시대時代가 청동기 시대이다.

③ 청동기青銅器는 청동으로 만든 도구이다.

④ 청동青銅은 구리와 주석 또는 구리와 아연, 납의 합금合金이다. 인류가 가정 먼저 사용한 금속이 구리이다. 구리는 무른 금속이지만 주석이나 아연을 섞으면 단단해진다. 청동青銅은 '푸른 구리'라는 뜻이지만, 실제로 구리와 주석 또는 아연의 합금은 푸른빛을

띠는 것이 아니라 약간의 황금빛을 띤다. 철(쇠)이 녹슬면 붉은 빛을 띠는 것처럼, 구리와 주석 또는 아연의 합금이 녹슬면^{酸化} 푸른빛을 띠는 것이다. 그래서 청동이라고 부른다.

⑤ 합금合金은 성질이 다른 둘 이상의 금속 또는 비금속非金屬을 섞어 녹여 새로운 성질의 금속을 만드는 것이다.

⑥ 청동기시대의 특징은 청동기사용, 문자사용, 계급발생, 사유재산 (빈부격차), 도시성립 및 국가조직 등이다. 신석기시대와 청동기시대의 구분의 큰 기준은 '계급의 존재' 여부이다.

⑦ 우리나라 최초의 국가인 고조선은 청동기 문명을 배경(바탕)으로 형성되었다. 청동기 문명은 국가 성립의 핵심적인 요소이다.

⑧ 고조선의 정치, 종교적 지배자인 단군왕검은 지배의 원리로, 종교를 정치에 활용하였던 군장이었다.

⑨ 청동은 귀하고 만드는데 높은 기술을 필요로 하는 것이어서, 무기나 군장의 권위(힘)를 상징하는 청동거울 그리고 종교의식에 필요한 그릇을 만드는데 주로 사용하였다. 또한 단단하지 못해서 농기구로 사용하는데 적합하지 않아, 청동기 시대의 농기구는 신석기시대와 마찬가지로 간석기를 주로 사용하였다.

⑩ 한반도에서 청동기시대가 시작된 것은, 대략 기원전 15세기~기원전 10세기라고 할 수 있다. 철기시대는 기원전 4세기 무렵에 시작되었다. 따라서 한반도에서의 청동기시대는 대략 1,000년 남짓이 라 할 수 있다.

026 제정일치祭政一致, 정교일치政教一致

① 제사 제, 정사 정, 한 일, 이를 치.

② 제사祭祀와 정치政治가 하나로 합해진致 정치 형태를 제정일치 사회라고 한다. 정치적 지배자가 정치와 종교(제사)를 함께 주관하는 사회를 제정일치 사회라고 한다. 정교일치政教一致 일치라고도 한다. 정치政治와 종교宗教, 제사를 한 사람이 주관하는 정치 형태이다.

③ 청동기시대에는 제정일치 사회였다. 따라서 청동기 문명을 배경으로 형성된 고조선은 제정일치 사회였다. 청동기시대 부족의 정치적 종교적 지배자君역할을 했던, 우두머리長를 군장君長이라고 한다. 청동기시대의 군장은 종교와 함께 정치권력까지 가진 지배자였다. 고조선의 단군왕검에서 왕검은 제사장에 단군은 정치적 군장에 해당한다.

④ 종교와 정치적 권력이 분리되지 않고 한 사람에 의해 집중된 정치체제가 제정일치 사회인 것이다. 신神을 대변하는 제사장祭司長에 의해 다스려지는 국가 또는 정치체제가 제정일치 사회이다.

⑤ '단군왕검檀君王儉'을 통해서 고조선은 제정일치 사회였음을 알 수 있다. 고조선은 건국 당시, 제정일치사회의 단계였지만 어느 시기에 가서는 제정분리 사회로 나아갔다고 봐야 할 것이다.

⑥ 일반적으로 역사발전은 제정일치 사회에서 제정분리 사회 단계로 나아가는 단계를 거친다.

⑦ 삼한사회는 제정분리사회였다. 그 증거가 되는 것이 '소도^{蘇塗}'이다.

027 민무늬토기

① 민무늬토기에서 '민'은 '그것이 없음' 또는 '그것이 없는 것'의 뜻을 더하는 접두사이다. 비슷한 사용의 예가 민둥산(나무가 없는 산), 민머리(대머리) 등이다.

② 민무늬토기는 '무늬가 없는(민) 토기'라는 의미이다.

③ 민무늬토기는 청동기시대의 대표적인 토기이다.

④ 민무늬토기 이외에 청동기시대의 토기로는 미송리식토기, 붉은 간토기, 덧띠토기 등이 있다.

028 비파형동검^{琵琶形銅劍}

① 비파^{琵琶}는 한국, 중국, 일본 등에서 사용하는 현악기^{絃樂器.줄 현}이다.

② 비파형동검은, 비파^{琵琶} 모양^形을 한 구리^銅를 주원료로 만든 칼^(劍)을 말한다. 검^劍은 양쪽에 날이 있는 칼이고, 도^刀는 한쪽에만 날이 있는 칼이다. 중국은 전통적으로 검^劍을 일본은 도^刀를 많이 사용하였으며, 우리나라는 검과 도를 고루 사용하였다.

③ 비파형동검은 기원전 15세기경부터 사용된 것으로 중국 동북(요녕)지방, 만주 지방, 한반도에서 발견되고 있다. 중국에서는 거의

출토되지 않고 한반도와 만주지역에서 주로 발견되기에, 우리나라의 청동기문화는 중국과 계통이 다른 남부 시베리아와 연결되는 북방식 청동기이다.

④ 비파형동검은 거푸집을 이용하여 만들었다.

029 거푸집 = 용범鎔范

① 녹일 용, 본보기 범.

② 금속(쇠붙이)을 녹여 부어 어떤 물건을 만들었던 틀을 말한다. 주물의 바탕으로 쓰이는 모형으로, 오늘날은 금형金型이라고도 한다. 금속을 불에 녹여 액체의 형태로 만들어 붓는 틀이다.

③ 붕어빵을 만들려면 붕어빵 틀이 있어야 하는 것과 같은 이치이다.

④ 청동기를 만들기 위해 곱돌이나 흙, 밀랍으로 만든 주물 틀이다.

⑤ 청동검, 청동거울, 청동방울 등은 모두 거푸집으로 만들어진 것이다.

⑥ 비파형동검에서 더욱 발전된 형태가 세형동검이다. 세형동검은 청동기시대 후기에서 초기 철기시대에 사용되었다.

030 세형동검細形銅劍

① 가늘 세, 모양 형, 구리 동, 칼 검.

② 세형동검은 칼날의 모양이 가늘고細 길게 생긴形, 청동제 칼銅 劍을 말한다.

③ 대략 기원전 4세기경부터 사용된 것으로, 가늘고 길게 생겨서 이름이 붙여진 것細形으로 한반도(청천강 이남에서)에 집중적으로 분포하기 때문에 한국식 동검이라고도 한다. 비파형동검에서 발전된 것으로 우리나라에 독자적인 청동기 문화가 존재했음을 입증해주고 있다.

④ 청동기 문화가 북방의 영향을 받은 것과는 달리, 철기문화는 중국을 통하여 받아드렸다. 중국을 통해 철기문화가 수용되면서, 그와 함께 중국의 한자가 전래되고, 명도전·오수전·반량전 등과 같은 중국의 화폐가 교류에 사용되었다.

⑤ 경남 창원 다호리 유적에서 발견된 붓은, 중국에서 한자가 전래되고 사용되었음을 짐작할 수 있다.

031 고인돌, 지석묘支石墓

① 지탱할 지, 돌 석, 무덤 묘.

② 땅 밑에 돌石을 괴고받치고. 支, 그 위에 덮개돌을 올려서 만 든 무덤墓이 지석묘支石墓, 즉 고인돌이다.

③ 청동기 시대에 지배층과 그 가족의 무덤, 제사를 지내는 용도로
도 이용된 것으로 여겨진다.

④ 고인들은 돌널무덤과 함께 청동기시대의 대표적인 무덤으로서,
군장(청동기시대의 지배자)의 권위(위엄. 힘)를 상징한다.

⑤ 고인돌은 커다란 돌을 가지고 만든 구조물이다. 종교적인 의식
을 위한 제단祭壇. 제사를 지내는 단 의 성격을 띤 것도 있지만, 대부분
은 우리나라 선사 유적 가운데서 가장 두드러진 성격을 가 진
무덤이다.

⑥ 대체로 고인돌의 덮개돌의 무게는 당시 지배자의 권력을 상징하
는 것으로 알려져 있다. 고인돌이 주로 분포하는 지역은 하천과
평야가 바라다보이는 언덕이 많다고 한다. 이런 점에서 고인돌
문화는 농경과 관련이 있다고 여겨진다.

⑦ 한반도의 고인돌의 제작 시기는 대략 기원전 1,000년 무렵으로
여겨진다. 따라서 지금으로부터 대략 3,000년 전후의 시기에 만
들어진 것이다.

⑧ 고인돌에 묻힌 사람들은 그 당시 사회의 지배층으로서, 자신들
은 하늘로부터 선택받은 사람들이라는 선민의식을 갖고 있었다.
따라서 그렇지 못한 피지배층에 비하여 우월의식을 갖고 있었고
그것을 상징적으로 보여주는 구조물이 고인돌이다.

⑨ 고대인들은 커다란 기념물을 세움으로써 죽은 사람의 영혼이 신
에게 간다거나, 후손에게 좋은 영향을 끼친다고 생각했다. 또 이
것을 기회로 죽은 자의 권력을 계승하고, 과시함으로써 자신의

지배력을 확고히 하려는 의도도 있었다. 그래서 고인돌을 만든 것이다. 한반도는 고인돌의 왕국이었다. 한반도 고인돌의 숫자는 세계 고인돌의 40%에 해당한다고 한다.

032 암각화 巖刻畫

① 바위 암, 새길 각, 그림 화.

② 암각화는 바위(巖) 표면에 돌을 쪼아서 새긴(刻) 그림(畫)으로, '바위그림'이라고도 한다.

③ 우리나라의 대표적인 암각화는 울산광역시 울주군 천전리, 반구대 암각화(바위 그림)이다.

④ 암각화는 자연 속에 노출된 바위나 동굴 벽에 여러 가지 동물상이나 기하학적 상징 문양을 그리거나 새겨놓은 그림으로, 구석기 시대부터 그려졌지만 가장 두드러진 것은 신석기시대부터이고 청동기시대에 와서 가장 많은 제작이 이루어졌다. 암각화는 선사시대의 신앙과 생활 모습을 생생하게 표현하였으며 주로 풍요로운 생산을 기원하는 주술적인 내용이 많다.

033 선민사상 選民思想, 선민의식 選民意識

① 뽑을 선, 백성 민.

② 선민(選民)이란 선택(選擇)받은 백성(民), 하늘로부터 선택받은, 뽑힌 백

성 또는 사람이라는 의미이다. 신(하늘)이 특정한 민족 혹은 사람들을 구원하기 위하여 선택했다는 사상이다. 그래서 하늘로부터 선택된 자신들이 다른 민족이나 사람들보다 더 우월적인 존재라고 믿거나 여기는 것을 선민의식 또는 선민사상이라고 한다.

③ 환인천신. 天神의 아들 환웅, 환웅의 아들 단군이라는 인식을 통하면 단군은 하늘(천신)로부터 선택받은 사람, 천신의 자손이 된다. 선민사상은 지배계급이 피지배계급을 효율적으로 다스리기 위하여 만든 논리로, 지배계급의 권위를 높이는 역할을 하였다. 단군신화 속에는 이러한 선민의식이 담겨있고, 그것은 동서양을 막론하고 고대사회에서의 공통적인 현상이다.

034 명도전明刀錢

① 밝을 명, 칼 도, 돈 전.

② 명도전은 '명明'자가 새겨진 칼刀 모양의 돈錢이라는 의미이다.

③ 명도전은 중국 춘추전국시대에 연나라와 제나라에서 주로 사용한 화폐로서, 한반도에서 명도전의 발견은 당시 고조선 등이 중국과 활발한 교류를 하였음을 짐작할 수 있다.

035 반달돌칼, 반월형석도 半月形石刀

① 반 반, 달 월, 모양 형, 돌 석, 칼 도.

② 반달돌칼은 반달半月 모양形의 돌칼石刀이라는 의미이다.

③ 반달돌칼은 청동기시대의 사람들이, 곡식의 줄기보다 이삭을 따던 도구이다.

④ 반달돌칼은 돌을 갈아서 만든, 간석기가 많다. 청동기시대에 벼농사를 지으면서 쓰인 대표적인 농기구가 돌괭이와 반달돌칼이다.

⑤ 청동기 시대에 청동은 귀하고 제작에 어려움이 많아 청동기는 주로 지배층이 사용하였으며, 또한 단단하지 않아 농기구로 사용이 적합하지 못했다. 따라서 청동기시대에 농기구는 신석기시대와 마찬가지로 단단한 나무나 간석기를 주로 사용하였다.

⑥ 반달돌칼은 무기가 아니라 농기구이다. 반달돌칼의 존재는 청동기시대에 벼농사 등의 본격적으로 농사를 짓기 시작했음을 말해준다.

⑦ 철기시대에는 반달돌칼 대신에 철로 만든 낫鎌. 낫 겸을 사용하게 된다. 이를 철겸鐵鎌. 쇠낫이라고 한다.

036 단군왕검 檀君王儉

① 박달나무 단, 임금 군.

② 단군은 '박달임금'을 이두식 한자로 옮긴 것이라고 한다.

③ 박달은 백악산 또는 태백산을 가리키므로 단군은 특정한 인물을 말하는 고유명사가 아니라, 백악산 또는 태백산을 다스리는 왕이란 뜻의 보통명사라고도 한다.

④ 또 어떤 사람들은 단군은 무당 또는 하늘을 뜻하는 몽골어 '텡그리'에서 유래했다고 주장한다.

⑤ 단군은 제사장, 왕검은 정치적 군장(지배자), 단군왕검은 제·정일치사회의 증거이다.

⑥ 단군왕검은 종교행사(제사의식)를 집행하는 제사장과 정치적 지배자인 군장을 합친 개념이다.

⑦ 단군왕검은 제·정일치 사회였던 고조선의 군장(임금, 정치적 지배자)이다.

037 홍익인간 弘益人間

① 넓을 홍, 더할 익, 사람 인, 사이 간.

② 홍익인간弘益人間은 널리弘 인간人間을 이롭게益 한다는 뜻이다. 홍익인간은, 단군왕검의 고조선 건국이념인 동시에, 국가 통치이념이었다.

③ 통치이념은 정치이념 또는 시대정신이라고도 할 수 있다. 나라를 다스리는데 가장 중요하다고 여기는 사상, 통치의 중심생각이 통치이념이다. 나라를 다스리는 데 있어서 가장 바른 원리(이치)라

고 여기는 생각이다. 다스리는데 필요하다고(이상적이라고) 여기는 중심생각이다. 이념理念은 이데올로기, 마인드, 시대정신 등 모두 조금씩 차이는 있지만 비슷한 의미로 사용된다.

④ 단군신화에는 단군왕검의 홍익인간 건국이념이 담겨 있다.

⑤ 신화神話는 신비스러운神秘이야기話라는 의미로, 예로부터 사람들 사이에서 말로 전傳해져 오는 신神을 중심中心으로 한 이야기話. 신령스러운 이야기이다. 공동체나 집단을 세운(건국 한) 정신과 관련된 이야기가 신화이다.

⑥ 단군신화檀君神話는 단군왕검의 고조선 건국에 대한 신비스러운 이야기라고 할 수 있다.

⑦ 환인 → 환웅·웅녀 → 단군왕검.

⑧ 현재까지, 단군신화를 전하는 가장 오래된 책은 일연이 지은 삼국유사이다. 삼국사기에는 단군신화에 대한 기록이 없다.

⑨ 삼국유사三國遺事는 삼국三國에 대한, 전해져 내려오는遺 이야기事라는 의미이다.

038 8조법, 8조법금法禁, 8조금법禁法

① 법 법, 금할 금.

② 법금法禁은 법法으로 금지禁止함, 어떤 행위를 못하게禁 하는 법法이라는 뜻이다.

③ 고대사회의 법률제정은, 지배층 중심의 사회질서를 유지하는 것

이 주된 목적이었다.

④ 사람을 죽인 자는 사형에 처한다(생명존중).

⑤ 남에게 상해(다치게)를 입힌 자는 곡물로써 배상(갚도록)한다(농
경사회, 노동력 소중히 여김).

⑥ 남의 물건을 훔친 자는 데려다가 노비로 삼는다. 단, 스스로 속
죄하는 자는 1인당 50만 전을 내야 한다(계급사회, 사유재산 존
재, 화폐 사용).

⑦ 8개의 조항 가운데서, 현재 3개의 조항만 전하고 있다.

039 고조선古朝鮮

① 옛 고, 아침 조, 신선할 선.

② 옛古 조선朝鮮.

③ 고조선의 본래 이름은 '조선'이다.

④ 삼국유사를 지은 일연은, 단군이 세운 조선을 위만이 집권했던
'위만조선'과 구분하기 위해 고조선(옛 조선)으로 기록하였다. 그
러나 지금의 고조선이라는 명칭은 이성계가 건국한 조선과 구별
하기 위하여 일반적으로 사용하고 있다. 그리고 단군이 세운 조
선과 위만이 집권했던 조선을 포괄하여 고조선이라 한다.

040 중계무역中繼貿易, 중개무역仲介貿易

① 가운데 중, 이을 계, 바꿀 무, 바꿀 역.

② 외국에서 수입한 물자物資를 가운데서中 이어받아繼 그대로 다시 수출하는 형태의 무역을 중계무역이라고 한다.

③ 가운데 중, 끼일 개, 바꿀 무, 바꿀 역.

④ 제3자의 처지로, 둘 이상의 당사자仲에 끼어들어介 어떤 일을 주선하여 물건의 거래가 이루어지는 형태의 무역을 중개무역이라고 한다.

⑤ 위만은 중국 문화를 적극 수용하는 한편, 주변의 여러 소국小國들을 복속服屬, 복종하여 따르게 함시키고 이를 바탕으로 남쪽의 진국辰國이 중국의 한나라와 직접 교역하는 것을 억제하면서 중계무역으로 이익을 취함으로 부강해졌다.

⑥ 고조선이 부강해지면서 고조선이 북쪽의 흉노(몽골)와 연합할 것을 우려한, 한나라의 무제는 고조선을 공격하여 멸망시켰다.

041 요령遼寧. 랴오닝 지방

① 요령지방 : 요하遼河, 랴오허 강 부근의 지역.

② 요동(랴오둥, 요하 동쪽) + 요서(랴오시, 요하 서쪽) 지방 = 요령지방.

③ 고조선의 세력범위(영역)는 한반도 북부, 만주, 요령지방이었다.

④ 고조선의 초기 중심지는 요령지방이었으나, 연나라의 공격을 받아서 서쪽 지역을 잃으면서, 그 중심지가 평양 부근으로 옮겨왔다.

⑤ 고조선의 세력범위를 짐작할 수 있는 유물과 유적으로는 미송리식 토기, 비파형 동검, 북방식 고인돌 등이 있다.

⑥ 미송리식 토기는 평안북도 의주군 미송리 동굴 유적에서 처음 발견된 토기여서, 미송리식 토기라고 부르며 적갈색을 띠고 손잡이가 있는 것이 특징이다.

⑦ 요하는 고구려가 수·당의 침입을 막던 방어선이었다. 따라서 연개소문의 주도로 쌓은 고구려의 천리장성은 요하를 따라가며 쌓은 성이다.

042 한사군 漢四郡

① 한나라 한, 넉 사, 고을 군.

② 한나라漢의 임금 무제가, 고조선을 멸망시키고 군현제에 따라 고조선의 옛 땅에(점령한 지역) 설치한, 네 개四의 고을郡이 한사군 漢四郡이다.

③ 낙랑군, 임둔군, 진번군, 현도군 등.

④ 군현제郡縣制는 지방에 여러 개의 군郡과 현縣을 두고, 황제가 임명한 관리를 고을에 파견, 황제를 대신하여 통치하게 했던 중앙집권적 통치방식制으로, 진시황 때 처음 실시되었다.

⑤ 군현제는 군(郡)과 현(縣)을 행정의 중심단위로 하는 지방행정제도로서, 전국(全國)을 군(郡) 단위로 가르고 이를 다시 현(縣)단위로 갈라, 중앙정부에서 지방에 관리를 보내어 중앙정부(황제)의 명령에 따라서 그 지역을 다스리게 하던 제도(制度)이다.

⑥ 한사군은 그 후 성장한 백제와 고구려의 공격을 받아 소멸하거나, 중국으로 축출되었다.

043 철기시대(鐵器時代)

① 쇠 철, 도구 기, 때 시, 시대 대.

② 쇠(鐵)를 가공하여 무기(武器), 농기구(農器具), 연장(器) 등으로 사용하던 시대(時代)를 철기시대라고 한다.

③ 위만조선은 철기문화를 바탕으로 성립되었다.

④ 고조선의 준왕은 청동기 문화를 바탕으로 한 세력이었고, 철기문화를 받아들인 위만의 공격으로 왕권을 빼앗기고, 남쪽으로 도망하였다.

⑤ 한반도의 철기문화는, 중국 전국시대의 혼란기를 피해 한반도로 이주해 온 사람들에 의해 기원전 4세기 경(무렵)에 전래되었다.

⑥ 압록강 중류와 청천강 상류를 거쳐 대동강 유역으로 들어온 철기문화는 기원전 1세기를 전후하여 남부지방까지 보급되어, 한반도에는 철기의 사용이 일반화되었다.

⑦ 철기문화의 보급은 고조선 사회의 성장과 멸망에 영향을 주었으

며, 한반도에 초기국가(연맹왕국)의 성립을 촉진하였다.

⑧ 고조선은 청동기 문화를 배경으로 성립되었으나, 위만 이후 철기문화를 중국을 통해 받아들임으로써 더욱 성장, 발전할 수 있었다.

⑨ 철기는 청동기에 비하여 흔하고 단단하여, 무기는 물론 농기구로도 이용되어 농업생산의 발전과 그에 따른 군장세력의 강화에도 영향을 주어, 연맹왕국의 출현을 가져왔다.

⑩ 구석기시대(무리사회) → 신석기시대(부족사회) → 청동기시대(군장사회) → 철기시대(초기국가, 연맹왕국) → 삼국시대(중앙집권국가, 고대국가)

⑪ 왕을 중심으로 하는 중앙집권체제가 갖추어진 국가를 '고대국가'라고 한다.

044 연맹왕국 聯盟王國

① 이을 연, 맹세할 맹, 임금 왕, 나라 국.

② 공동의 목적을 가진, 여러 개의 소국小國들이 서로 연맹聯盟.연합하여 하나의 왕국王國. 왕이 다스리는 나라을 이루는 국가의 한 형태(모습)를 연맹왕국이라고 한다.

③ 연맹왕국 시기에는 각 부족 대표인 부족장(군장)들의 세력이 강했으며, 왕은 그들의 대표자에 불과했다.

④ 그러므로 각 소국(작은 나라, 부족)마다 자치권이 보장되었으며,

왕권은 약한 수준이었다. 흉년이나 천재지변, 전쟁에서 패배 등
의 책임을 왕에게 지울 정도로 왕권은 약했다.
⑤ 이후 점차 왕권이 점차 강화되어, 연맹왕국은 중앙집권국가로 발
전하게 되었다.
⑥ 중앙집권국가로의 발전에 성공한 나라는, 고구려·백제·신라였으
며, 부여와 가야는 연맹왕국단계에 머물렀다. 삼국 가운데서 신
라는 백제나 고구려에 비해 중앙집권국가로의 발전이 늦었다.
⑦ 부여(5부족 연맹체), 고구려(5부족 연맹체), 백제(5부족 연맹체),
신라(6부족 연맹체), 가야(6부족 연맹체)
⑧ 옥저, 동예, 삼한은 연맹왕국 단계까지도 발전하지 못하고 멸망
하였다. 철기문화를 배경으로 성장했지만, 군장사회 단계에 머물
러 있던 나라는 옥저, 동예, 삼한의 대부분의 소국들이었다.
⑨ 철기문화를 배경으로 군장사회에서 연맹왕국 단계까지 발전한
나라는 부여와 고구려 그리고 삼한의 목지국 등이다.

045 널무덤 = 토광묘土壙墓

① 흙 토, 구덩이 광, 무덤 묘.
② 구덩이를 파고壙 시체를 직접 넣거나 널에 시체를 넣고 그 위에
흙을 쌓아土 올린 무덤墓이 널무덤이다. 널빤지로 만든 무덤이 널
무덤이다. 널은 나무로 만든 널빤지를 말한다.
③ 널무덤은 독무덤과 함께 철기시대의 대표적인 무덤이다.

④ 흙으로 구덩이를 파고, 시신을 담은 관에 곽을 덮어서 만드는 무덤.

⑤ 널관.棺은 시체를 직접 넣어두는 곳이다.

⑥ 덧널곽.槨은 널을 안전하게 보호하는 역할을 하는 구조물이다.

⑦ 방실.室은 덧널의 외부 구조물이다.

046 독무덤 = 옹관묘甕棺墓

① 항아리 옹, 독 옹, 널 관, 무덤 묘.

② 항아리甕棺. 독로 널을 만들고, 그 속에 시신이나 유골을 넣어 만든 무덤墓을 독무덤이라고 한다.

③ 항아리(독)가 관棺의 기능을 하는 것이다.

④ 독무덤은 널무덤과 함께 철기시대의 대표적인 무덤으로 영산강 유역에서 많이 발견된다.

047 부여夫餘

① 서기전 2세기경부터 494년까지 북만주지역에 존속했던 예맥족이 세운 국가가 부여이다. '북부여'라고도 한다.

② 부여를 세운 종족은 예맥족이고, 그 일파가 고구려와 백제를 세웠다. 따라서 고구려와 백제의 뿌리는 부여에 있다.

부여의 한 갈래에서 나왔던 백제는 성왕 때 국호를 '남부여'라 하기도 하였다.

③ 부여·고구려·백제의 건국 계보 : 해모수(북부여) → 해부루(북부
여) → 금와왕(맏아들은 대소)과 유화 부인 → 주몽(추모왕 . 동
명성왕. 고구려 1대왕) → 유리(고구려 2대 왕) → 유리·비류·온
조 → 온조(백제 1대왕).

048 4출도^{四出道}

① 넉 사, 나갈 출, 길 도.

② 중앙의 수도를 중심으로 지방의 네^四 방향(동서남북)으로 가는^出
길^道이 사출도^{四出道}이다. 왕이 있는 수도에서 네 명^四의 군장이
다스리던 행정구역으로 가는^出 길^道이다.

사출도는 부여의 지방행정구역으로, '출도^{出道}'라고 표현한 것은
왕이 다스리던 중앙(수도)을 중심으로 지방의 군장이 다스리던
지역에 이르러는 네^四 방향으로 통하는 길을 의미한다.

③ 군장출신의 '마가·우가·저가·구가'가 다스리던 행정구역으로 가
는 길이다. 사출도^{四出道}는 부여의 지방 자치 조직이다.

④ 부여는 왕이 다스리던 중앙^{中央}과 지방의 4출도(동서남북)를 합쳐
서, 5부족이 연맹(연합)하여 하나의 국가를 이루고 있던 '5부족
연맹체'국가였다. 부여는 연맹왕국이었다. 부여는 연맹왕국 단계
에서 중앙집권국가 단계로 발전하지 못하고 고구려에 멸망하였
다[494].

⑤ 군장들은 마가馬加.말, 우가牛加.소, 저가豬加.돼지, 구가狗加.개 로 불렸
　으며, 군장의 명칭을 가축의 이름으로 붙인 것을 볼 때 부여는
　목축을 중요하게 여기던 나라였음을 짐작할 수 있다. '가加'는 귀
　한 사람, 높은 사람이라는 뜻이다.

049 순장殉葬

① 따라 죽을 순, 장사지낼 장.
② 죽은 지배자를 따라서殉, 죽지 않은 피지배자를 죽이거나 산 채
　로 묻는 장례葬의 방식이 순장이다. 순장이란 죽은 자를 위하여
　산 사람을 죽은 자와 함께 산 채로 또는 죽여서 묻던 장례 풍습
　이다.
③ 한 집단의 지배자가 죽었을 때, 그 신하나 노비를 따라서 죽게殉
　함께 장사葬事 지내던 일이다. 그러한 장례 풍습이 순장이다.
④ 순장은, 이 세상과 저 세상이 이어진다는 계세繼世. 이를 계 관념을
　극적으로 보여주는 것으로서 사람을 희생시켜서 죽은 사람과 함
　께 묻는 장례 풍습이다.
⑤ 사람을 제물祭物로 바치는 것을 '순생殉牲'이라고 한다. 사람을 희
　생물로 삼는 것이다.
⑥ 중국은 한나라 때에 와서 사람 제물祭物을 금지시켰고, 남북조시
　대에 불교의 전래로 순장의 장례 풍습이 사라지게 되었다.
⑦ 신라는 지증왕 때에 순장을 금지하는 명령을 내렸다.

⑧ 순장의 사례가 가장 많이 보이는 곳이 가야 무덤이다.

⑨ 가야에 순장의 사례가 많다는 것은 가야인들의 생각이 삼국인
들 에 비하여 덜 깬 것이다.

⑩ 순장의 대용품으로 사용된 것이, 토용土俑과 토우土偶이다.

050 토우土偶 = 토용土俑

① 흙 토, 인형 우.

② 흙으로土 빚어 만든 인형偶이 토우이다.

③ 토우는 흙으로 만든 사람이나 동물의 상象으로, 종교적·주술적
대상물, 부장품, 완구 따위로 사용하였다

④ 토용土俑. 허수아비 용, 도용陶俑. 질그릇 도, 허수아비 용은 예전에, 순장殉葬할
때에 사람 대신으로 무덤 속에 함께 묻던, 흙으로 만든 허수아
비이다.

⑤ 신라의 토우土偶나 진시황의 병마용兵馬俑 등이 그 예이다.

051 영고迎鼓

① 맞이할 영, 북칠 고.

② 북을 치고鼓 춤을 추고 노래 부르면서 귀신神을 맞이하여迎 풍년
을 기원하고, 추수秋收. 가을에 익은 곡식을 거두어들임에 감사하던 제사의식
이 영고迎鼓이다.

③ 영고는 북鼓을 치며 귀신神을 맞이迎한다는 뜻이다.

④ 영고는 부여의 추수감사제이자, 제천행사(하늘에 제사를 지내는 일)였다.

⑤ 제천행사祭天行事는 하늘에 제사를 지내는 행사로서, 일종의 추수 감사제이다. 하늘에 한 해 동안에 공동체나라의 무사無事와 풍년에 대한 감사와 다음 해에도 동일한 축복을 기원하면서, 공동체 구성원들 간의 단합을 도모하던 행사였다. 제천의식祭天儀式이라고도 한다.

052 형사취수兄死娶嫂

① 형 형, 죽을 사, 장가들 취, 형수 수.

② 형兄이 죽으면死 형수嫂를 동생이 아내로 맞이하여娶 살던 사회 풍습이 형사취수이다.

③ 부여나 고구려 때에 있었던 풍습의 하나로서, 형이 죽으면 형수를 부양하던 풍습으로 재산 상속과 관련이 있다.

④ 형사취수는 유목 민족들에게 많았던 사회풍습으로, 가족의 재산이 다른 사람에게 빠져나가는 것을 방지하고, 생계능력이 부족한 형수를 부양한다는 이유도 있었다.

053　우제점법牛蹄占法

① 소 우, 발굽 제, 점칠 점, 법 법.

② 소牛를 죽여서 그 발굽蹄의 모양을 보고 점占을 치던 풍습法이 우제점법이다.

③ 우제점법은 소의 발굽 모양에 따라 국가의 운세運勢를 예견했던 부여의 점법이다.

④ 부여에서는 전쟁이 일어나면 먼저 하늘에 제사를 지내고, 그 길흉을 판단하기 위해 소를 잡아 발굽의 모양을 보고, 굽이 벌어져 있으면 흉凶. 불길하게 여겼고 굽이 붙어 있으면 길吉. 좋게하게 여겼다.

⑤ 우제점법은 중국 은나라殷의 갑골점법甲骨占法과 비슷한 성격을 지녔다.

054　껴묻거리 = 부장품副葬品

① 곁따를 부, 장사지낼 장, 물건 품.

② 껴묻거리는 장사지낼 때, 시신屍身. 시체과 함께 껴서끼워서. 副 함께 묻는葬 물품을 말하는 데, 흔히 부장품이라고 한다.

　주검을 묻을 때 무덤 안에 함께 넣은 물품이 부장품(껴묻거리)이다.

③ ~거리 = 재료나 물건. 끼우다. = 같이 섞거나 덧붙이다.

④ 껴묻거리는 부여의 장례 풍습 가운데 하나이다.

055 일책십이법—責十二法

① 한 일, 꾸짖을 책, 열 십, 두 이, 법 법.

② 한— 가지의 죄責를 지으면 그 12배十二로 갚도록 했던 풍습, 제도 法를 일책십이법—責十二法이라고 한다.

③ 부여에서는 남의 물건을 도둑질한 자는 12배를 배상해야 했다.

④ 법이 매우 엄격하였음을 짐작할 수 있다.

⑤ 사유재산(개인재산)을 소중하게 여겼음을 알 수 있다.

⑥ 부여의 영향을 받은 고구려에도 1책 12법이 있었다.

056 동맹東盟

① 동쪽 동, 맹세할 맹

② 부족의 구성원들이 모여서 시조신始祖神인 동명성왕東明聖王에게 제사를 지내며, 부족 구성원 간의 결속을 맹세盟誓하고 하늘에 제사 지내던 고구려의 제사의식(제천행사)이 동맹이다.

③ 고구려에서 10월에 시조신인, 동명성왕東明聖王에게 제사를 지내며, 나라를 위하여 힘을 함께 모을 것을 맹서盟誓하고 결의하던 국가적 행사가 동맹이다.

④ 부여의 영고, 고구려의 동맹, 동예의 무천, 삼한의 수릿날과 계절제는 모두 제천행사이자 추수감사제이다. 고구려, 동예, 삼한은

음력으로 10월에 행사를 하였고, 반농반목 ^{半農半牧.} _{농사를 지으면서 목축업}
_{도 함께 하는 일} 의 유목사회였던 부여는 12월에 행사를 하였다.

⑤ 고구려의 건국시조 '주몽'의 성은 '고^高'이고, '추모왕'이라고도 하
며, 시호는 동명성왕이다.

057 서옥제 婿屋制

① 사위 서, 집 옥, 제도 제.

② 서옥^{婿屋}은 사위집을 말한다.

③ 고구려 때에, 혼인을 정한 뒤 신부(아내) 집의 뒤꼍에 사위^婿와
딸이 함께 머물 수 있게 한 집^屋으로, 거기서 자식을 낳고 장성
하면 아내를 데리고 신랑 집으로 돌아가던 고구려의 결혼제도^制
^度·풍습이 서옥제이다.

④ 고구려 때부터 내려온 결혼 풍속으로, 남자가 혼인을 한 뒤 일정
기간 처가에서 살다가 남자 집으로 돌아와 사는 혼인 형태이다.

⑤ 아내의 집(처가)에 사는 동안에 남편은 여자의 집에 노동력을 제
공했다.

⑥ 서옥제는 데릴사위제도의 일종이다.

⑦ '남자가 결혼하여 남의 남편이 되다.'는 말인, '장가늘다(장가가
다)'는 서옥제와 관련이 있는 것으로 여겨진다.

058 옥저沃沮

① 물댈 옥, 막을 저.

② 옥저는 물을 막아서沮 논에 물을 댐치을 의미한다.

③ 옥저는 토지가 비옥肥沃. 기름져 농사가 잘되었다고 한다.

④ 옥저는 '함흥평야' 일대에 있던 군장국가이다.

⑤ 옥저는 군장사회에서 연맹왕국 단계까지 발전하지 못하고, 고구려에 정복당하였다.

⑥ 고구려의 지배를 받으며 삼베, 소금, 어물魚物 등의 특산물 바쳤다. 옥저의 의복과 예절은 고구려와 비슷하였다.

059 예부제豫婦制, 민며느리제도

① 미리 예, 며느리 부.

② 예부제는 옥저의 결혼 풍습이다. 민며느리제도라고도 한다.

③ 민며느리제도예부제. 豫婦制는 주로 빈민층에서 경제적인 이유에서 이루어진 결혼 풍속이다.

④ 풍속風俗이란 옛날부터 사회에 행하여 온, 의·식·주 등 그 밖의 모든 생활에 관한 습관을 말한다.

⑤ 민며느리는 앞으로(장래에) 며느리로 삼으려고, '민머리인 채로 데려다가 기르는 계집아이'를 가리키는 말이다. 즉 시집 안 간 처녀를 미리 데려다 기르며 일을 시키고 어느 정도 나이가 차면 며

느리로 삼는 제도가 있었는데 이것을 민며느리라고 한다.

'민'이란 아무 꾸밈새나 덧붙여 딸린 것이 없음을 나타내는 접두
어이다.

⑥ '민머리'는, 쪽(시집간 여자가 뒤통수에 땋아서 틀어 올려 비녀를
꽂은 머리털)을 찌지 아니한 머리를 뜻하고, 시집 안 간 처녀를
이르는 말이다. 민며느리라고 하면 며느리로 삼으려고 '민머리'인
채로 데려온 처녀를 말한다.

⑦ 10세 정도의 어린 여자아이(민머리)를 데려다가 예비(민) 며느리로
삼고, 결혼할 정도로 성숙하면 일단 여자의 집으로 돌려보냈다가,
남자 쪽에서 혼인할 의사가 있으면 여자의 집에 일정한 재물(식량,
가축 등)을 지불하고 다시 데려와 정식으로 결혼하던 옥저의 결혼
풍속이 민며느리제도(예부제)이다. 따라서 민며느리제도는 일종의
매매혼賣買婚이다.

⑧ 매매혼賣買婚은 신랑이 신부 집에 금품을 지급함으로써 성립되는
혼인형태로서, 미개사회에서 널리 행하여졌으며 신부의 노동력
에 대한 보상의 의미를 가진다.

060 동예東濊

① 동쪽 동, 깊을 예.
② 한반도의 북동쪽인北東 함경남도와 강원도 북부의 깊은 골짜기에
예맥족濊貊族 족이 세운 나라가 동예이다.

③ 동예와 옥저의 언어와 풍습은 고구려와 비슷하였다.

④ 동예는 해산물이 풍부하고 농사도 잘되었다.

⑤ 옥저와 동예는 왕이 없었다. 따라서 왕을 대신하여 삼로, 읍군과 같은 군장이 나라를 다스렸다.

⑥ 옥저와 동예는 부족연맹체(연맹왕국)를 형성하지 못하고, 군장국가 단계에서 고구려에 정복당하였다.

⑦ 단궁(박달나무로 만든 활), 과하마(조랑말), 마포(삼베), 반어피(바다표범 가죽)와 같은 특산물을 고구려에 바쳐야 했다.

061 책화責禍

① 꾸짖을 책, 죄 화.

② 어떤 부족이 다른 부족의 생활권을(마을) 침범하면 그 죄를責 꾸짖어責 노비, 소, 말 등으로 갚게 한 풍습이 책화이다.

③ 다른 부족의 영역을 침범하면 그 책임責任을 물어서 그 죗禍값으로 노비, 소, 말 등으로 지불케 했던 풍습이다.

⑤ 책임責任을 물어서 화禍. 죗값를 준다는 뜻으로 다른 부족의 생활권을 침범하면 배상하는 제도이다.

⑥ 동예 사회에서는 각 씨족마다 생활권이 정해져 있어, 함부로 다른 지역을 침범해 경제 활동, 즉 주로 사냥·고기잡이·농경 등을 영위할 수가 없었다. 따라서 다른 공동체지역을 침범하지 않는다는 엄한 규율이 있었으며, 다른 읍락邑落. 마을을 침범하는 측에게

는 노비와 소나 말로써 배상하게 하였다.

⑦ 책화나 족외혼은 씨족사회의 전통이라고 할 수 있다. 책화責禍는 동예에서 생활권을 상호 존중하는 일종의 벌칙으로 씨족사회의 폐쇄성을 말해준다.

062 족외혼族外婚

① 겨레 족, 바깥 외, 결혼할 혼.

② 부족族 밖의外 남녀와 결혼혼인 婚姻하던 풍습을 족외혼이라고 한다.

③ 같은 혈연 집단 내부의 남녀와 통혼通婚, 혼인관계를 맺음하는 것을 금지하는 결혼 풍습이다.

④ 족외혼은 동예의 결혼 풍습으로, 고대사회에서는 흔한 결혼 풍습이다. 같은 씨족이나 부족의 남녀를 혼인시키지 않던 풍습이다.

063 무천舞天

① 춤출 무, 하늘 천.

② 춤을 추고舞 노래 부르며 하늘의天 신을 맞이하여 추수감사와 함께 내년에도 풍년이 들게 해달라고 기원하던 동예의 풍습이 무천舞天이다.

③ 무천은 하늘에 제사 지내고 춤과 노래로 수확의 기쁨을 나누던 제사의식(제천행사)으로, 풍년을 기원했다.

④ 고대사회의 제천행사(추수감사제)는 농업과 관련이 많이 있다.

064 삼한三韓

① 석 삼, 나라(이름) 한.

② 세三 개의 한나라韓. 철기문화의 보급으로 한강 이남 지역을 중심으로 형성된 세 개의 한나라가 삼한이다. 삼한은 삼국시대 이전에 한반도 중남부에 자리 잡고 있던 연맹왕국인 마한馬韓, 변한弁韓, 진한辰韓을 합쳐서 부르는 말로서, 청동기시대에 한반도 중남부 지역에 성립하였던 '진국'에 기원을 두고 있다.

③ 삼한은 마한(54개 소국이 연맹), 진한(12개 소국이 연맹), 변한(12개 소국이 연맹)을 말한다.

④ 목지국을 제외하고, 대부분의 삼한의 소국小國에는 왕이 없었다. 따라서 신지, 견지, 부례, 읍차와 같은 군장들이 소국을 다스렸다.

⑤ 마한의 맹주(목지국 → 백제국), 진한의 맹주(사로국), 변한의 맹주(구야국).

⑥ 맹주盟主란 동맹을 맺은 개인이나 단체의 우두머리를 말한다.

⑦ 마한의 백제국이 백제로, 진한의 사로국이 신라로, 변한의 구야국이 가야로 성장 발전하였다.

⑧ 대한제국大韓帝國이나 대한민국大韓民國이라는 국호는 모두 삼한三韓에 근거를 두고 있다.

① 소생할 소, 진흙 도.

② 삼한에서, 제사장인 천군^{天君}이 하늘에 제사 지내던 곳을 소도라
고 한다.

③ 소도는 '솟대(장대를 세움) 또는 솟터(높은 언덕)'의 음역^{音譯. 소리를}
^{한자로 적음}으로 추정된다.

④ 삼한에서는, 천군이 담당하는 신성한 지역의 가장 높은 곳(산마
루. 높은 언덕)에 깃대 세우고 그 깃대 위에 새 장식이나, 북과
방울을 달아서 하늘과 소통하며 제사를 지내던 곳이 소도라고
할 수 있다.

⑤ 소도는 신성^{神聖} 지역이므로 국법^{國法}의 힘이 미치지 못하여 죄인
이 이곳으로 도망하여 오더라도 그를 돌려보내거나 잡아갈 수
없어 도둑이 성행하였다고 한다.

⑥ 소도에서는 북과 방울을 매단, 큰 나무(장대. 긴 막대기)를 세우
고 제사를 지냈다고 한다. 그 큰 나무를 '솟대'라고 한다.

⑦ 솟대란 나무나 돌로 만든 새를 장대나 돌기둥 위에 앉힌 마을의
신앙 대상물로 소도의 제사장인 천군의 영역을 표시하는데 사용
되기도 하였다. 솟대의 새는 오리, 기러기, 갈매기 능능 다양하
나, 오리가 주류를 이룬다. 솟대의 새는 '신령과 인간의 의사소통
을 매개하는 전달자' 즉, 인간 세상과 하늘을 연결시켜 주는 영
물^{靈物. 신령스런 짐승}이라 생각하였다.

⑧ 삼한은, 천군이 소도에서 해마다 5월 수릿날과 10월 상달에 질병과 재앙이 없길 빌었다. 소도는 삼한의 제사장인, 천군이 담당하는 신성한 영역으로서, 정치적 군장의 통제권(통치권, 지배권) 밖에 있었다. 이를 통해서 삼한사회는 제정분리사회였음이 짐작된다.

⑨ 고조선의 단군檀君, 삼한의 천군天君, 신라의 차차웅次次雄 등은 고대사회에서 제사장 또는 무당의 역할을 하였다.

⑩ 고조선은 제정일치사회(단군왕검), 삼한은 제정분리사회(소도), 철기문화의 보급은 제정분리를 촉진시켰다고 할 수 있다.

066 천군天君

① 하늘 천, 임금 군.

② 하늘天에 제사를 주관하는 우두머리君가 천군天君이다. 천군은 삼한 사회에서 하늘에 제사를 주관하던 제사장이었다.

③ 천군이 담당하는 지역을 '소도蘇塗'라고 한다.

④ 따라서 천군은 소도의 우두머리(임금)이다.

벽골제碧骨堤 **· 수산제**守山堤 **· 의림지**義林池 **· 공검지**恭儉池

① 둑 제堤, 못(저수) 지池.

② 김제의 벽골제, 밀양의 수산제, 제천의 의림지, 상주의 공검지.

전북 김제金堤라는 지명은 벽골제라는 저수지가 있었기 때문에 생긴 것이고, 충북 제천堤川도 의림지라는 저수지와 관련이 있는 지명이다.

③ 삼한은 특히 벼농사가 발달하여, 대규모의 저수지를 축조築造, 쌓아서 만듦하였다. 벼는 물을 많이 필요로 하는 작물이다.

④ 관개농업은 농경지(논밭)에 물을 끌어대어서 농사를 짓는 일이다.

⑤ 관개灌漑, 물댈 관, 물댈 개는 농사에 필요한 물을 논밭에 끌어대는 일을 말한다.

⑥ 삼한은 농사짓기, 저수지 축조, 관개의 과정에서 공동노동의 중요성을 인식하였고, 그러면서 두레가 발전하였다.

⑦ 두레는 농민들이 농번기農繁期, 농사철에 농사일을 공동으로 하기 위하여 부락(촌락)이나 마을 단위로 만든 작업공동체이다.

⑧ 품앗이는 힘든 일을 서로 거들어 주면서 품을 지고 갚고 하는 일이다. 품은 어떤 일에 드는 힘이나 수고나, 삯(돈이나 물건)을 받고 하는 일을 말한다.

068 단오端午 = 수릿날

① 처음 단, 일곱째 지지(말) 오.

② 단오는, 음력 5월에서 맨 처음端의 5일말의 날. 午에 해당하는 명절
이다. 음력으로 5월 5일을 말하며, 수릿날 또는 천중절天中節이라
고도 한다.

③ 단오는 곡식을 파종播種한 후, 하늘에 풍년을 기원하는 제천행사
이다.

④ 수릿날은 수리神의 날日, 신을 모시는 날, 신이 강림降臨하는 날
이다.

⑤ 결국, 단오는 곡식을 심은 후에 하늘의 신을 불러서 제사를 지내
며, 그 해의 풍년을 기원(소원)하던 제천행사이다.

⑥ 단오는 삼한에서 풍년을 기원하던 제천행사였다.

069 상달上月 = 계절제

① 윗 상, 달 월.

② 으뜸上 달月.

③ 상달은 음력 10월을 달리 부르는 말로서, 상월上月이라고도 한다.

④ 이 시기는 일 년 농사가 마무리되고 햇곡식과 햇과일을 수확하
여 하늘과 조상께 감사의 예를 올리는 기간으로, 옛사람들은 상

달을 열두 달 가운데 '으뜸±이 되는 달月'로, 생각하였다.

⑤ 결국, 상달은 추수(가을걷이)를 마친 후 수확한 곡식과 과일로 하늘에 풍년 농사에 감사하는 제사를 지내던 추수감사제였다.

⑥ 상달은 삼한의 추수감사제였다.

⑦ 삼한에는 수릿날(단오, 파종)과 계절제(상달, 수확)와 같은 제천 행사가 있었다.

070 변한弁韓 → 가야伽倻

① 철鐵의 나라 변한과 가야.

② 변한의 맹주盟主. 동맹을 맺은 개인이나 단체의 우두머리가 '구야국'이었고, 나중에 구야국이 중심이 되어 가야가 형성되었다. 초기 가야의 맹주는, 김해에 위치한 '금관가야'였다.

③ 김해金海. 쇠 금. 바다 해 : 철鐵. 쇠을 생산하여 수출할 수 있는 바닷가海에 위치한 나라가 금관가야다. 금관가야의 중심지는 지금의 김해이다.

④ 변한은 철을 생산하여 동예, 일본이나 한군현(낙랑군, 대방군 등) 으로 수출하였다.

Ⅱ
삼국시대

■ : B, C   ■ : A, D

37~19	19~18	18~44	44~48	48~53
동명성왕	유리왕	대무신왕	민중왕	모본왕

▼

53~146	146~165	165~179	179~197	197~227
태조왕 94년 재위	차대왕	신대왕	고국천왕	산상왕

▼

227~248	248~270	270~292	292~300	300~331
동천왕	중천왕	서천왕	봉상왕	미천왕

▼

331~371	371~384	384~391	391~413	413~491
고국원왕	소수림왕	고국양왕	광개토대왕	장수왕

▼

491~519	519~531	531~545	545~559	559~590
문자왕	안장왕	안원왕	양원왕	평원왕

▼

590~618	618~642	642~668
영양왕	영류왕	보장왕

백제 역대 왕조 계보 31대, 678년

■ : B. C   ■ : A. D

18~28	28~77	77~128	128~166	166~214
온조왕	다루왕	기루왕	개루왕	초고왕

▼

214~234	234	234~286	286~298	298~304
구수왕	사반왕	고이왕	책계왕	분서왕

▼

304~344	344~346	346~375	375~384	384~385
비류왕	계왕	근초고왕	근구수왕	침류왕

▼

385~392	392~405	405~420	420~427	427~455
진사왕	아신왕	전지왕	구이신왕	비유왕

▼

455~475	475~477	477~479	479~501	501~523
개로왕	문주왕	삼근왕	동성왕	무령왕

▼

523~554	554~598	598~599	599~600	600~641
성왕	위덕왕	혜왕	법왕	무왕

▼

641~660
의자왕

■ : B. C   ■ : A. D

57~4	4~24	24~57	356~402	402~417
혁거세	남해	유리	내물 마립간(왕)	실성

▼

417~458	458~479	479~500	500~541	514~540
눌지	자비	소지	지증왕	법흥왕

▼

540~576	576~579	579~632	632~647	647~654
진흥왕	진지왕	진평왕	선덕여왕(덕만)	진덕여왕 (승만, 선덕영와의 4촌동생)

▼

654~661	661~681	681~691	692~702	702~737
무열왕(김춘추)	문무왕 (김춘추의 아들이자 김유신의 조카)	신문왕	효소왕	성덕왕

▼

737~742	742~765	765~780	780~785	785~798
효성왕	경덕왕	혜공왕	신덕왕	원성왕

▼

790~800	800~809	809~826	826~836	836~838
소성왕	애장왕	헌덕왕	흥덕왕	희강왕(김제융)

838~839	839	839~857	857~861	861~875
민애왕(김명)	신무왕(김우징)	문성왕(김경응)	헌안왕	경문왕

▼

875~886	886~887	887~897	897~912	912~917
헌강왕	정강왕	진성여왕(김만)	효공왕	신덕왕

▼

917~924	924~927	927~935
경명왕	경애왕	경순왕(김부)

074 중앙집권국가 中央集權國家

① 가운데 중, 가운데 앙, 모일 집, 권력 권.

② 권력權力이 중앙中央. 王에 집중集中되는 형태의 국가國家를 중앙집권국가中央集權國家라고 한다.

③ 고대국가의 키워드는 중앙집권국가이다. 권력이 중앙에, 즉 왕에게 집중되는 형태의 나라를 말하는데, 고구려, 백제, 신라가 여기에 해당한다.

④ 삼국은 연맹왕국聯盟王國 단계에서 중앙집권국가 단계로 발전하였다. 연맹왕국聯盟王國은 고대국가로의 발전 과정 중 하나로서, 고조선이 멸망한 직후에 건국된 여러 나라의 공통된 통치 형태이다. 부여·가야, 초기의 고구려·백제·신라가 이에 해당한다.

⑤ 연맹왕국의 가장 큰 특징은, 왕권이 미약微弱. 약할한 것이다. 따라

서 왕위는 세습되지 않고 군장들이 모여 왕을 선출하였다. 삼국 (고구려, 백제, 신라)은 중앙집권국가로 발전하는 과정에, 왕위의 계승을 선출에서 형제세습으로, 다시 형제세습에서 부자 세습으로 바꾸어 갔다.

⑥ 중앙집권국가의 가장 큰 특징은, 왕권이 강하다는 것이다.

⑦ 중앙집권국가로 발전하면서, 군장의 세력은 약해지고, 군장들은 왕의 통치권 아래의 귀족이나 관료(관리)가 되었다.

⑧ 왕은 국가를 자신을 중심으로 효율적으로 다스리기 위하여, 율령법을 만들고 행정조직을 갖추고, 관리들에게 서열을 매기는 관등官等을 두고, 왕이 임명한 관리를 지방에 파견하여 군사와 행정업무를 담당하게 하였다.

⑨ 연맹왕국이 군장 중심의 분권分權이라면, 고대국가는 왕 중심의 집권集權이라는 것이 가장 큰 차이점이라고 할 수 있다.

분권은 권력이나 권리가 나누어지는(분산) 것이고, 집권은 권력이 한곳으로 모이는 것을 말한다.

⑩ 중앙집권국가의 특징은 왕을 중심으로 한 통일국가로서 법률의 통일, 제도의 통일, 사상의 통일이다.

⑪ 불교의 수용은 국왕 중심의 사상의 통일이다. 특히 불교의 왕즉불王卽佛, 왕이 곧 부처 사상은, 왕의 권위(위엄. 힘)를 높이는데 크게 기여하였다.

⑫ '부처를 섬기듯이 왕을 섬겨라, 결국 삼국의 왕들은 불교를 통하여 국민의 통일하고 '부처의 힘'으로 자신들의 권위를 높이고자 불

교를 장려하였다.

⑬ 국왕은 정복전쟁을 통하여 영토를 확장하고, 그 과정에서 얻은 군사력과 경제력을 바탕으로 강력한 1인(왕 중심) 통치체제를 만들어갔다.

⑭ 중앙집권국가의 기틀을 마련한 순서는, 고구려(2세기. 태조왕) → 백제(3세기. 고이왕) → 신라(4세기. 내물왕)이다.

⑮ 중앙집권국가의 완성 순서는, 백제(4세기. 근초고왕) → 고구려(4세기. 소수림왕) → 신라(6세기. 법흥왕)이다.

⑯ 중앙집권국가로의 발전 순서가 삼국의 발전 및 한강유역 점령 순서이면서, 삼국의 멸망 순서이다.

⑰ 고대국가는 고구려가 중앙집권국가의 바탕을 마련한 2세기 무렵부터, 신라가 멸망한[935] 10세기까지의 시기를 말한다.

⑱ 고대국가는 중앙집권적 정치체제를 갖춘 시기의 나라를 말한다.

⑲ 호국불교護國佛敎는 나라를 지키고 보호하는데 목적과 가치를 둔 불교를 말하는데, 우리나라의 불교는 호국적인 성격이 강하다.

⑳ 삼국은 공통적으로 중앙집권국가로 성장, 발전하는 과정에서 불교를 수용하고, 율령을 반포하고, 행정구역을 정비하고, 관등과 관직을 마련하고, 정복사업을 통하여 영토를 확장하였으며, 신분제도를 만들었다.

㉑ 신분제도는 근대 이전의 전통사회에 존재하던 것으로서, 귀족은 권리나 특권이 많았지만, 의무와 제약은 가장 적은 사람들이고 그 반대인 사람들이 노비이다. 그리고 그 중간에 있는 사람들이

평민들이다. 평민의 대부분은 농민이었다.

075 진대법賑貸法

① 구제할 진, 꾸어줄 대, 법 법.

② 국가가 빈민(가난한 농민)들을 구제賑할 목적으로, 곡식을 꾸어 주고貸 가을에 갚게 한, 법法.제도이 진대법이다.

③ 고구려의 고국천왕은 재상宰相 을파소의 건의에 따라 194년, 귀족에 의한 농민의 노비화를 막아 국가의 경제적, 군사적 기반을 강화하여, 귀족세력을 누르고 왕권을 강화할 목적으로 진대법을 실시하였다.

④ 진대법은, 춘궁기(식량이 부족한 봄철)에 국가에서 곡식을 대여하였다가 수확기에 갚게 하는 제도이다.

⑤ 고려의 흑창과 의창, 조선의 환곡 등은 고구려의 진대법과 비슷한 성격을 지닌 빈민구제제도이다.

076 태학太學

① 클 태, 배울 학.

② 큰太 학문學問.

③ 소수림왕 때, 태학을 설치하였다. 태학은 고구려의 국립교육기관이었다.

③ 고구려의 태학, 신라의 국학 등은 모두 왕에게 충성할 수 있는 유능한 관리를 양성하는 것이 설립 목적이었다.

④ 여기에는 주로 귀족 자제가 입학하여 유교경전과 문예 교육을 받았다.

077 관등官等, 관위官位, 관품官品

① 관리 관, 벼슬 관, 순위 등, 등급 등.

② 벼슬관리. 官吏의 등급等級. 서열을 관등官等이라고 한다. 관등은 관위官位 또는 관품官品이라고도 한다.

③ 관등은 오늘날 9급, 7급, 5급 공무원의 '급級. 등급 급' 개념과 비슷하다.

④ 고구려는 대대로 이하 10여 관등이, 백제는 상좌평 이하 16관등이, 신라는 이벌찬 이하 17관등이 있었다.

⑤ 관직과 관등의 관계에 있어서 관등은 관직 진출에 필요한 조건이라고 보면 된다.

⑥ 이벌찬은 신라의 17관등 가운데서 최고 높은 자리인 제 1관등이다.

⑦ 1등급인 이벌찬은, 상대등(화백회의의 의장)이나 시중(집사부의 장관)이 되었다.

⑧ 신라는 옷의 빛깔관복. 官服로 관등을 구분하였다.

⑨ 신라는 관등에 따라서 관리들의 옷 색깔(관복. 관리들이 입던

옷)이 달랐다.

⑩ 복색服色은 관리들이 입던 옷(관복)의 색깔을 말한다.

⑪ 관리의 등급을 정하고, 등급에 따라 관리들이 입는 복장옷을 다르게 했다는 것은 귀족들을 왕 밑에 줄을 세웠다는 것으로, 그만큼 왕권이 강화되고, 중앙집권화가 이루어졌다는 의미이다.

⑫ 관복官服은 공복公服이라고도 한다.

⑬ 관등, 관복제도는 벼슬의 등급을 매기거나 그 등급에 따라서 입는 옷의 색깔이나 문양을 달리했던 제도로, 국왕에 대한 충성을 이끌어내는 효과가 있었다. 국왕중심의 위계질서位階秩序, 상하질서를 세우기 위하여 관리들 간의 등급 차이를 관리의 옷으로 구별하던 것이 관복官服이었다.

078 관직官職

① 벼슬 관, 벼슬 직.

② 관등官等에 따라서 국가(왕)로부터 받은 직무職務와 직책職責을 관직官職이라고 한다.

③ 상대등과 시중은 관직이다.

④ 상대등은 진골 귀족의 대표(수상)격으로서 화백회의 의장이다. 오늘날 국회의장에 해당한다.

⑤ 집사부(성)의 장관인 중시(시중)는 행정의 책임자로서, 오늘날 국무총리에 해당한다.

⑥ 신라가 중앙집권국가로 성장하기 이전에는 대체로 귀족의 대표자인 상대등의 세력이 강했으나, 왕권이 강화되면서 왕의 명령을 직접 받는 시중의 권한이 강화된다.

⑦ 신라에서 상대등은 법흥왕531 때 설치되었으며 집사성의 시중은 더 뒤의 일이다. 그 이전에는 이벌찬이 상대등의 역할을 하였다. 즉, 관등이 관직의 역할을 한 것으로 관등과 관직의 구분이 없었던 것이다.

⑧ 대체로 고구려나 백제도 관등이 관직의 역할을 했다. 고구려의 최고 관등은 대대로(수상격)이고, 백제의 최고 관등은 상좌평(수상격)이다.

⑨ 고구려와 백제는 관등과 관직의 구분이 없었던 것으로 보인다.

079 율령律令

① 법 율, 명령 령.

② '율령격식律令格式'의 줄인 말이 율령律令이다.

③ 율(형법), 령(제도에 관한 규정과 행정 법규), 격(율령을 수정, 보완한 것), 식(율, 령, 격의 시행 세칙)

④ 나라를 다스리는데 필요한 법, 나라를 통치하고 사회의 질서를 유지하기 위해 만든 법이 율령이다.

⑤ 삼국은 중앙집권국가로 발전하는 과정에서 율령을 만들어 반포하였다.

⑥ 백제(고이왕), 고구려(소수림왕), 신라(법흥왕)

⑦ 반포頒布는 세상에 널리 나누고頒 퍼뜨려布 알게 함을 의미한다.
  율령의 반포, 훈민정음의 반포, 경국대전의 반포 등등.

080 연호年號

① 해 년, 이름 호.

② 연호年號는 해年의 차례를 나타내기 위하여 붙이던 칭호稱號이다.
  임금이 즉위한 해年에 붙이던 칭호稱號, 임금이 나라를 다스리는
  해의 차례를 나타내기 위하여 붙이던 칭호가 연호이다. 동양의
  군주국가에서 군주(황제)가 자기의 치세治世에 붙이던 칭호이다.
  왕의 재위 기간 동안에 연도年度 앞에 붙이는 이름號이다.

③ 중국에서 처음 사용하였고, 그 영향을 받아 우리나라를 비롯하
  여 일본, 베트남 등에서 사용하였다. 연호의 이름에는 어떤 사실
  을 상징하거나 통치의 이상을 나타내는 것이 많다.

④ 원래 연호는 중국적(유교적) 우주관에 의하여 중국의 황제만이
  사용할 수가 있었고, 제후 왕은 독자적 연호를 제정, 사용할 수
  없었다.

⑤ 따라서 우리나라 역대의 어느 군주가 중국의 연호를 사용하지
  않고 독자적으로 연호를 제정하여 사용하였다면 그것은 흔히 왕
  권의 강대함이나 중국과의 대등한 국가임을 과시한 것으로 평가
  된다. 우리나라는 대부분 중국의 연호를 그대로 사용하였다.

그러나 고구려의 광개토대왕 때처럼 때때로 국력이 강성해지고 왕권이 강화되거나 중국세력이 약화되었을 때, 그 자신감의 표현으로 중국의 연호 대신에 독자적인 연호를 사용할 때가 있었다.

⑥ 삼국시대에는 고구려의 광개토대왕이 영락永樂을, 신라의 법흥왕이 건원建元을, 진흥왕이 개국開國과 같은 연호를 사용하였다. 이처럼 우리나라의 경우 삼국시대부터 연호를 제정하여 사용한 것으로 여겨진다. 중국의 경우 연호는 황제만이 만들어 사용할 수 있었고, 제후왕은 연호를 독자적으로 제정하여 사용할 수 없었다.

⑦ 발해에서는 무왕이 인안仁安, 문왕이 대흥大興을, 고려에서는 태조가 천수天授, 광종이 광덕光德 · 준풍峻豐 등을 사용하였고, 조선에서는 대한제국이 성립되고 난 뒤 고종이 광무光武를 독자적 연호로 사용하였다. 발해는 우리 역사에서 독자적인 연호를 가장 오랫동안 사용한 나라였다.

⑧ 왕을 일컫는 명칭으로 고구려의 천손天孫, 중국의 천자天子, 일본의 천황天皇은 비슷한 개념이라고 할 수 있다.

⑨ 천손天孫은 하늘天의 자손子孫이라는 뜻이다. 왕은 하늘의 자손이기에, 세상을 다스리는 최고의 지배자로 정당화되었다.
고조선의 단군, 고구려의 주몽, 가야의 수로왕, 신라의 혁거세 등 모두들 자신들이 하늘의 자손이라고 하였다.

⑩ 고구려는 천손天孫. 하늘의 자손임을 사부하여, '영락'과 같은 독자적인 연호를 사용하고, '태왕·성왕'과 같은 왕호王號도 사용하였다. 왕

호 ^{號}는 왕을 부르는 명칭이다. 왕을 일컫는 말이다. 고구려인 스스로 자신의 나라가 세계(천하)의 중심이라고 생각하고 있었다.

⑪ 고구려인의 천하관 $^{天下觀.\ 세계관}$은 광개토대왕과 장수왕 때를 거치면서 동북아시아의 대제국을 건설하고, 왕권을 크게 강화하면서 고구려인들 스스로 자신의 나라가 세계의 중심이라 생각하게 되었다. 고구려의 왕은 스스로 천손 ^{天孫}임을 자부하였다. 천손으로서의 고구려왕은 천명 ^{天命}의 담지자 $^{擔持.\ 받음\ 사람}$로, 천하를 다스리는 권력자이며, 천상과 지상을 매개하는 최고의 사제라는 성격을 갖는다. 신성국의 권력자이면서도 천하의 주재자 $^{主宰者.\ 이끌어\ 가}$ $_{는\ 사람}$로서의 고구려왕은, 인접 국가들과의 관계를 '조공 ^{朝貢}'이라는 말로 표현하였다. 이러한 자신감은 일차적으로 고구려의 국력이 무척이나 강대했기 때문이다.

신라를 '조공 ^{朝貢}'을 바치는 나라'로 인식하고 있었다.

⑫ 그래서 고구려는 백제와 신라에 대한 우월의식과 자주의식이 매우 강하였기 때문에 '영락'과 같은 연호와 '태왕, 성왕'과 같은 왕호를 사용하여 자주의식을 표출하였다.

081 천도 ^{遷都}와 환도 ^{還都}

① 옮길 천, 도읍 도.

② 도읍지 ^{都邑地}를 옮김 ^{遷}, 수도 ^{首都}를 옮김 ^{遷}을 천도 ^{遷都}라고 한다.

③ 평양 천도, 웅진 천도, 사비 천도, 강화도 천도, 한양 천도 등.

④ 돌아올 환, 도읍 도.

⑤ 천도한 곳에서 원래의 도읍지都邑地로 다시 옮김還.

⑥ 고려시대에 최우는 몽고와 싸우기 위해 강화도로 천도遷都하였
다. 그러나 무신정권이 무너지면서 삼별초는 원종의 강화도에서
개경으로 환도還都를 거부하며 항쟁을 시작하였다.

082 돌무지무덤積石塚

① 쌓을 적, 무덤 총.

② 돌무지무덤은 돌石을 쌓아서積 만든 무덤塚을 말한다. 무지다 =
모으다, 쌓다.

③ 시신 위나 시신을 넣은 석곽石槨 위에 흙을 덮지 않고 돌을 쌓아
올린 무덤이 돌무지무덤이다. 석곽은 시신을 넣은 관棺을 덮는,
돌로 만든 널, 덧널이다.

④ 돌무지무덤은 고구려 초기의 무덤 양식(형태)으로, 자연 상태의
돌을 적당히 다듬어 피라미드처럼 쌓아올리고, 그 안에 목곽 또
는 석곽을 안치하고 그 안에 시신을 넣었다.

벽화는 없으며, 장군총이 대표적인데, 서울의 석촌동 고분은 고
구려의 초기 무덤 양식을 그대로 빼어 닮았다.

⑤ 고구려와 백제의 무덤 양식(형태. 모양)이 비슷하다는 것은, 백제
가 고구려에서 갈라져 나왔음을 짐작할 수 있는 증거이다.

⑥ 백제의 건국을 주도한 세력이 고구려계통의 이주민移住民이었음을

나타내는 증거가, 서울 석촌동 고분(돌무지무덤)과 백제 왕족의 성씨가 '부여'라는 점이다. 고구려와 백제는 부여의 한 갈래였다. 백제의 성왕은 한때, 국호國號를 '남부여'라고 하였는데 이것은 부여(북부여)에 대비되는 말이라고 할 수 있다.

083 장군총將軍塚

① 대장 장, 군사 군, 무덤 총.

② 장군총은 장군將軍처럼 크고 웅장하게 생긴 무덤塚이라는 의미로 붙여진 것이다. 장수왕의 무덤으로 알려진다.

③ 고구려의 돌무지무덤 가운데서, 가장 발전된 형태(모습)라고 할 수 있다. 장군총은 2004년 유네스코가 세계문화유산으로 지정을 했지만, 안타깝게도 우리의 문화재가 아닌 중국의 문화재로 등록되었다. 현재 형태를 가장 잘 유지하고 있는 돌무지무덤이다.

④ 고구려의 장군총은 서울 석촌동의 돌무지무덤과 그 모양이 비슷한데, 이것은 백제문화가 고구려의 영향을 받았음을 나타내는 증거라고 할 수 있다. 즉, 고구려와 백제가 설화의 내용처럼 한 핏줄이라는 고고학적 증거다.

⑤ 총塚은 무덤의 규모는 크지만 딱히 무덤 주인공이 누군지 모를 경우에, '특징'적인 부분에 '총塚'을 붙여서, '~ 총'하는 식으로 부른다. 장군총, 무용총, 각저총, 사신총, 황남대총, 천마총, 칠백의총七百義塚 등등이 있다.

084 광개토대왕廣開土大王 = 호태왕好太王

① 넓을 광, 널리 광, 열 개, 영토 토, 큰 대, 임금 왕.

② 광개토대왕廣開土大王은 영토領土를 널리廣 확장했던열었던.開 큰 임금
太王이라는 의미이며, 호태왕이라고도 한다.

③ 광개토대왕은 고구려 제19대 왕374 ~ 413으로 이름은 담덕이다.
고국양왕의 태자로 18세에 왕위에 올랐다. 불교를 신봉하였고,
남북으로 영토를 크게 넓혀 만주와 한강 이북을 차지하는 등 고
구려의 전성시대를 이룩하였다.

④ 신봉信奉 : 믿고 받듦.

⑤ 재위在位 : 임금 자리에 있는 동안. 있을 재, 자리 위.

⑥ 태자太子 : 다음에 임금 자리에 오를 예정인, 왕자.

⑦ 광개토대왕은 한강 이북까지, 장수왕은 한강 이남까지 영토를
확장하였다.

⑧ 이북以北은 어떤 지점을 기준으로 하여 그 북쪽을 말한다.

⑨ 이남以南은 어떤 지점을 기준으로 하여 그 남쪽을 말한다.

⑩ 광개토대왕비는 고구려 건국 역사와 광개토대왕의 업적을 담고
있다. 장수왕이 고구려 왕실의 권위를 높이고 아버지 광개토대
왕의 치적을 과시하기 위하여 세웠다.

⑪ 호태왕好太王은 '왕 가운데서 왕中王'이라는 의미이다.

⑫ 광개토대왕은 신라에 침입한 가야와 왜倭. 일본의 연합군을 격퇴
400하고, 가야를 기습적으로 공격하였다. 이로써 가야는 전기의

맹주였던 금관가야가 쇠퇴하고 이후 가야의 주도권은 대가야로 넘어갔다.

⑬ 광개토대왕은 '영락'이라는 우리나라 최초의 연호를 사용하였다.

085 조공^{朝貢}

① 조정 조, 왕조 조, 바칠 공.

② 옛날에 속국屬國이 종주국宗主國에게 때맞추어 예물로 물건을 바치던 일이 조공이다.

③ 약한 나라(속국)가, 세력이 강한 나라(종주국)에게 때마다 예물을 바치던 일이 조공^{朝貢}이다.

④ 고구려는 신라를 자신들에게 조공을 바치는 나라로 인식하고 있었다. 고구려는 백제와 신라를 그들의 세상에 종속된 나라로 인식하고 있었다. 고구려는 그러한 우월의식을 갖고 있었다.

086 장수왕^{長壽王}

① 오랠 장, 긴 장, 목숨 수, 임금 왕.

② 오랫동안 목숨을 유지한 왕. 고구려의 장수왕은 98세를 살았다. 그래서 장수왕이라 한다. 장수왕의 제위 기간은 413~491년이었다.

③ 장수왕은 남진정책을 추진하였다.

④ 장수왕은 남진정책의 추진 및 귀족세력을 누르고 왕권을 강화하고, 백제와 신라를 견제하기 위하여 수도를 국내성에서 평양성으로 천도^{遷都. 427}하였다.

⑤ 장수왕의 평양성 천도와 남진정책 추진에 위기의식(위협)을 느낀, 신라와 백제는 나·제 동맹^{433. 군사 동맹} 을 맺어 공격에 대비하였다. 나·제 동맹은 신라(나) 백제(제)가 군사동맹을 맺었다는 뜻이다.

⑥ 고구려와 신라는 중국 북조 문화의 영향을 많이 받았고, 백제는 중국 남조 문화의 영향을 많이 받았다. 북조와 가까웠던 고구려는 장수왕 때에 남북조의 분열을 이용하여 중국 남북조 모두와 외교관계 수립(등거리 외교정책)하였다.

⑦ 등거리^{等距離}외교는 같은 거리, 똑같은 비중을 둠을 의미한다. 남조와 북조 모두에게 같은 비중을 두는 외교정책을 폈다.

⑧ 장수왕은 남북조 모두와의 외교관계를 맺음으로써, 남북조와 백제를 견제하여 정치·군사적으로 안정을 이룰 수 있었다.

⑨ 장수왕은 백제를 공격⁴⁷⁵하여 백제의 수도 위례성을 함락시키고, 백제의 임금 개로왕을 죽게 하여 백제 근초고왕의 공격으로 전사한 고국원왕의 원수를 갚았다. 이로써 고구려의 영토는 남쪽으로 한강 이남까지 확장되었다. 이후 백제는 수도를 웅진으로 옮겼다(웅진성 천도. 문주왕. 475).

⑩ 장수왕의 한강 이남까지 진출 사실은 충주의 '중원고구려비'로 확인할 수 있다. 중원고구려비(충주 고구려비)는 장수왕이 남한강(한강 이남) 유역으로 진출한 후, 현재의 충북 중원(충주시) 가

금면 용전리 마을에 세운 비석이다. 당시의 고구려의 영역을 짐작할 수 있고 장수왕의 남진 정책을 알 수 있는 비석이다.

⑪ 장수왕의 남진 정책의 결과로 고구려의 영토는 남쪽으로, 아산만~ 소백산맥 ~ 영덕(영일만)까지 확장되었다.

⑫ 북조와 남조의 기준은 '양쯔강'이다. 흔히 양쯔강 이북을 강북江北이라 하고, 양쯔강 이남을 강남江南이라고 한다. 남방의 〈동진〉은 〈송·제·양·진陳〉으로 교체되는데, 남방에 있던 나라(왕조)들을 〈남조南朝〉라고 부른다. 그리고 북방의 〈5호 16국〉을 〈북조北朝〉라고 부른다.

북조(5호16국)와 남조(동진·송·제·양·진)를 합쳐서 〈남북조시대〉라고 부른다.

북조의 북위가 중심이 되어 분열되었던 중국이 다시 통일이 되었는데, 그 나라가 '수隋'이다.

⑬ 장수왕의 아들은 장수왕보다 먼저 죽었다. 그의 이름은 '조다'이다. '쪼다'는 조금 어리석고 모자라 제구실을 못하는 사람 또 는 그런 태도나 행동을 속되게 이르는 말이다.

---

087 호우壺杅

① 항아리(병) 호, 잔 우.

② 신라의 수도였던, 경주의 호우총壺杅塚에서 발견된 청동그릇(솥, 호우)이다.

③ 청동 그릇(호우)의 밑바닥에는 '을묘년국강상광개토지호태왕호우십乙卯年國罡上廣開土地好太王壺杅十 '이라는 문구가 새겨져 있는데, 여기서 을묘년은 광개토대왕이 죽은 뒤인, 서기 415년^{장수왕 3년}에 해당한다.

④ 이 글씨체는 광개토대왕릉비의 글씨체와 비슷하다.

⑤ 이 그릇(솥)은 광개토대왕의 업적을 기념하기 위하여, 그의 아들 장수왕 때 고구려에서 만들어져, 신라에 전해진 것으로 여겨진다.

즉, 고구려가 복속국인 신라에 하사^{下賜. 내려 줌}한 것으로 여겨진다.

⑥ 하사^{下賜}는 임금이 신하에게, 또는 윗사람이 아랫사람에게 물건을 주는 것을 말한다. 복속국은 복종하는 나라라는 의미다.

⑦ 호우의 존재는 고구려가 신라를 그들의 복속민이면서 고구려에 조공을 바치는 나라로 인식하고 있었음을 짐작(유추)할 수 있다.

⑧ 유추^{類推}는 같은 종류의 것 또는 비슷한 것에 기초하여 다른 사물을 미루어 추측하는 일이다.

⑨ 호우의 존재는 신라에 침입한 가야와 왜(일본)의 연합군을 신라의 요청으로 광개토대왕이 격퇴함⁴⁰⁰으로써, 고구려는 신라에 내정간섭과 같은 영향력을 행사하게 되었음을 의미한다.

⑩ 다시 말해, 고구려가 신라에 대해, 임금 또는 어버이의 입장에 서게 되고 신라는 신하 또는 자식의 처지에 놓이게 되었음을 의미한다. 종주국(고구려)과 속국(신라)의 관계가 된 것이다.

⑪ 고구려는 신라의 왕족을 고구려에 인질로 잡고, 신라의 왕위계승

에도 간여하기도 했다.

⑫ 이렇게 고구려는 국력이 커지면서, 고구려는 백제와 신라보다, 우월의식을 가지고 백제를 '백잔(백제 잔적. 백제에 대한 적대의식으로 낮잡아 부름)'이라 하고, 신라 왕족(내물왕의 아들. 복호)을 인질로 삼기도 했다.

⑬ 광개토왕릉비에는 백제를 '백잔百殘'으로 낮춰 부르기도 하였는데, '잔殘'은 '잔인하다, 흉악하다'는 뜻이다. 말 그대로하면, 백잔百殘. 백제 잔적은 '흉악한殘 백제百濟 도적盜賊'이라고 할 수 있다.

088 대대로大對盧, 상좌평上佐平, 상대등上大等

① 큰 대, 윗 상.

② 대대로大對盧 는 '대로對盧'보다 더 높은太 지위(서열 1위)라는 의미이다.

③ 대로對盧 : 부족장(군장)출신의 중앙 관직으로, 서열 2위이다.

④ 대로對盧. 2위 → 대대로大對盧. 1위 → 태대대로太大對盧

⑤ 대대로는 고구려의 나랏일을 관리하는 최고의 관등(서열 1위)으로, 국사國事를 총괄하는 오늘날의 국무총리와 같은 직책이다. 귀족회의(제가회의)에서 선출되며 왕은 대대로의 선출에 개입하지 못했다. 막리지莫離支를 대대로와 같다고 보는 선해도 있다. 연개소문은 집권 후, 태대대로太大對盧를 신설하고 취임하였다.

⑥ 대대로는 제가회의의 의장이면서 귀족의 대표이다. 따라서 오늘날 국회의장과 국무총리의 역할을 함께 했다고 할 수 있다.

⑦ 상좌평上佐平은 '좌평佐平'가운데서 으뜸上이라는 의미다.

⑧ 좌평佐平은 백제의 벼슬 등급을 나타내는 16관등官等 중 제1품으로, 백제는 6명의 좌평(6좌평)을 두어 중앙의 행정업무를 나누어 맡도록 했다.

⑨ 상좌평은 좌평 가운데서 으뜸으로 귀족회의(정사암)의 의장으로서 귀족의 대표였으며, 고구려의 대대로와 마찬가지로 오늘날 국회의장(수상)과 국무총리의 역할을 함께 했다고 할 수 있다.

⑩ 6좌평으로는 내신좌평內臣佐平은 왕의 명령을 전하거나 왕에게 보고하는 일을, 내두좌평內頭佐平은 창고와 재정에 관한 일을, 내법좌평內法佐平은 예법과 의례에 관한 일을, 위사좌평衛士佐平은 왕을 호위하고 왕궁을 지키는 일을, 조정좌평朝廷佐平은 형벌과 감옥에 관한 일을, 병관좌평兵官佐平은 일반 군사업무를 각각 맡았다.

⑪ 상대등上大等은 '대등大等' 가운데서 으뜸上이라는 의미다.

⑫ 대등對等은 부족장(군장) 출신으로, 대등은 화백회의의 구성원으로서 왕위의 계승과 폐위廢位, 전쟁에 관련되는 것 등 국가의 중대사를 결정하는데 참여할 수 있었다. 진골 귀족들만이 참여할 수 있는 화백회의의 의장이 상대등이다.

⑬ 신라는 17관등이었는데, 제1관등이 '이벌찬이다. 제1관등인 이벌찬이, 진골 귀족의 대표격인 상대등이 되기도 하고, 관리들의 대표격인 시중(집사부의 장관)이 되기도 하였다.

⑭ 이벌찬(제1관등) → 상대등(화백회의 의장. 수상), 시중(집사부의

장관. 국무총리), 이벌찬은 각간이라고도 한다.

⑮ 상대등의 역할이 강화되면 왕권과 시중의 권한이 약해지고, 왕권가 강화되면 상대등의 역할이 약화되고 시중의 권한은 강화되었다.

신문왕은 김흠돌의 난을 계기로 진골 귀족을 대거 숙청하면서, 상대등의 기능을 약화시키고, 왕명 출납, 왕의 시위 등을 담당하던 중시, 즉 시중의 권한을 강화시켰다.

089 제가회의諸加會議

① 여러 제, 더할 가, 모일 회, 의논할 의.

② 제가회의諸加會議는 여러諸 군장 출신들이加 모여서會 국가의 중대한 일을 의논議論하여 결정하던, 고구려의 최고 귀족회의 제도이다.

③ 여러諸 가加들이 참가하는 회의會議가 제가회의다.

④ 제가회의 의장은 대대로였다. 대대로는 평상시에 정치·외교·재정의 일을 모두 맡아 보았다.

⑤ 부여는 군장 출신들을 마가馬加·우가牛加·저가豬加·구가狗加라고 불렀다. 고구려는 부여에서 갈라져 나왔다.

⑥ 고구려나 부여에서 부족장(군장) 출신을 대가大加라고 했다.

⑦ 제가회의 기능이 강화되면, 왕권은 제약을 받게 된다.

⑧ 왕권王權. 왕의 권한 ↔ 신권臣權. 귀족이나 신하의 권한은 시소seesaw 관계였다.

전제군주국가에서 왕은 늘 왕권을 강화하고, 신권을 누르기 위해 애쓴다.

⑨ 왕권이 강화되면 귀족들의 세력이 약해지고, 귀족들의 세력이 강해지면 왕권은 약화될 수밖에 없다.

090 정사암政事巖

① 정사 정, 일 사, 바위 암.

② 백제에는 귀족들이 모여 나랏일政事을 의논하고 결정하던 바위巖가 있었는데, 이를 정사암政事巖이라고 한다.

③ 정사암은 백제의 최고 귀족회의 제도이며, 재상宰相인 상좌평上佐平을 뽑는 장소였다. 상좌평은 정사암의 의장이었다.

④ 정사암은 백제의 수도였던 사비성, 오늘날 부여의 백마강 북쪽 절벽에 있었다는 바위이다. 정사암政事巖은 백제 때 정치를 논하고 재상을 뽑던 곳이며, 귀족회의제도였다.

⑤ 백제는 고이왕 때에 6좌평 16관등제도를 두었다.

091 화백회의和白會議

① 화할 화, 합칠 화, 말할 백.

② 화백회의和白會議는 진골 귀족들이 모여서會 뜻曰을 합쳐和 국가의 중요한 일을 의논議論하여 결정하던, 신라의 진골 귀족회의 제도이다.

③ 화백회의는 진골 귀족만이 참여 가능하였다.

④ 화백和白은 진골 귀족들이 모여서 국가의 중대한重大 일을 함께 의논하여 결정하던 귀족회의제도이며, 의결방법은 만장일치제였다. 화백은 귀족의 단결을 굳게 하고 국왕과 귀족 간의 권력을 조절하는 기능을 담당하기도 했다.

⑤ 화백회의의 의장은 상대등上大等이었다. 진골 귀족 출신의 '대등大等'은 화백회의의 구성원이다.

⑥ 화백회의는 '대등大等'이라는 직책을 가진 진골 귀족들이 모여서 회의하였고, 그 의장은 상대등上大等이다.

⑦ 상대등은 대등 가운데서 가장 높다는 뜻이다. 우두머리 대등이, 상대등上大等이다.

⑧ 상대등은 오늘날, 우리의 국회의장에 해당한다. 내각책임제(의원내각제) 국가에서는 수상首相이다.

⑨ 상대등은 진골 귀족의 대표자였다. 따라서 왕과는 대체로 대립적 입장에 있었다.

⑩ 왕 ↔ 상대등(진골 귀족의 대표). 왕권이 강해지면, 상대등의 세력이 약해진다.

⑩ 상대등 출신이 왕이 되기도 하였다.

⑪ 화백회의에서는 국가의 중대한 일(왕의 선임, 폐위, 선생 등)을 만장일치로 결정하였다.

만장일치滿場一致란 마당에회의장會議場 가득 모인滿, 모든 사람의 뜻이 하나一를 이룬다같음.致는 의미이다.

092 나·제동맹

① 신라와 백제가 고구려 장수왕의 남진에 맞서서, 군사동맹軍事同盟을 체결하였는데, 그것이 나(신라)·제(백제)동맹이다.

② 신라의 눌지왕과 백제의 비유왕은 장수왕의 남진에 맞서 군사동맹을 체결하였다. 나·제동맹은 433년에서 553년까지 유지되었다.

③ 고구려 장수왕의 남진정책에 대항하여 신라와 백제가 맺은 공수共守. 공격과 수비 동맹으로, 백제의 비류왕과 신라의 눌지왕이 433년 체결한 이래 왕실 간의 결혼동맹으로까지 발전하였으나 진흥왕의 배신(한강 하류 장악)으로 553년 깨어졌다. 이후 100여 년 동안백제 멸망. 660 백제와 신라는 원수처럼 지내게 된다.

④ 백제의 동성왕은 나·제동맹을 굳게 하고, 외척세력을 배제하여 왕권의 강화를 도모하며 고구려의 침략에 대응하고자 신라의 소지왕과 결혼동맹을 체결하였다493.

093 우경牛耕

① 소 우, 밭갈 경.

② 소가축. 牛를 이용하여 논밭(토지)을 가는耕. 일구다. 땅을 파서 뒤집다 농사기술을 우경牛耕이라고 한다.

③ 우경법이 실시되기 전에는 주로 사람의 힘인력. 人力으로 땅을 일구었다.

④ 가축을 이용한 농사기술은 농업생산의 증대를 초래하였고, 농업생산의 증대는 상업과 수공업의 발달을 촉진하였다.

⑤ 신라는 지증왕 때, 우경법이 전국적으로 실시되었다[502].

⑥ 상업이 발달하면서, 시장을 감독하는 관청인 동시전東市典을 수도 서라벌에 설치하여 동쪽에 있던 동시東市를 관리하게 하였다.

⑦ 동시전東市典. 맡을 전은 동쪽東에 있던 시장市場을 맡아서典 관리하던 관청이다.

094 법흥왕法興王

① 법 법, 일으킬 흥, 임금 왕.

② 불법佛法을 일으킨興 임금王 또는 나라의 법도法度를 바로 세운興 임금王, 법法과 제도를 만들어 나라를 흥興.일으키다하게 한 임금王으로 이해해도 될 것이다.

③ 불법佛法은 부처의 가르침을 말한다.

④ 법도法度는 법률法律과 제도制度를 말한다.

⑤ 법흥왕 때 이차돈의 순교로 신라는 불교를 공인公認하였다.

⑥ 법흥왕 때 율령律令. 법과 제도을 반포하였다.

⑦ 공인公認은 관청이나 국가에서 인정하는 것을 말한다.

⑧ 법흥왕 때 금관가야를 정복하였다[532].

⑨ 법흥왕 때 관복을 제정하고 17관등제도를 마련하였다.

⑩ 법흥왕 때 상대등과 병부(국방부)를 설치하여, 관제를 정비하였다.

⑪ 관제官制는 국가의 행정조직이나 기구機構. 체계를 말한다.

⑫ 법흥왕 때 '건원'이라는 독자적인 연호를 사용하였다.

⑬ 법흥왕 때 신라의 독특한 신분제도인 골품제가 갖추어졌다.

⑭ 따라서 법흥왕은 법法과 제도를 만들어 나라를 흥興. 일으킨하게 한, 임금王이라고 할 수 있다.

⑮ 건원建元이라는 연호 사용은, 신라의 통치체제가 확립되어 대외적으로 중국과 대등한 국가라는 자각을 가지고 있었음을 나타내주는 표시이기도 하다.

095 골품제도骨品制度

① 뼈 골, 등급 품.

② 골품은 뼈핏줄. 骨의 등급品을 말한다. 신라의 독특한 신분제도였다. 핏줄의 등급, 혈통血統을 중요시한 신분제도이다.

③ 출신出身 성분性分에 따라, 골骨과 품品으로 등급을 나누는 신라의 신분제도身分制度이다.

④ 혈통血統. 핏줄. 혈연에 따라서 신분을 나눈 제도이다.

⑤ 골품은 성골·진골의 '골骨'과 6두품·5두품·4두품頭品의 '품品'을 따서 붙인 것이다. 논란의 여지가 있지만, 성골은 김씨 왕족 가

운데서 왕이 될 자격을 가진 최고의 신분이었다.

⑥ 고대사회에서는 신분에 따라서 사람의 크기를 달리 표현하였는데 고구려 벽화에서 그러한 사실을 확인할 수 있다.

⑦ 신라가 중앙집권국가로 발전하는 과정에서, 각 지방의 부족장군장들을 그 세력의 크기에 따라 등급을 두어 중앙의 귀족에 흡수시키는 과정에 생겨난 제도가 골품제도이다.

⑧ 신라인의 사회활동과 정치활동은 골품에 따라 결정되었다.

⑨ 성골과 진골은 최고 귀족으로 중요한 관직을 독점하였고, 6두품은 6등급, 아찬까지만 벼슬할 수 있어 승진에 제한을 받았기 때문에 정치보다는 주로 학문과 종교에서 활동하였다. 대표적인 인물로, 원효와 최치원이 있다. 6두품은 오늘날 차관급까지의 승진은 가능하였지만, 장관을 될 수 없었으며, 장관은 진골 귀족이 독차지하였다.

한편 이들은 신라 중대에 왕권을 강화하고자 했던 국왕과 힘을 합쳐 국왕의 친위세력이 되기도 하였다. 그러나 여전히 출세에 제약이 있었기 때문에 신라 말기에는 반정부적 세력으로 등장하여 호족세력과 손잡고 새로운 사회를 만들어 갔다. 이들은 되기가 어렵다고 '득난得難'이라 불리기도 하였다.

⑩ 신분세도에서 신분이 높으면 누리는 혜택(권리)은 많고 의무는 적은 반면에, 신분이 낮으면 반대로 의무는 많고 권리는 줄어든다.

⑪ 신분제도의 특징은 핏줄(혈통)은 능력보다 우선한다는 것, 그리고 그 핏줄은 세습되며, 핏줄에 따른 정치·사회·경제적 처우(대

우)나 지위도 차별이 있다는 점이다.

⑫ 고대사회는 신분제사회였으며, 그 사회에서는 신분에 따른 차별은 당연하였다.

⑬ 고대사회에서 신분제도는 사회운영의 기본 틀 가운데 하나였다.

⑭ 신분제사회에서는 신분의 차이에 따라 사회적 지위와 직업 등이 세습되는 특징을 지니고 있다.

⑮ '신분에서 계약으로'라는 말처럼, 신분제도는 근대시민사회의 성립과 함께 역사에서 사라졌다.

⑯ 우리나라에서 법적으로 신분제도가 폐지(철폐)된 것은, 갑오개혁 1894 때이다.

⑰ 골품제의 모순이란, 신분의 틀 안에 모든 것을 가둠으로써 귀족들만 권력과 지위를 독점하는 불평등이다. 그 영향은 6두품을 비롯한 백성들의 통일신라에 대한 반감을 조장하였고 통일신라에 반기를 들게 된다. 골품제의 모순 때문에 신라가 멸망했다고도 할 수 할 수 있다. 골품제는 진골 귀족중심의 신라사회를 유지시키는 기둥과 같은 것이었다. 기둥이 무너지니 나라도 망하게 된 것이다.

096 단양적성비|丹陽赤城碑

① 단양적성비는 신라 진흥왕 때551, 충청북도 단양군丹陽郡 단성면 하방리의 적성赤城에 세운 비석碑石이다. 단양신라적성비라고도

한다. 신라 진흥왕 때 고구려의 영토인 적성 지역을 점령하고 이
를 기념하여 세운 비석이다. 적성 지역 점령에 공로를 세운 사람
들과 적성 지역의 백성들을 위로 하려고 세운 것이다.

② 신라의 남한강 유역(한강 상류) 진출 사실을 입증하는 비석이다.

③ 진흥왕은 백제의 성왕과 연합하여 한강유역을 공격하여, 한강
상류 지역을 장악하였다. 이때 세운 비석이 단양신라적성비이다.

④ 백제의 성왕은 한강 하류를 공략하고, 신라의 진흥왕은 한강 상
류를 공략하였다[551].

⑤ 그 후 신라의 진흥왕은 백제가 차지한 한강 하류마저 차지함으
로써[553], 그 동안 유지되었던 나제동맹은 결렬되었고, 성왕은 분
노하여 신라를 공격하였다가 관산성옥천 전투에서 패배하고 전사
하였다[554].

097 순수비巡狩碑

① 돌(돌아 볼) 순, 점령할 수, 비석 비.

② 임금이 점령한 지역을 돌아보며巡狩 세운 비석碑石이 순수비巡狩
碑이다.

③ 순수巡狩는 임금이 나라 안을 살피며 돌아다니는 것을 말하며,
순행巡行이라고도 한다. 즉, 임금이 직접 지방을 돌아보고 정치와
민심의 동향을 살피는 행위이다.

④ 진흥왕은 순수한 것을 기념해서 비석을 세웠는데, 이것이 진흥왕

의 순수비이다. 순수비는 국경을 표시한다는 의미로 '척경비'라고
도 한다.

⑤ 진흥왕의 순수비로는 창령비, 북한산비, 황초령비, 마운령비가
있다.

⑥ 창녕비는 신라가 낙동강 유역을 독차지하였음을 입증한다. 이 과
정에 대가야가 멸망하였다[562]. 대가야의 멸망으로 가야는 역사
의 무대에서 사라진다.

⑦ 북한산비는 신라의 한강 하류 진출을 입증한다. 이로써 신라는
한강 유역을 완전히 독차지하게 되었다.

⑧ 황초령비와 마운령비는 신라의 함흥평야 진출을 입증한다[568].

⑨ 진흥왕의 영토 확장 기념비로, 4개의 순수비와 단양적성비가
있다.

⑩ 진흥왕은 '개국開國'이라는 연호를 사용하였다.

⑪ 진흥왕은 원광법사의 도움을 받아, 화랑도를 국가적 조직으로
만들었다. 화랑도는 신라의 삼국통일에 기여하였다.

098 화랑도花郞徒

① 꽃 화, 사내 랑, 무리 도.

② 화랑도는 꽃花 같은 사내郞 무리徒라는 뜻이다. 꽃처럼 아름다운
남자의 무리, 화랑花郞의 무리徒라는 의미이다.

③ 화랑이 이끄는 무리, 꽃을 닮은 사내들이 화랑도이다.

④ 화랑도는 진흥왕 때 조직된 신라의 청소년 단체이다.

⑤ 세속世俗 5계五戒는 화랑들의 실천사항이었다. 세속 5계는 화랑들의 행동강령(행동방침)이라고 할 수 있다.

⑥ 원광은, 사군이충事君以忠, 충성으로써 임금을 섬김, 사친이효事親以孝, 어버이를 섬기기를 효도로써 함, 교우이신交友以信, 친구를 사귐에 믿음으로써 함, 임전무퇴臨戰無退, 전쟁에 나아가서 물러서지 않음, 살생유택殺生有擇, 생물을 죽임에 가림이 있음이라는 5가지 계율을 화랑들에게 가르쳤다. 이는 뒤에 화랑도의 신조信條가 되어, 화랑도가 크게 발전하고 삼국통일의 기초를 이룩하게 하는데 크게 기여하였다.

⑦ 화랑도는 화랑과 낭도로 구성되었는데, 화랑은 진골 귀족 출신이 되었지만 낭도는 일반귀족이나 평민도 있었기에 계층 간의 대립과 갈등을 완화하는 역할을 하였다.

099 임신서기석壬申誓記石

① 아홉째천간 임, 아홉째지지 신, 맹서할 서, 기록할 기, 돌 석.

② 임신년壬申年에 맹서盟誓하고 돌에石 기록記錄함.

③ 신라 진흥왕 무렵에, 화랑 두 사람이 열심히 공부하여 국가에 충성하자고 맹세하고, 그 맹세한 내용을 돌에 새겨서 기록하였는데, 그러한 비석이 임신서기석이다.

100 한강 유역의 중요성

① 한강 유역은 한반도(삼국)의 중심에 위치하여, 문화의 중심지이면서 인적·물적 자원의 집산지集散地였다. 따라서 한강유역을 점령한 왕조가 한반도 패권覇權을 차지하였다.

② 한강 유역은 농경에 적합하고 여러 지역의 문화가 합쳐지며 또한 중국과 교류하기에 적합한 지리적 이점을 갖고 있었다. 따라서 삼국은 안으로 국가 체제를 정비하면서 영토 확장을 벌이는 가운데 한강유역을 서로 다투어 차지하려고 하였다.

③ 삼국시대에 백제, 고구려, 신라의 순서로 이곳을 차지하면서 삼국경쟁의 중심지가 되었다. 백제는 고구려에게 한강을 빼앗긴 후 쇠퇴의 길을 걷게 되었고, 고구려는 광개토대왕과 장수왕의 남진정책으로 한강 유역을 차지하면서 전성기를 누렸으나, 신라에게 한강 유역을 빼앗김으로써 삼국의 패권(주도권)을 신라에게 넘겨주었다.

④ 신라는 진흥왕 때 한강 유역을 확보하여 고구려와 백제의 연결을 끊고 중국과 교통로를 개척하였다. 이로써 신라는 인적·물적 자원이 크게 증가하게 되었으며 서해의 당항성當項. 남양만 거쳐 중국과 직접 연결함으로써 외교적인 공세를 강화하고, 당의 선진 문화를 적극 수용하여, 삼국통일을 이루게 되었다.

⑤ 삼국이 서로 다투어 점령하려고 했던 곳이, 한강 유역이다.

⑥ 한강 유역의 점령은 백제, 고구려, 신라 순서이고, 그 순서에 따

라 삼국은 성장, 발전하고 멸망하였다. 백제(근초고왕. 4C) → 고구려(광개토 대왕, 장수왕. 5C) → 신라(진흥왕. 6C).

⑦ 결국, 한강유역을 차지한 나라가 삼국의 주도권 장악했다.

⑧ 멸망 순서는 백제(660) → 고구려(668) → 신라(935)이다.

101 대첩大捷

① 큰 대, 이길 첩

② 싸워서 크게大 이김捷. 대첩大捷은 적을 크게大 물리쳐 싸움에서 이김捷을 뜻하는 말이다.

③ 살수대첩薩水大捷은 살수(청천강)에서 고구려가 수나라와 싸워서, 크게大 이긴捷 전투이다.

④ 살수대첩은 고구려와 수나라의 동북아시아에서의 패권覇權. 주도권 에서 고구려가 크게 이긴 전투이다.

⑤ 안시성 싸움은 고구려와 당나라의 패권 다툼이다.

⑥ 귀주대첩은 고려와 거란(요)의 싸움으로, 고려가 거란군을 귀주에서 크게 물리쳤다.

⑦ 임진왜란의 3대 대첩은 한산도대첩·진주대첩·행주대첩이다. 이순신의 3대 대첩은 한산도대첩·명량대첩·노량대첩이다.

102 연개소문, 대막리지^{大莫離支}

① 큰 대, 없을 막, 떨어질 리, 가를 지.

② 대막리지^{大莫離支}는 세력이 강해서^大, 권력에서 떨어지게^離 하거나 갈라서게^支 할 자가 없을^莫 정도라고 해석해도 될 것이다.

③ 대막리지는 고구려 말기에 행정권과 군사권을 장악한 최고의 관직이다. 고구려 말기에 군정^{軍政. 군사행정}의 최고 책임자가 대막리지라고 할 수 있다.

④ 연개소문은 대막리지와 태대막리지를 지냈다.

⑤ 대막리지가 설치되기 이전에는 대대로^{大對盧}가 고구려 최고의 관등이자 관직이었으나, 대막리지가 설치된 이후에는 대막리지가 권력의 중심에 있었다. 임기가 3년인 대대로와는 달리 대막리지는 종신직으로서, 연개소문 가문은 대막리지 관직을 세습함으로써 권력을 유지하였다.

103 을지문덕, 여수장우중문시^{與隋將于仲文詩}

① 줄 여, 나라 수, 장수 수.

② 수나라^隋 장수^將 우중문^{于仲文}에게 보내는^與 시^詩가, 여수장우중문시이다.

③ 이것은 고구려의 장수 을지문덕이 지은 한시^{漢詩. 한문으로 지은 시}이다.

④ 중국 수나라 장수 우중문에게 지어 보낸 것으로, 현전^{現傳} 최고^最

ㅎ의 한시이다.

⑤ 현전現傳. 현재까지 전하여 오는, 최고最古. 가장 오래된

104 무용도, 고분벽화古墳壁畵

① 벽 벽, 그림 화.

② 옛날 무덤墳 안의 천장이나 벽면壁面에 그려 놓은 그림畵이 고분 벽화이다. 고대古代의 무덤墳이 고분이다. 고분은 옛 무덤이란 뜻 이다.

③ 굴식돌방무덤에서 벽화가 많이 발견되는데, 수렵도, 무용도, 사 신도 등이 있다.

④ 돌무지덧널무덤은 구조적으로 벽화를 그리기 어렵다. 신라의 고 분은 돌무지덧널무덤이 많다.

⑤ 따라서 신라 천마총의 천마도는 벽화가 아니다.

⑥ 고분은 고대인의 삶의 대부분의 정보를 제공해주는, 정보의 보 고寶庫. 보물 창고이다. 고분은 고대인들의 삶에 대한 정보 알려주는 보물 창고라고 할 수 있다.

⑦ 벽화는 고대인의 문화, 종교, 삶의 모습을 엿보게 한다. 벽화는 주로 굴식돌방무덤에서 발견된다. 초기에는 무덤 주인공의 생진 의 삶의 모습을, 후기에는 사신도와 같은 상징적인 추상화를 많 이 그렸다.

⑧ 고구려의 고분벽화에는 신분에 따라 사람의 크기가 다르게 표현

되었다.

105 서산마애삼존불, 마애^{磨崖}

① 갈 마, 낭떠러지 애.

② 바위(암벽)의 낭떠러지^{崖. 애}를 갈아^{磨. 마} 글자나 그림, 불상 따위를 새긴 것을 마애^{磨崖}라고 한다.

③ 마애불^{磨崖佛}은 자연 암벽에 새긴^{磨崖} 불상^{佛像}이다.

④ 우리나라의 마애불로는 백제의 서산마애삼존불상이 가장 유명하다.

⑤ 서산마애삼존불상은 '백제의 미소'라고도 불린다.

⑥ 삼존^{三尊. 높을 존}은 본존^{本尊}과 그 좌우에 있는 두 부처나 보살을 통틀어 이르는 말로, 석가삼존, 미타삼존, 약사삼존 등이 있다. 본존^{本尊}은 으뜸가는 부처라는 뜻으로, '석가모니불'을 이르는 말이다.

106 칠지도^{七支刀}

① 일곱 칠, 가지 지, 칼 도.

② 칼^刀의 좌우에 각각 3개씩 가지가 있어서, 몸통의 칼날과 함께 7개^七의 가지^支로 보아서 칠지도^{七支刀}라고 한다. 일본의 이소노카미 신궁^{神宮}에 보관되어 있다.

③ 칠지도는 4세기 백제의 근초고왕이 왜왕(일본의 왕)에게 하사한

^{下賜, 내려준} 것으로 여겨지며, 당시 백제와 왜(일본)의 친교 관계를 보여준다.

④ 백제와 일본 사이에 활발한 교류가 있었음을 엿볼 수 있다.

⑤ 칠지도에 새겨진 글^{명문. 銘文}에 대한 한국과 일본 역사학자들의 해석이 서로 다르다. 칠지도는 백제의 왕(근초고왕)이 왜왕에게 내려준 것이라고 우리 역사학계는 보고 있으며, 일본 역사학계는 백제왕이 일본의 천황에게 바친 것이라고 주장한다.

⑥ 임나일본부설^{任那日本府說}은 4세기~6세기 무렵에 왜^倭가 한반도 남부 임나(가야의 일부)에 '일본부'라는 통치기구를 두고 한반도 남부지방의 일부를 다스렸다는 일본 학자들의 주장이다.

광개토대왕비의 신묘년 기사·칠지도의 명문·일본의 역사책인 일본서기 등의 근거를 들어서 그렇게 주장했지만, 2010년, 한일 역사공동연구위원회는 임나일본부설과 관련해 임나일본부의 존재 자체가 없었다는데에 의견을 같이 했음을 밝히고 있다.

⑦ 왜^倭는 한국과 중국에서 일본을 가리키던 호칭으로, 고대 일본을 말한다.

107 지석^{誌石}

① 기록할 지, 돌 석.

② 기록한 돌. 죽은 사람의 인적 사항이나 무덤의 소재를 기록^{記錄}하여 묻은 판석^{板石}이나 도판^{陶板}이 지석^{誌石}이다.

③ 죽은 사람의 이름·생일과 죽은 날·행적行蹟 무덤의 방향方向 따
위를 적어 무덤 앞에 묻는 판석板石 또는 도판陶板이 지석이다.

④ 대표적인 것이 무령왕릉의 지석이다.

⑤ 판석板石은 널빤지 같은 돌을 말하며, 도판陶板은 도자기로 만든
널빤지를 말한다.

108 천마총天馬塚

① 하늘 천, 말 마, 무덤 총.

② 천마도天馬圖가 발견된 무덤塚이 천마총이다.

③ 천마天馬는 도교에서 옥황상제가하늘의 황제. 하늘을 다스리는 신 타고 다닌
다는 말이라고 한다.

④ 옥황玉皇상제上帝는 옥과 같이 귀한 임금, 도교에서 '하늘을 다스
린다.'고 하는 존재이다.

⑤ 천마총의 천마도는 벽화가 아니다. 천마총에서 출토된 천마도는
'장니'에 그려진 것이기에 벽화가 아니다.

⑥ 장니障泥. 막을 장. 진흙 니란, 말을 탄 사람에게 진흙이 튀지 않게 하는
안장 양쪽으로 늘어뜨린 물건이다. 말다래 또는 마첨馬韀. 말다래 첨
이라고도 한다. 말다래는 말을 탄 사람의 옷에 흙이 튀지 아니하
도록 가죽이나 널빤지 같은 것을 말의 안장 양쪽에 늘어뜨려 놓
은 기구이다.

① 사리는 부처나 승려의 유골遺骨. 죽은 사람의 뼈 을 말한다.

② 화장火葬은 시신屍身을 불에 태워 지내는 장례이다.

③ 사리장치는 부처나 승려의 유골(사리)을 보관하던 장치로서, 사리함을 포함한 일체의 장치(시설 또는 도구)이다.

④ '사리舍利 장엄구莊嚴具'는 사리함과 사리병을 비롯해 사리를 봉안하는 일체의 장치로서, 사리장치라고도 한다.

⑤ 탑塔은 석가모니(부처)의 사리를 봉안한 곳이며, 부도浮屠. 사리탑는 승려들의 사리를 봉안한 곳이다.

⑥ 탑파塔婆는 산스크리트어인 스투파Stupa를 음역音譯한 것으로, 부처의 사리가 모셔져 있는 일종의 무덤을 의미한다. 불탑 혹은 탑파를 그냥 줄여서 '탑'이라고도 한다. 탑파(탑)는 원래 부처의 사리를 넣기 위해서 돌이나 흙 등을 높게 쌓아올린 무덤을 말한다.

⑦ 파고다pagoda는 미얀마에서, '탑파塔婆'를 이르는 말이다.

영어로 파고다pagoda는 탑을 의미한다. 1919년 일제日帝에 항거하는 3·1운동이 일어났던 곳인 '파고다 공원'을 지금은 '탑골공원'이라고 부른다. 탑이 있었기에 그렇게 부른 것이다.

110 부여 정림사지 5층 석탑

① 석탑石塔은 돌로 만든 탑으로서, 감은사지 3층 석탑, 화엄사 4사
   자 3층 석탑 등이 있다.

② 목탑木塔은 나무로 만든 탑으로서, 황룡사 9층 목탑, 법주사 팔상
   전 등이 있다. 황룡사 9층 목탑은 몽골의 3차 침입 때 불타고 현
   재는 기초석만 있다.

③ 전탑塼塔은 벽돌塼, 벽돌 전로 쌓아서 만든 탑. 안동 법흥사지 7층 전
   탑 등이 있다.

④ 모전탑模塼塔은 돌을 벽돌塼 모양模樣, 모방할 모, 본뜰 모으로 잘라서 쌓
   은 탑塔이다. 경주 분황사 모전석탑 등이 있다.

⑤ 정림사지定林寺址, 터 지는 '정림사'라는 절의 터址에 탑만 남아 있어
   서 그렇게 부른다.**寺 다음에 '지址'가 있으면 절은 소실 등으로
   없고, 탑만 남아 있는 경우에 그렇게 부른다. 익산 미륵사지 석
   탑도 마찬가지 이다. 익산 미륵사지 석탑은 백제의 탑으로서 현
   존現存하는 우리나라에서 가장 오래된 탑이다. 석탑이지만 목탑
   의 양식을 하고 있다. 따라서 목탑에서 석탑으로 넘어가는 과도
   기에 만들어진 것으로 여겨진다. 우리나라에 남아 있는 탑 가운
   데서 가장 오래되었고 가장 큰 규모를 갖고 있다. 백제 무왕 때
   세워진 것으로 추정된다.

탑塔 = 탑파

② 부처의 사리(유골)를 보관(봉안)하는 곳이다.

③ 탑은 주로 법당(금당)의 앞에 있는 경우가 많다.

④ 탑이나 부도와 상관이 없으면서 탑이라고 불리는 경우도 있다.

⑤ 이런 경우는 죽은 이들의 넋을 기리거나, 역사적 사건을 기념하기 위해서인데, 4·19혁명 탑, 동학혁명군 위령탑 등이다.

⑥ 통일신라시대에는 3층탑이 유행하였다. 감은사지 3층 석탑, 화엄사 4사자 3층 석탑, 석가탑(불국사 3층 석탑, 무영탑) 등이 모두 통일신라 때의 탑이다.

⑦ 탑파塔婆는 산스크리트어인 스투파Stupa를 음역音譯한 것으로, 부처의 사리가 모셔져 있는 일종의 무덤을 의미한다. 불탑 혹은 탑파를 그냥 줄여서 '탑'이라고도 한다. 탑파(탑)는 원래는 부처의 사리를 넣기 위해서 돌이나 흙 등을 높게 쌓아올린 무덤이다.

불상佛像

① 부처 불, 본뜰 상, 모양 상.

② 부처佛의 모습생김새. 像을 표현한 모양이라는 뜻이다. 불상은 부처의 모습을 조각한 것이다.

③ 입상立像은 서효. 설 립 있는 자세의 불상佛像.

④ 좌상坐像은 앉아坐. 앉을 좌 있는 자세의 불상이다.

발해의 이불병좌상二佛竝坐像은 두二 명의 부처가 나란히竝 앉아坐 있는 불상佛像이다.

⑤ 반가상半跏像은 반가부좌로 앉아 있는 자세의 불상이다.

반가부좌半跏趺坐는 한쪽 다리를 구부려 다른 쪽 다리의 허벅다리 위에 올려놓고 앉는 자세이다. 반가 또는 반가좌라고도 한다.

⑥ 반가사유상半跏思惟像은 오른쪽 다리를 왼쪽 허벅다리 위에 수평으로 얹고 걸터앉아, 오른손을 받쳐 뺨에 대고 생각에 잠겨 있는 부처의 상이다.

⑦ 와상臥像·와불臥佛은 비스듬히 누워 있는 자세의 불상으로, 운주사 부조이불와상 등이 있다.

⑧ 불상의 이름은 출토지, 특징, 재료, 방식, 주인공, 자세, 어디에서, 무엇으로, 누구를, 어떻게 등으로 보통 결정한다.

금동미륵보살반가상은 구리로 만들어 금칠을 하고, 한쪽 다리를 무릎에 얹고 생각에 잠겨 있는 미륵보살을 의미한다. 미륵보살은 미래에 이 세상 부처로 태어나 모든 악을 없애고, 중생을 구원한다고 하는 미래의 부처이다. 삼국시대에는 미륵보살반가상이 많이 만들어졌다.

113 묘廟·침묘寢廟·가묘家廟·문묘文廟·종묘宗廟

① 사당 묘, 위패 묘.

② 묘廟는 조상이나 신인神人. 신처럼 신령스러운 사람들의 신주神主를 모셔

놓은 집. 신주를 두고 제사 지내던 집건물이다.

③ 묘廟는 사당祠堂, 묘당廟堂, 사우祠宇라고도 한다.

④ 사당祠堂. 제사지낼 사, 집당은 조상의 신주神主를 둔 곳.
신주를 두고 제사를 지내는 건물집을 말한다.

⑤ 신주神主. 귀신 신, 주인 주는 죽은 사람을 상징하는 위패位牌이다. 위패
位牌는 죽은 사람의 지위를 글씨로 적은 나무쪽이다.

⑥ 침묘寢廟는 종묘 전체를 침묘라고 한다.

⑦ 침寢은 살아 있는 사람이 거처하는 집이다. 궁궐의 침전寢殿, 가
정의 침실寢室. 침묘寢廟는 침寢. 산 사람의 거처. 제사에 관련된 물건 보관과 묘廟.
신주가 놓인 건물. 제사를 지내는 공간가 함께 있는 곳이다.

⑧ 가묘家廟는 조선시대에 사대부들이(양반), 고조高祖 이하 조상의
위패를 안치하고, 제사지내던 집(건물)이다. 사우祠宇, 사당祠堂이
라고도 한다.

⑨ 문묘文廟는 공자를 모시는 사당이다. 공자의 위패를 안치하고 제
사지내던 집이다. 공자와 사성四聖. 안자·증자·자사·맹자의 네 성인 이하 중
국 역대의 이름난 유학자와 신라 이후에서 조선까지의 큰선비들
의 위패를 함께 안치한 사당이다.

⑩ 종묘宗廟는 역대 왕들의 위패를 안치하고 제사지내던 집이다.
왕실의 사당이라고 할 수 있다.

⑪ 묘호廟號는 업적을 평가하여 신주에 붙여주는 이름이다.

⑫ 조선시대에 중앙의 성균관이나 지방의 향교에는 문묘가 설치되
어 있었다. 그곳을 '대성전大成殿'이라고 부른다. 대성전은 종묘의

정전正殿에 비견比肩될 정도로 성균관이나 향교에서 가장 중요한 위치에 있었다. 조선시대에 한양의 학당學堂에는 문묘가 없었다. 왜냐하면 성균관에 있었기 때문이다.

⑬ 종묘사직宗廟社稷은 종묘宗廟와 사직社稷을 합친 말이다.

왕실의 사당인 종묘와 토지와 곡식의 신神인 사직社稷을 말한다. 조선시대 역대 선왕先王에게 제사를 지내기 위해 마련된 '종묘'는 토지신과 오곡신에 대한 제사인 '사직社稷'과 함께 국가의 가장 중요한 제사였다. 그리고 그 공간이 종묘와 사직단이다. 사직단은 토지신과 토지에서 생산되는 오곡五穀 곡식의 신에 대한 제사였기 때문에, 그 공간은 네모난 모습을 하고 있다. 반면에 하늘에 대한 제사를 지내는 공간인, 환구단圜丘壇은 둥근 모양으로 만들어졌다. 환구단은 천자天子·황제가 하늘에 제사를 드리는 제천단祭天壇을 가리킨다. 환구단, 원구단으로 혼용하던 것을 2005년 문화재청이 독립신문의 기록에 따라서, 환구단으로 통일하여 부르고 있다. 고종은 환구단에서 하늘에 황제 즉위식을 거행하였다. 그리고 대한제국의 황제가 되었다.

114 능陵·원園·묘墓

① 임금의 무덤 능.

② 능陵은 무덤의 주인이 밝혀진 왕이나 왕비의 무덤이다.

③ 무령왕릉. 영능(세종과 소현왕후 심씨의 무덤). 태능(조선. 제11

대 중종의 두 번째 계비인 문정왕후 윤씨의 무덤이다).

④ 원園은 왕세자, 왕세손, 왕세자비, 왕세손비, 왕의 생모生母, 왕의 후궁인 빈嬪, 왕의 사친私親. 대원군의 무덤이다.

⑤ 묘墓는 기타 빈과 왕자, 공주, 옹주, 일반인의 무덤이다. 왕족이 아닌 일반인의 무덤은 지위고하地位高下에 관계없이 모두 묘墓가 된다.

⑥ 김유신 장군 묘. 영창대군 묘, 광해군 묘, 연산군 묘 등.

⑦ 광해군과 연산군은 임금의 자리에서 쫓겨났기 때문에, 무덤의 명칭도 강등되어서 '능'이라고 하지 않고 '묘'라고 한다.

⑧ 마찬가지로, 조선왕조실록에서도 '실록實錄'이라 하지 않고, '일기日記'라고 부른다. 연산군일기, 광해군일기 등이다.

115 불교佛敎 사상

① 불교는 인도에서 고타마 싯다르타(석가모니. 붓다)가 기원전 5세기경에 창시한 종교이다. → 마우리아 왕조(인도 최초의 통일 왕조, 아소카 왕, 소승불교 발달, 동남아시아로 전파)→ 쿠샨왕조(3대, 카니슈카 왕)의 불교장려 → 대승불교 발달(부처가 예배와 기도의 대상이 됨, 모든 사람의 구원이 목표) → 간다라 미술 탄생(그리스식의 불교문화. 헬레니즘문화 + 불교문화), 간다라지방에서 중앙아시아로 전파, 중국, 한반도, 일본, 베트남으로 전파 → 둔황(중국과 중앙아시아를 잇는 실크로드의 관문으로, 고대의 동서

교역·문화교류 및 중국의 서역 경영의 거점이 되었던 곳이다) →
1세기경, 중국에 전래(위진 남북조 시대) → 4세기경, 삼국에 불
교 전파 → 6세기에, 일본에 불교 전파(백제. 노리사치계) → 야마
토 정권의 쇼토쿠 태자. 불교장려 → 아스카지방을 중심으로 불
교문화의 발달, 왕권 강화에 기여.

② 불교의 수용과 장려는 대체로 왕권의 강화와 직결直結되어 있다.

③ 불교의 중심사상 : 인생은 괴로움이다. 고뇌의 원인은 욕망에 있
다. 욕망을 버림으로써 구원을 받을 수 있다. 욕심을 버리고 수
행을 하면 누구나 깨달음을 얻고 열반(극락)에 들 수 있다. 그리
고 인간은 누구나 평등하다.

④ 삼국이 불교를 수용한 배경은 전통신앙(자연신, 조상신 숭배)만
으로는 다양한 성향의 백성들을 통합하고 통치하기 곤란하였기
때문이다. 특정한 부족만의 전통신앙은 배타성이 강했지만, 불
교는 배타성이 약해, 국민의 사상적인 통합에 적합하였다. 당시
에는 물리적인 통합과 함께 사상적인 통합이 절실히 요구되었다.
부족적인 전통을 초월하는, 국왕중심의 통치이념이 필요했다.
중앙집권적인 통치이념이 절실히 요구되었다. 왕과 왕실의 권위
를 높일 수 있는 통치이념이 요구되었다. 그래서 불교를 받아들
인 것이다.

⑤ 호국불교사상護國佛教思想은 부처의 힘과 가르침으로 외적의 침입
을 물리치고 나라를 지킨다는 불교사상으로 다른 불교 국가에서
는 찾아보기 어려운 한국 특유의 불교사상이다.

황룡사 9층탑의 건립, 백좌강회(백좌법회, 큰 법회)개최, 원광법사의 세속5계, 불교식 왕명사용(법흥왕~진덕여왕), 연등회, 백제 무왕의 미륵사 건립 등은 불교의 호국적 성격을 잘 보여준다.

호국불교사상은 삼국시대 이후에도 계속되어, 고려시대의 팔만대장경 등의 고려대장경 조판사업이나, 임진왜란 때 승병의 활동, 3·1운동 때 민족대표 33인 한용운 등의 참여는 한국불교의 호국적 성향을 잘 보여준다.

⑥ 삼국불교는, 왕과 왕실 중심에서 귀족으로 전파되고, 삼국통일 후 원효 등의 노력으로 일반백성에게까지 보급되었다.

⑦ 불교의 전파 결과 (계)율종 등이 유행하여 신분 간의 위계질서 강조하고, 그것은 왕권강화와 중앙집권체제의 강화에 사상적인 뒷받침이 되었다. 또한 귀족의 특권을 정당화하여, 계층 간의 대립을 완화하는 구실을 하였다. 전생의 소행으로 말미암아 현세에 받는 응보를 주장하는 업설業說이나 윤회설輪回說 등이 그러한 역할을 하였다. 업설은 사람은 행위에 따라서 업보業報를 받는다는 주장이다. 업業은 미래에 선악의 결과를 가져오는 원인이 된다고 하는, 몸과 입과 마음으로 짓는 선악善惡의 소행이다. 업보는 선악善惡의 행위로 말미암은 인과응보因果應報 이다.

또한 불교와 함께 서역(인도)과 중국의 문화가 삼국에 전파되어 절이나 탑 등과 같은 불교문화가 발달하였다.

⑧ 통치이념은 국가(왕)가 국민을 다스리는데統治 있어서, 가장 중요하게 여겼던 중심사상이다. 삼국의 왕들은 '국왕중심의 국가 운

영'을 목적으로, 국가의 통치이념으로서 불교, 유교, 도교를 적극 받아 들였다. 불교와 유교 등의 통치이념은, 왕을 중심으로 한 구심력求心力을 키우기 위해서는 절대적으로 필요한 것이었다.

⑨ 업설과 함께 신라는 왕의 권위와 귀족의 특권을 인정하는 역할을 한 것이 미륵불 신앙이다. 미륵불은 미륵보살, 미래불未來佛을 의미한다. 미륵불은 현세에서 석가모니불이 구제하지 못한 중생들을 세상이 끝나갈 무렵(미래)에 나타나 모두 구제해 준다는 미래의 부처이다.

⑩ 불교에서 깨달음을 '수레바퀴'에 비유하였다. 부처의 '진리의 수레바퀴'는 오늘날 인도 국기의 상징이다.

⑪ 불교는 크게 대승불교大乘佛敎와 소승불교小乘佛敎로 나눈다.

대승大乘은 '큰 수레', 소승小乘은 '작은 수레'라는 뜻이다. '큰 수레'는 많은 사람이 탈 수 있고, '작은 수레'는 혼자만 탈 수 있다. 대승불교는 많은 중생들이 깨달음을 갖게 하여서 같이 극락왕생하자 것이고, 소승불교는 개개인의 깨달음을 통해서 저마다 극락왕생하자는 것이다. 극락왕생이란, 죽어서 극락(정토)에 다시 태어남을 말한다. 극락極樂은 괴로움이 없으며 지극히 안락하고 자유로운 세상이라고 한다.

116 도교道敎 사상

① 도가道家는 중국의 전통 종교인, 도교의 바탕이 되었다.

② 이 세상의 혼란은 인간의 〈지식과 욕망〉 때문이라고 보고, '무위자연無爲自然'의 상태로 돌아갈 것을 강조하였다. 무위자연이란 인공人工을 가加하지 않은, 그대로의 자연自然 또는 그런 이상적인 경지라고 한다. '억지로 하지 말고 자연스럽게 두라'는 것이 도교의 중심사상이라고 할 수 있다. 최고의 선善은, '흐르는 물처럼'이라고 생각하였다.

또한 백성을 지배하려고 들지 말고, '자신을 낮추고 베풀어 백성들이 스스로 따르게 하라'는 입장이었다. '임금은 나서려 하지 말고, 귀족들의 지배를 그대로 두라'는 입장이었다. 따라서 도교는 귀족들이 중심이 되어 받아들여졌고, 특히 고구려의 연개소문은 왕권을 견제하는 수단으로 적극 장려하였다.

③ 도교는 산천 숭배와 신선사상이 결합된 사상으로, 귀족사회를 중심으로 발달하였다. 도교는 고구려 때 연개소문의 노력으로 전파되었다.

④ 백제의 산수무늬벽돌(자연과 함께 살고자 하는 사상), 금동대향로(도교에서 신선이 산다는 이상세계인 봉래산과 불교의 극락세계 표현), 무령왕릉의 지석매지권.買地券. 신선으로부터 땅을 구입했다는, 고구려의 사신도 벽화, 신라의 화랑도國仙徒.風流徒 등은 삼국의 도교 전래와 관련이 있다.

사신四神은 '청룡東·백호西·주작南·현무北'로서, 사방四方 세상의 질서를 지킨다는 신神을 말한다.

사신도四神圖는 동서남북을 지키는 네四 가지 상징적인 동물神을 그린 그림圖이다. 사신도는 우주의 질서를 지키는 상징적인 동물 그림이다. 도교의 영향을 받은 것으로, 그 중에서 강서고분의 사신도는 가장 뛰어난 것으로 꼽힌다.

⑤ 고려시대에 도교가 성행하였으며, 도교 국가와 왕실의 태평과 안녕을 기원하는 제천행사로서 '초제醮祭'가 있었다. 초제는 민간신앙이나 도교에서 하늘의 별을 향해 지내던 제사이다.

⑥ 소격서昭格署는 조선시대에 국가적인 도교 행사를 주관하던 관청으로 도교적인 입장에서 국가적으로 하늘에 제사를 지냈다. 중종 때 조광조 등의 사림세력은 노자를 숭상하는 이단인 도교가 주관하는 관청이기에 철폐하여야 한다고 주장하였다. 이때 소격서가 혁파되면서 도교의 초제醮祭는 더 이상 국가적 차원에서 시행되지는 못하고 민간신앙으로 흡수되었다. 조선시대에 초제는 참성단에서 지냈다.

117 천리장성千里長城

① 천리千里에 이르는 긴長 성城을 천리장성이라고 한다.
② 우리 역사에서 천리장성은 두 개가 있다.
③ 고구려의 천리장성과 고려의 천리장성이다.

④ 고구려의 천리장성은 연개소문의 주도 主導 로, 부여성~비사성 까지 쌓았다.

⑤ 고려의 천리장성은 강감찬의 건의로, 압록강 입구~동해안의 도 련포까지 쌓았다.

⑥ 고구려의 천리장성은 당의 침입에 대비하여 쌓은 성이다.

⑦ 고려의 천리장성은 거란족, 여진족의 침입에 대비하여 쌓은 성이다.

⑧ 결국, 천리장성은 고구려와 고려가 중국세력의 침입을 막기 위하 여 쌓은 성이다.

118 도호부都護府 · 도독부都督府

① 우두머리 도, 지킬 호, 감독할 독, 관청 부.

② 도호부와 도독부는 당나라가, 점령한 지역(다른 민족)을 효율적으 로 다스리기 위하여 국경 부근(변경)에 설치한 군사행정기관이다.

③ 도호부都護府 는 도독부가 하는 일을 감시, 감독하기 위한 상부 관청이다. 도호부는 중앙으로부터 임명 파견된 도호(도호부의 장관)가 통치하였다.

④ 당나라는 최대 6개의 도호부를 두었는데, 백제와 고구려를 멸망 한 후 당은 평양에 안동도호부를 두고, 한반도와 만주 지역을 지 배하고자 하였다.

⑤ 도독부都督府 는 도호부의 지시와 감시, 감독을 받는 도호부의 하 부 관청이다. 백제와 고구려가 멸망한 후, 백제의 옛 땅에 웅진도

독부를 포함한 5개의 도독부를 두었고, 고구려의 옛 땅에 9개의 도독부를 두었으며, 신라 땅에 계림도독부를 두어서, 한반도 전체를 지배하고자 하였다.

119 삼국의 동맹同盟 관계

① 동맹同盟은 둘 이상의 개인이나 단체, 또는 국가가 서로의 이익이나 목적을 위하여 함께 행동하기로 맹세하여 맺는 약속이나 조직체, 또는 그런 관계를 맺음을 말한다.

② 삼국은 서로 필요에이해관계. 利害. 이익과 손해 따라 서로 연합하거나 대립하였다. 삼국은 필요에 따라 중국과 평화적인 교섭을 통해 선진문물을 받아들이기도 하고, 침략에는 과감히 맞서 싸우기도 하였다.

③ 백제는 주로 왜(일본)와 동맹관계를 맺었다.

④ 백제는 주로 남조의 나라들과 동맹을 맺었다.

⑤ 고구려는 주로 북조의 나라들과 동맹을 맺었다. 다만, 장수왕 때 백제와 북조의 북위를 견제할 목적으로 남조와 외교 관계를 맺었다.

⑥ 신라는 초기에 고구려를 통해, 북조의 선진문물을 받아들였다.

⑦ 고구려가 팽창하면서 신라와 백제는 나제동맹을 맺었다. 또한 나제동맹의 결속을 강화하기 위하여 결혼동맹까지 체결하였다.

⑧ 신라가 한강 유역을 독차지하면서 팽창하자, 고구려와 백제는 여

제동맹(고구려·백제)을 맺었다.

⑨ 동서세력은 신라와 수, 신라와 당으로 연결되었던 세력이다.

⑩ 남북세력은(돌궐-고구려-백제-왜)로 연결되었던 세력이다.

⑪ 신라가 삼국을 통일하는 과정에, 동서세력과 남북세력이 서로
맞섰다.

120 금동미륵반가상 = 금동미륵보살반가사유상

① 금 금, 구리 동, 반 반, 책상다리할 가, 생각할 사, 생각할 유, 모
양 상, 형상 상.

② 구리銅에 금金을 도금한, 절반折半을 책상다리跏를 하고 생각에
잠긴思惟듯한 모습의 미륵보살彌勒菩薩 불상佛像이, 금동미륵보살반
가사유상金銅彌勒菩薩半跏思惟像이다. 한쪽 다리를 무릎에 얹고 생각
에 잠겨 있는 미륵보살을 뜻한다. 흔히 '금동미륵보살반가상'이라
고 한다.

③ 삼국시대에, 구리로 만든 뒤 금을 입힌(도금한) 불상이다.

④ 일본 호류사에 있는 일본 국보 1호, 목조미륵보살반가사유상은
나무로 만들었다는 것만 빼고는 삼국의 대표적 불상인 금동미륵
보살반가사유상과 매우 비슷하여 당시 삼국과 일본(왜)의 문화
교류가 활발했음을 말해주고 있다.

⑤ '미륵보살'은 미래에 이 세상에 부처로 태어나 세상의 모든 악을
없애고, 중생을 구원한다고 하는 '미래의 부처'이다.

Ⅲ

남북국시대

(통일신라와 발해)

121 남북국시대, 남국南國과 북국北國

① 남쪽에는 있던 통일신라, 북쪽에는 있던 발해.

② 남북국시대는 남쪽의 신라와 북쪽의 발해가 함께 있던 시기를 말한다. 대체로 발해가 건국한 698년에서 발해가 거란족에게 멸망한 926년까지의 시기이다.

③ 신라인들은 발해를 북국北國이라고 불렀다. 최치원은 발해를 '북국'이라고 표현하였다. 지금도 우리는 휴전선을 경계로 그 북쪽을 북한, 남쪽을 남한이라고 부르는 것과 같은 이치이다.

④ 조선 후기의 실학자였던, 유득공은 '발해고'라는 역사책에서 처음으로 '남북국시대'라는 용어를 사용하였다. 발해를 처음으로 우리 민족의 역사로 취급한 것은 조선 후기 실학자들에 의해서였다.

⑤ 우리나라의 역사에서 가장 오랫동안 중국과 다른 독자적인 연호를 사용하고, 가장 넓은 영토를 가졌던 나라가 발해이다. 발해는 오늘날 우리나라와 중국, 러시아에 걸쳐 존재했던 나라였다.

⑥ 발해는 만주 땅을 지배한 우리 민족이 세운 마지막 왕조이다.

⑦ 발해는 고구려 문화를 계승하고, 당의 문화를 받아들였다.

⑧ 발해의 역사 연구서적으로는 유득공의 발해고, 한치윤의 해동역사, 안정복의 동사강목, 이종휘의 동사, 신채호의 조선상고사 등이 있다.

122 시호諡號, '시호를 알면 업적이 보인다.'

① 시호 시, 이름 호.

② 왕이나 재상이 죽은 뒤에 그의 공덕功德을 기리어 부르는 명칭.
선왕先王. 죽은 왕이나 신하의 공덕을 기리어 붙이는 이름이 시호이다.

③ 황제나 왕이 죽으면 그의 생전 업적을 평가하여, 이름을 붙여 주는 제도가 있었다.

④ 시호는 황제와 왕에게만 한정되는 것이 아니라, 왕비·재상·공신 등에게도 붙여주기도 했다. 시호를 내리는 것을 '증시贈諡'라고 한다.

⑤ 고려시대에 원나라는 고려왕에게 '충忠'자가 들어간 시호를 내려, 원나라 임금에게 충성을 강요하였다.

⑥ 신라 지증왕이 죽자, 법흥왕은 '지증'이라는 시호를 주었다는 기록이 있는데, 이것이 우리나라에서 왕에 대해 붙여준 최초의 시호로 본다.

⑦ 이순신과 조영무(이방원의 측근으로서, 선죽교에서 정몽주를 철퇴로 죽인 사람)의 시호는 똑같이 '충무공'이다. 충무忠武는 국가에 큰 공을 세운 군인이나 장군 등에게 내려졌던 시호이다.
충무는 조선 시대에 무관에게 내리는 최고의 시호이다. 따라서 임진왜란 때 공을 세운 이순신, 김시민 장군의 시호는 충무공이다.

⑧ 시호는 국가에서 내리는 것으로서, 평생의 공과(업적과 과오)를 함께 평가하는 내용이 담겨있다. 시호의 평가는 남에게서 나오는

것이다. 따라서 시호를 보면 그 사람의 행실을 짐작할 수 있다.

⑨ 백제와 발해에는 '무왕武王'이 있었다.

⑩ 백제의 무왕은 신라에 빼앗긴 땅을 되찾기 위해서 노력하였다.

⑪ 발해의 무왕은 북만주까지 영토를 확장하였고, 장문휴를 시켜 산둥반도의 덩저우를 공격하게 하였다. 또한 당과 신라를 견제할 목적으로 돌궐 및 일본과 친선 관계를 맺었다. 발해의 무왕武王. 군사 무은 당과 대립하며 영토의 확장에 전념하였다.

⑫ 발해의 '문왕文王. 글월 문'은 당과의 친선관계를 통해, 당의 선진문물을 적극 수용하여 국가 발전의 기틀을 마련하였다. 신라와도 신라로 가는 길인 '신라도'를 통해 우호적 관계를 맺었다.

⑬ 문물文物은 문화의 산물産物로, 정치, 경제, 종교, 예술, 법률 따위의 문화文化에 관한 모든 것을 통틀어 이르는 말이다.

⑭ 건국의 시조에게는 고왕高王. 발해, 태조(고려의 왕건. 조선의 이성계)라는 시호를 붙였다.

⑮ 선왕宣王. 떨칠 선은 발해가 '해동성국'이라고 불릴 정도로, 번성하고 발전했던 시기의 왕이다.

⑯ 고려의 성종成宗, 조선의 성종成宗은 모두 유교사상을 통치의 이념으로 적극 받아들여 중앙집권적 정치제도를 정비(갖춤)함으로써 통치기반을 확립한 임금이다.

공양왕恭讓王은 고려의 34대 임금으로, 즉 마지막 임금으로, 묘호廟號대로, 그는 이성계 일파의 협박에 못 이겨 공손히恭 임금의 자리를 이성계에게 넘겨주고讓 말았다.

왕권王權**의 전제화**專制化

① 임금 왕, 권력 권, 오로지 전, 누를 제 억제할 제.

② 왕권의 전제화란 임금이王 권력權力을 쥐고, 마음대로 결정하고專 처리하는制 것을 의미한다. 국가의 권력을 왕이 장악하고 왕의 의사意思·뜻에 따라 모든 일을 처리하는 것을 의미한다.

③ 신라가 삼국을 통일한 후, 나타난 가장 커다란 변화는 왕권이 전제화專制化 되었다는 것이다. 넓어진 영토와 늘어난 백성들을 효율적으로 다스리기 위해서는 왕권강화의 필요성이 크게 증대되었다.

④ 왕권王權과 신권臣權·귀족세력은 '시소' 관계로서, 왕권을 강화하기 위해서는 귀족들의 세력을 약화시켜야 했다.

⑤ 귀족들의 백성들에 대한 통제력을 약화시키고, 왕의 백성과 귀족에 대한 통제력을 강화시키는 것이 왕권 강화의 핵심전략이었다.

⑥ 신문왕은 김흠돌의 난을 계기로, 진골 귀족 세력을 억압하고 적극적인 왕권 강화정책을 추진하였다.

⑦ 만파식적萬波息笛은 모든萬 파도波濤를 잠재우는息 피리笛라는 뜻으로, 신라 때의 전설상의 피리이다. 신라 신문왕이 아버지 문무왕을 위하여 동해안에 감은사感恩寺를 지은 뒤, 문무왕이 죽어서 된 해룡海龍과 김유신이 죽어서 된 천신天神이 합심하여 용을 시켜서 보낸 대나무로 만들었다고 하며, 이것을 불면 적병敵兵이 물러가고 병이 낫는 등 나라의 모든 근심과 걱정이 사라졌다고 한

다. 만파식적은 김흠돌의 반란과 같은 일체의 정치적 불안을 진정시키려는 왕의 절박한 소망이 담겨 있었다. 이것은 강력한 왕권 아래서 신라의 평화를 상징하는 것이다.

⑧ 신문왕은 국가의 통치이념(정치이념)으로 유교를 장려하였다. 유교적인 정치이념에 입각한, 충과 효로 무장된 인재의 교육과 양성을 목적으로 국학國學. 국립대학을 설립682하였다.

⑨ 통치이념(유교. 이데올로기. 사상)은 머리의 역할을, 법과 제도, 기구(시스템)는 팔다리의 기능을 하는 것이다.

⑩ 중앙정치제도는 국왕직속인 집사부를 중심으로 국가를 운영하고, 그 장관인 시중의 권한을 강화하였다.

⑪ 지방행정제도는 9주 5소경 설치하고 상수리제도를 실시하였다.

⑫ 군사제도는 9서당 10정 설치하였다.

⑬ 토지제도는 귀족들에게 관료전을 지급하고, 녹읍을 폐지하였다. 성덕왕 때는 농민들에게 정전을 지급하였다.

⑭ 교육제도 : 국학682 설치.

⑮ 조세제도로는 조租. 조세 · 용庸. 군역과 부역 · 조調. 공물. 공납을 두었다.

⑯ 이념(왕권의 강화, 목적) → 법과 제도, 기구(왕권의 강화, 방법)

⑰ 무열왕(김춘추) → 문무왕(삼국통일) → 신문왕(왕권 강화정책을 적극 추진)

⑱ 신문왕의 노력으로, 국가 통치의 기틀(바탕)을 마련하게 되었다.

124 집사부執事府, 집사성執事省

① 맡아서 관리할 집, 일 사, 관청 부.

② 정사政事. 나라의 일. 행정에 관한 사무를 맡아서集 하는 관청府을 집사부라고 한다. 국가의 기밀과 서정庶政. 여러 방면에 걸친 정사을 담당하던 신라의 최고행정기관이다.

③ 집사부(장관. 중시) → 집사성執事省. 장관. 시중. 집사성은 집사부보다 기능과 역할이 커지고, 위상이 더 높아진 것이다.

④ 집사부는 진덕여왕 때 설치되었고, 흥덕왕 때 집사성으로 확대 개편되었다. 집사성의 장관인, 시중(중시)이 왕의 명령에 따라 나랏일 처리하게 하였다.

⑤ 시중의 권한강화, 상대등의 권한약화 → 왕권강화, 귀족세력약화.

⑥ 국왕 직속인 시중의 권한강화는, 귀족의 대표이자 화백회의의 의장인, 상대등의 권한약화로 이어졌다.

⑦ 집사성(집사부) 아래, 10여 개의 실무 관청을 두었다.

⑧ 집사부(성)의 장관인 중시(시중)는 지금의 국무총리에 해당한다.

⑨ 시중은 왕의 명령에 따라서 국정을 총괄했다. 그러나 상대등은 진골 귀족의 대표자 입장이었다.

⑩ 시중은 왕명을 받들어서侍 나랏일 총괄總括의 중심中心에 있었던, 신라의 관직으로, 집사성의 장관이다.

125 상수리上守吏제도

① 오를 상, 지킬 수, 관리 리.

② 상수리제도는 지방의 관리官吏·鄕吏를 수도에 올라와上 지키고 있으며守 근무하게 한 제도制度이다.

③ 지방의 향리鄕吏·관리를 번갈아, 볼모(인질)로 금성(수도 : 경주, 서라벌)에 머물게 한 제도이다.

④ 상수리제도는 지방 세력의 성장을 억제하고, 왕권을 강화하기 위해 실시하였다.

⑤ 상수리제도는 지방의 관리를 볼모로 중앙(수도)에 잡아둠으로써, 지방의 촌주나 관리들을 왕이 효과적으로 통제하기 위한 제도라고 할 수 있다.

⑥ 상수리제도는 고려시대 기인제도其人制度에 영향을 주었다.

⑦ 기인제도其人制度는 고려 태조 왕건이 실시한 호족세력 통합정책 가운데 하나로, 지방호족의 자제(자식)를 볼모로 중앙(개경)에 머물게 하는 제도였다.

⑧ 기인제도는 호족세력을 견제하여 왕권을 강화하기 위해 실시하였다.

⑨ 통일신라의 상수리제도, 고려의 기인제도, 조선의 경저리 등은 모두 비슷한 목적에서 실시한 제도이다.

⑩ 경저리京邸吏는 서울에 파견되어 경저京邸·서울 출장소에 머무르는 지방관청의 아전吏·서리을 말한다.

⑪ 경저리는 지방관청의 일을 대행하여 중앙과 지방관청 사이의 연
   락 업무를 담당하였다. 중앙정부가 지방의 동향動向을 파악하는
   데 도움이 되기도 했다.

126 소경小京

① 작을 소, 서울 경.
② 작은小 서울京. 소경은 오늘날의 광역시 정도에 해당하는, 특별
   행정구역이다.
③ 신라가 점령지역을 효율적으로 다스리고, 지방 세력의 성장을
   감시하고, 수도의 치우침을 극복하기 위해서 지방에 두었던, 행
   정조직이다.
④ 통일 이전(2소경) → 통일 이후(5소경)
⑤ 소경의 책임자를 '사신'이라고 한다.
⑥ 소경은 신라의 지방문화 중심지 역할을 하였다.
⑦ 소경은 신라 때에, 정치적·군사적으로 중요한 지방에 특별히 둔
   작은 서울이다.
⑧ 5소경은 금관경(김해), 남원경(남원), 중원경(충주), 서원경(청주),
   북원경(원주)이다.
⑨ 소경은 점령지역을 효율적으로 다스리기 위해서 설치된 것이기에,
   설치 과정에서 점령지역의 백성들을 강제로 이주시키기도 했다.

127 녹읍祿邑과 식읍食邑, 관료전官僚田

① 봉급 녹, 토지 읍.

② 귀족 출신의 관리들에게 녹봉祿俸·봉급으로 준 땅土·토지이다. 녹읍은 신라시대 때 관료에게 직무의 대가祿俸로 지급한 논밭土이다.

③ 녹읍에서 귀족들은 조세, 특산물, 노동력 징발이 가능하였다. 따라서 녹읍은 귀족들의 농민에 대한 지배권(통제권)이 매우 강한 제도라고 할 수 있다.

④ 귀족들의 농민에 대한 지배권 강화는, 왕권을 약화시킬 수 있었다.

⑤ 신문왕은 국가의 재정수입을 늘이고, 귀족들의 경제적 기반을 약화(왕권강화)시키기 위해 토지제도를 정비하였고, 그것이 녹읍의 폐지689이다.

⑥ 신문왕은, 수조권만을 인정하는 문무 관료전을 지급687하였다.

⑦ 수조권收租權은 조세租稅를 거둘 수收 있는 권리權利를 말한다.

⑧ 신문왕 이전까지 신라의 귀족들은 식읍食邑과 녹읍祿邑을 국가로부터 받았다. 식읍은 전공戰功을 세웠다든지 하는 특별한 경우에 받았으며, 녹읍은 관직 복무의 대가로 받았다.

⑨ 식읍과 녹읍은 지급받은 자(귀족)가 해당 지역의 농경지로부터의 조세租稅와 공납貢納·특산물을 징수할 수 있었을 뿐만 아니라, 해당 지역의 주민들을 노역勞役·노동력에 동원할 수도 있었다. 즉, 토지에 대한 지배권뿐만 아니라 사람에 대한 지배권까지 보장받았던 것이다.

⑩ 귀족들에게 녹읍, 식읍(신문왕 이전) → 녹읍 폐지, 관료전 지급 신문왕) → 농민에게 정전 지급(성덕왕) → 녹읍 부활, 관료전 폐지(경덕왕, 757) → 혜공왕 이후, 전제왕권의 약화와 신라의 멸망으로 이어짐.

⑪ 관료전은 신문왕 때에, 관료^{官僚}·관리에게 녹봉^{祿俸} 대신에 주던 토지^田였다.

⑫ 녹봉은 관리(벼슬아치)들에게 일 년 또는 계절 단위로 나누어 주던 금품^{金品}을 통틀어 이르는 말로서, 쌀, 보리, 명주(비단), 삼베, 돈 등으로 지급했다.

128 조·용·조^{租庸調}

① 세금, 조, 수고할 용, 징발할 조.

② 조용조^{租庸調}는 중국 당나라 때 정비된 조세제도로서, 토지^{土地}에 부과하는 세(조세)와 정남^{丁男}·개인에게 부과하는 노역(군역과 부역) 의무, 그리고 호별^{戶別}·가정로 토산물(특산물)을 부과하는 것으로서, 우리나라에서는 주로 고려·조선시대에 실시하였다.

③ 조^租·조세는 토지에 부과한 세금으로, 생산량의 1/10을 거두었다.

④ 용^庸·군역과 부역은 대체로 16~60세의 양인남자^{정남·丁男} 개개인에게 부과하였다.

⑤ 조^調·공물·공납는 가정집을 단위로 특산물을 징수하던 것이다.

① 백성 민, 구실(온갖 세납) 정, 글월 문, 글 서.

② 민정문서民政文書는 국가가 백성民들에게 세금 징수에 필요한, 서정庶政. 여러 가지 방면에 걸친 政事에 필요한 여러 가지 사정과 상황政을 조사하여 기록한 장부文簿를 말한다.

③ 고대사회에서 국가가 백성民들을 파악政하고 조세를 부과하기 위해 조사, 작성되던 모든 종류의 문서文書를 지칭한다.

④ 통일신라는 촌락의 토지 크기, 인구수, 소와 말의 수, 토산물 등을 파악하는 문서를 만들고, 조세·공물·부역 등을 거두었으며, 변동사항을 조사하여 3년마다 문서를 다시 작성하였다. 이것이 민정문서로서, 1933년 일본 동대사라는 절의 '정창원'이라는 창고에서 발견된 조세부과의 기초 조사 자료이다.

⑤ 이를 신라 장적帳籍. 호적. 장부 또는 신라 촌락문서라고도 한다.

⑥ 일본 동대사 창고에서 발견된, 세금부과에 필요한 기초 조사서가 장적帳籍이다. 신라 장적은 통일신라 때, 서원경(청주) 부근의 4개 촌락에 대한 조사 자료이다.

⑦ 촌락(마을)의 토지(논과 밭)의 종류와 넓이, 인구수(남녀, 노비), 소와 말의 숫자, 뽕나무와 잣나무, 호두나무 숫자 등을 조사한 자료이다.

130 정전丁田

① 장정 정, 밭 전.

② 통일신라 때에, 농민 장정莊丁. 군역과 부역의 의무를 지닌 자에게 지급한 토지田를 정전丁田이라고 한다.

③ 신라 성덕왕 때722, 농민들의 생활을 안정시켜 국가 재정 수입을 늘이고, 군역(국방의무)과 부역(강제노동)의 기반을 확보하고 자농민 장정들에게 지급한 토지이다.

④ 정전丁田은 국가에 일정한 역役. 군역과 부역을 담당하는 '장정壯丁'에게 지급한 토지땅. 田이라는 의미이다.

⑤ 정전丁田은 16~60세 사이의 농민 남자 정남. 丁男에게 지급한 땅이다.

131 모줄임 양식

① 모서리를 줄여(줄임)나가면서 무덤의 천장을 막는 양식(방식)을 모줄임 양식이라고 한다.

② 모줄임 양식은 고구려와 발해의(굴식돌방무덤)의 천장 구조이다.

③ 한 벽의 중간 지점에서 인접한 벽의 중간 지점을 긴 돌로 덮으면서, 모서리를 줄여나간다.

④ 천장의 모서리를 아래에서 위로 돌아 올라가면서 줄어들게 만드는 방식이다. 위에 천장돌을 한두 단 내밀어 쌓기를 한 다음, 한

벽에서 옆벽에 걸치도록 돌을 비스듬하게 놓아 귀(모퉁이)를 줄이면서 천장을 좁혀 올라가는 방법이다.

⑤ 마무리된 천장은 마름모꼴 속의 4각형 모양이다.

⑥ 발해 정혜공주의 묘는 굴식돌방무덤으로서, 모줄임 양식의 천장 구조를 하고 있다.

⑦ 모줄임천장은 '말각조정식천장抹角藻井式天障'이라고도 한다.

⑧ 고구려의 쌍영총, 수렵총 등이 모줄임 양식을 하고 있다. 이것은 발해 문화가 고구려 문화를 계승하고 있음을 알 수 있는 증거이다.

132 발해가 고구려를 계승했다는 근거는?

① 발해는 고구려의 후손들이, 고구려 부흥운동을 하는 과정에서 성립된 나라이다. 고구려가 멸망668하고 30년이 지난 698년에 발해가 건국되었다.

② 일본에 보낸 외교문서(국서)에서 발해를 고구려(고려), 발해왕을 고구려왕(고려왕)으로 일컬은 점이다.

③ 고구려의 또 다른 이름은 '고려'였다. 대한민국의 또 다른 이름은 '한국'인 것과 마찬가지다.

④ 발해의 문화가 상당수 고구려 문화의 양식을 계승하고 있다는 점이다. 대표적으로 난방의 온돌장치, 남성적인 석등이나 돌사자상, 정혜공주의 묘(굴식돌방무덤, 모줄임 양식), 연꽃무늬기와가

있는데, 고구려적인 색채를 강하게 띤다.

⑤ 대조영이, 길림성 동모산[698]에 고구려 후손과 말갈족을 규합하여 세웠다. 고구려인들은 고구려가 멸망한지[668] 30년이 지나서 발해를 세웠다[698].

⑥ 발해는 스스로 고구려 계승의식을 뚜렷이 갖고 있었다.

⑦ 발해가 거란족에게 멸망되자[926], 대광현 등의 발해 지배층 상당수는 고려에 망명하였다.

⑧ 발해 지배층의 90% 정도가 고구려 후손들이었고 한다.

133 해동성국 海東盛國

① 바다 해, 동쪽 동, 성대할 성, 융성할 성, 나라 국.

② 해동성국은 바다 동쪽海東의 융성隆盛한 나라國, 발해渤海 동쪽의 융성한 나라라는 의미이다. 여기서 발해는 바다의 이름이다.

③ 발해는 선왕[818~830] 때 영토를 확장하고, 당에 유학생과 유학승을 파견하여 선진문물 및 제도를 적극적으로 수용함으로써, 중국의 역사학자들로부터 '해동성국'이라 불릴 정도로 발전하였다.

④ '동국東國, 대동大東, 청구靑丘, 해동海東'은 모두 과거에 '우리나라'를 일컫는 말이다.

134 말갈족 · 여진족 · 만주족

① 숙신, 읍루, 물길 → 말갈족 → 여진족(금) → 만주족(후금 → 청).

② 말갈족의 후예들이 여진족이고, 여진족의 후예들을 만주족이라고 부른다. 중국을 지배했던 마지막 왕조인, 청나라를 세운 민족이 만주족이다. 여진족은 금나라를 세웠다.

③ 고대사회(숙신, 읍루, 물길 등) → 남북국시대(말갈족) → 고려시대(여진족) → 조선시대(만주족)

④ 발해 국민의 대부분은 말갈족이었다.

⑤ 발해는 고구려 후손들이 주로 지배층을 이루고, 피지배층의 상당수는 말갈족이었다.

⑥ 여진족(만주족)은 만주지역을 중심으로 살았던 유목민족으로, 우리나라의 역사와 밀접한 연관을 갖고 있던 민족이다. 고려시대에 이들의 침입으로 윤관이 별무반을 편성하여 격퇴하였고, 조선시대에는 조선을 침입하여 정묘호란과 병자호란을 일으켰던 민족이다.

그러나 때로는 친선관계를 맺고 우호적으로 지내기도 하였다. 대표적인 사례가 여진족 출신의 추장으로서, 이성계의 왜구격퇴와 조선건국에 공을 세워 개국공신이 되었던 퉁두란(이지란. 이두란) 등이 있다.

135 정당성政堂省

① 나랏일 할 정, 관청 당, 관청 성.

② 정당성은 나랏일政을 하는 관청省이라는 뜻이다.

③ 발해는 당의 정치제도를 본받아, 3성 6부의 중앙정치체제를 갖추었다.

④ 3성은 정당성, 선조성, 중대성이다.

⑤ 정당성 아래에 6부가 있었다. 정당성은 당의 상서성에 해당한다.

⑥ 정당성의 장관인 대내상은 국정(나랏일)을 총괄하였다.

⑦ 발해는 국가의 중대한 일이 정당성에서 논의, 결정되었으며 집행되었다. 따라서 발해의 정당성은 최고입법기관이면서, 최고행정기관이었다.

⑧ 발해의 3성 6부 체제는 당의 정치체제를 본받았지만, 그 운영은 발해 나름대로 독특하게 바꿔서 했다.

136 주작대로朱雀大路

① 붉을 주, 참새 작, 큰 대, 길 로.

② 고대 동양에서 사방을 지키던 신을 '사신四神'이라고 하는데, 사신은 동서남북의 청룡(동), 백호(서), 주작(남), 현무(북)이다.

③ 발해는 당의 장안성을 모방하여, 수도였던 상경용천부의 궁궐 남쪽에 큰길을 만들었는데, 이를 주작대로라고 한다.

④ '주작朱雀이 지키는 궁궐 남쪽의 큰大 길路'이라고 해석할 수도 있
겠다.

⑤ 주작대로는 궁궐(내성)의 남쪽 문에서 외성外城의 남쪽 문까지 연
결된 큰 도로였다.

⑥ 정효공주의 벽돌무덤은 당의 양식을 하고 있다. 따라서 주작대
로와 정효공주의 벽돌무덤은 발해가 당나라 문화의 영향을 받
았음을 짐작할 수 있다.

137 발해의 대외 관계 및 교통로

① 발해渤海에는 여러 개의 대외 교통로道가 있었다.

② 조공도(압록도. 등주도)와 영주도(당도)는 당과의 교통로이다.

③ 거란도는 거란(요)과의 교통로이다.

④ 신라도는 신라와의 교통로이다. 문왕 때 개설되었다.

⑤ 일본도는 일본과의 교통로이다. 무왕 때 개설되었다.

⑥ 발해도渤海道는 발해인, 일본인들이 발해(바다)를 거쳐 당으로 가
던 교통로이다.

⑦ 영주도는 육지(영주)를 거쳐 당으로, 압록도(조공도)는 서해(발
해)를 거쳐 당(등주)으로, 거란도은 부여부를 거쳐 거란으로, 일
본도는 동경용원부를 거쳐 일본으로, 신라도는 남경남해부를 거
쳐 신라로 가는 길이다.

⑧ 문물文物. 문화와 물자이 전파되고, 교류되려면 길이 있어야 하고 그

길이 교통로이다. 그 교통로를 따라 사람과 문물이 교류된다.

⑨ 발해의 특산물 가운데, 최고가 말과 담비의 가죽(모피)이었다. 담비의 가죽은 발해의 주요 수입원이었다. 이 담비의 가죽이 수출되던 길을 '담비의 길'이라고 부른다. 발해는 일본 등지로 담비 가죽을 수출하였다.

⑩ 발해관은 신라관과 함께 당나라 등주(덩저우)에 있던 사신(외교관)들의 숙소(여관)이다. 발해와 신라가 당나라와 문물을 교류하던 장소라고도 할 수 있다. 발해의 무왕 때 장문휴 장군이 당의 등주 감독관청인 등주부를 공격한 적도 있지만, 문왕 이후로 당과 문물을 교류하던 장소였다. 특히 발해관은 압록도(조공도)를 통해서 당의 수도로 연결되던 중간 기착지 역할을 하였다.

발해가 당에 수출한 물품은 짐승가죽·인삼·약재·광물·직물· 공예품 등이었고, 당으로부터 수입한 물품은 귀족을 위한 서적· 비단·은제품·공예품 등이었다.

138 유민遺民과 유민流民

① 유민遺民. 남길 유은 멸망한 나라의 백성을 말한다. 나라는 망하고 없지만 그 남겨진 백성들, 망하여 없어진 나라의 백성을 유민이라고 한다. 고구려 유민, 백제 유민, 발해 유민 등이다.

② 유민流民. 흐를 유은 떠돌아다니는 백성을 말한다. 정처 없이 물처럼 흘러다니는 백성, 유랑민流浪民을 유민이라고 한다.

③ 유랑민流浪民은 한 곳에서 자리를 잡지 못하고 떠돌아다니며 사는 백성이다. 나라가 멸망하려는 시점에는 유랑민들이 증가하게 된다. 조선 후기 세도정치 아래서 탐관오리의 수탈과 착취는, 많은 유민流民의 발생을 초래하였다.

139 신라방新羅坊·신라촌村·신라원院 신라소所·신라관館

① 신라방은 당나라에 있던 신라인들의 집단 마을(성 안)이다.

② 신라촌은 당나라에 있던 신라인들의 집단 마을(성 밖)이다.

③ 신라소는 당나라 지방 관청의 통제 아래서, 신라인에 의해 운영되던 일종의 자치기관으로, 납세 및 치안 등을 담당하였다.

④ 신라원은 신라촌에 있던 신라인들이 주로 가던 절院로서, 신라원 가운데에서 가장 대표적인 것은 장보고가 산둥반도의 적산촌 에 세운 법화원이다.

⑤ 신라관은 산둥반도의 등주(덩저우)에 있던 신라인을 위한 숙소이다. 등주는 당나라 때 신라의 사절(사신. 외교관)·상인 및 유학생, 유학승들이 거쳐 가던 교통의 요충지였다. 사절단이 유숙하고 상거래를 행하는 곳이 신라관新羅館이다.

등주에는 신라관뿐만 아니라, 발해관渤海館도 있었다. 발해관은 중국 당나라의 등주에 있었던 발해의 사신들이 머물던 숙소이다. 발해관은 등주부의 성 남쪽에 있는 길의 동편에 신라 사신의 숙소인 신라관과 나란히 있었다고 한다.

⑥ 신라의 주된 교역 상대국은 해상무역을 통한 당나라와 일본이었고, 발해와도 교역을 했다. 바닷길을 통해 아랍서역과도 활발한 교역을 하였다.

140 진골 귀족^{眞骨貴族}

① 참 진, 뼈 골.

② 진골은 진짜^{眞, 좋은} 뼈^{骨, 핏줄}. 뼈대 있는 집안(신분이 높은 집안)이라는 의미이다.

③ 골품^{骨品}은 뼈^{핏줄, 骨}의 등급^品을 말한다.

④ 성골 → 진골 → 두품(6, 5, 4) → 그 이하는 평민.

⑤ 성골은 대체로 부모 양쪽이 왕족인 경우^說, 왕위계승 1순위이다.

⑥ 진골은 대체로 부모 중의 한쪽은 왕족이고, 한쪽은 귀족인 경우^說, 왕위계승 2순위이다.

⑦ 성골출신의 마지막 임금은 진덕여왕이고, 진골출신의 첫 번째 임금은 무열왕이다.

⑧ 통일신라는 진골 귀족중심의 사회였다.

⑨ 신라의 독특한 신분제도였던 골품제도는, 왕족인 성골과 진골과 일반귀족인 6두품·5두품·4두품의 모두 5개의 등급으로 나뉘었다. 성골은 왕이 될 수 있는 최고의 신분이었고, 진골은 왕족이었으나 성골이 존재하는 한 왕이 될 수 있는 자격이 없었던 것으

로 보인다. 따라서 성골이 진덕여왕을 끝으로 소멸하면서 진골 출신이 왕위에 오르게 된 것이다.

141 촌주村主

① 마을 촌, 주인 주.

② 촌주村主는 신라와 고려 초에 걸쳐 지방의 말단 행정단위인 촌村의 우두머리主이다.

③ 신라는 말단 행정단위인 촌의 주민을 지배하기 위해, 지방 유력자에게 촌주라는 벼슬을 주어 행정실무를 담당하게 했는데, 이는 그들을 지방통치체제 안에 흡수하려는 조치였다.

④ 촌주는 그 지역 주민에 대한 세금징수·군역과 부역의 동원 등의 임무를 수행했으며, 신라 민정문서에 의하면 그들에게 그 대가로 촌주위답村主位畓이라는 토지를 주었다고 한다.

⑤ 신라 말기에 중앙정부의 지방통제력이 약화되면서 독자적인 세력으로 성장한 호족 중의 상당수가 이들 촌주 출신이었을 것으로 보인다.

142 금입택金入宅

① 금 금, 들일 입, 집 택.

② 금입택金入宅은 금칠金을 한 집宅, 금金을 입힌入 저택邸宅이라는

뜻이다.

③ 신라의 수도였던 금성(서라벌, 경주)에는 35채의 금입택이 있었다고 한다. 금입택은 신라 귀족들의 사치의 상징물이다. 신라시대 귀족들의 호화 주택이다.

④ 금입택은 신라 중기부터 말기까지 만들어진 것으로 보이는 데, 금金의 수요가 늘어나 그로 인한 부작용이 심해져 나라에서 사치 금지령을 내릴 정도였다고 한다.

⑤ 이처럼 금입택은 통일신라시대 진골 귀족들의 막강한 경제력과 호사스러운 생활을 반영하는 상징적 존재였다. 사치의 극치라고 할까? 귀족들이 사치스러울수록 백성들이 고통스러운 것은 정한 이치일 것이다.

⑥ 진골 귀족들의 잦은 왕위쟁탈싸움으로 인한 사회의 혼란과 사치스러운 생활은 백성들의 삶을 피폐하게 만들어, 전국적으로 농민항쟁이 발생하였다.

⑦ 진골 귀족들의 대토지 소유, 지나친 농민수탈, 사치(금입택)로 국가재정이 부족하게 되자, 진성여왕은 백성들에게 조세를 독촉하게 되었고, 이는 농민의 몰락을 가중시켰다.

⑧ 중앙정부와 지방호족의 이중적 조세부과와 흉년과 전염병의 유행으로 민생이 더욱 곤란해지자, 몰락한 농민들은 유랑 걸식하거나, 도적떼에 가담하기도 하였다.

⑨ 이들을 초적草賊, 좀도둑, 적고적赤袴賊, 붉은 바지를 입은 도적 등의 이름으로 낮잡아 부르며 도적떼로 몰았지만, 사실 그들은 거의가 몰락한

농민들이었다.

⑩ 상주(사벌주)에서 시작된 원종과 애노의 항쟁을 시작으로, 양길(북원), 견훤(완산주), 기훤(죽주), 궁예(명주) 등이 농민항쟁을 주도적으로 이끌었다.

⑪ 또한 이들 가운데, 농민항쟁 세력을 자기의 세력으로 끌어들여 세력 확장을 도모하는 자들도 있었다.

⑫ 대부분이 세상의 동향에 어두운 무지렁이(아무것도 모르는 어리석은 사람)였던 농민들의 항쟁은, 늘 그랬던 것처럼 그 사회의 급속한 몰락으로 이어졌다.

⑬ 통일신라 말기의 농민항쟁, 고려 후기 무신정권 아래서의 농민·천민의 항쟁, 조선 후기 동학농민항쟁이 그 사실을 입증한다.

143 최치원의 시무책時務策 10여조餘條

① 때를 맞출 시, 일 무, 꾀 책.

② 때를 맞추어 시급時急히 해야 할 일務의 방법, 방안策이 시무책時務策이다.

③ 진골 귀족들의 왕위쟁탈 싸움, 사치와 향락 등과 지방호족들의 지방민 수탈 등으로 백성들의 삶이 피폐해지고, 나라가 멸망할 조짐을 보이자, 이러한 문제를 해결하기 위해 당나라의 숙위학생 출신이자 빈공과 합격생이었던 최치원은 당시 임금이었던 진성여왕에게 국가 차원에서 시급히 추진해야 할 과제를 10여 가지 정

도 제시했지만, 진골 귀족들의 반발로 실현되지 못했다.

④ 그의 시무책이 받아들여지지 못한 것은, 그 계획이 진골 귀족들에게 불리한 것이었음은 물론, 그의 신분이 6두품 출신이었다는 한계성도 있다고 할 수 있다.

⑤ 최치원은 6두품 출신의 당나라 유학생으로서, 당의 국립대학인 국자감에서 숙위학생으로 공부하였고, 또한 외국인을 대상으로 보는 과거시험인 빈공과에 합격하여 벼슬까지 했던 당시 신라 최고의 지식인이었다.

⑥ 최고의 지식인도 신분(골품)의 장벽은 넘기 어려웠다.

⑦ 최치원은 시무책 10여조에서, 골품제의 모순(진골 위주의 사회체제)을 비판하고 국왕중심의 정치와 능력위주의 관리 선발과 같은 국가발전 방안을 주장하였지만, 진골 귀족들의 반발로 실현되지 못했다.

⑧ 이에 최치원, 최승우, 최언위와 같은 6두품 출신의 지식인들은 골품제도의 모순을 비판하고 진골 귀족중심의 신라왕실의 권위를 부정하고, 현실을 외면하고 도피하거나 적극적으로 새로운 사회를 건설하고자 했다.

⑨ 6두품 출신들의 새로운 사회건설의 동반자로 만난 세력이 궁예, 견훤, 왕건과 같은 호족들이었다.

⑩ 최언위(최신지)는 신라가 고려에 항복하자 왕건의 신하가 되었고, 최승우는 후백제의 견훤 밑에서 자신의 뜻(새로운 사회건설)을 이루려 하였다. 최승우는 후백제가 멸망하자 왕건에게 충성하였다.

144 숙위학생宿衛學生

① 잘 숙, 지킬 위, 호위할 위, 배울 학, 날 생.

② 숙위학생宿衛學生이란, 당나라에 유학하여 국자감에서 공부하였던 학생들을 말한다. 신라시대 숙위宿衛의 형식을 빌려 당나라에 파견되어 유학했던 학생이 숙위학생이다. 숙위란 궁궐에서 왕을 호위하는 것을 말한다. 당나라에는 주변 국가들의 왕자나 귀족자제들이 외교관계 유지의 형식으로 당의 수도에 와서 숙위하는 경우가 많았다.

③ 숙위학생들은, 당나라에 머무르면서 당의 문물을 익히고 당과 자기 나라 사이에 정치 및 문화 교류의 가교(다리) 역할을 담당하던 지식인을 말한다.

④ 숙위학생들 가운데 빈공과에 합격하는 경우가 많았다.

145 빈공과賓貢科

① 손 빈, 바칠 공, 과정 과.

② 공물을 바치던 외국의 국민들빈공. 賓貢을 대상으로 치르던 과거科擧 시험을 빈공과라고 한다.

③ 빈공賓貢은 당나라 조정에 공물을 바치던 나라의 백성(국민)을 말한다. 즉, 당나라의 과거시험에 응시할 수 있는 외국인을 의미한다. 공물貢物은 지방의 백성들이, 중앙정부에王 바치는 지역의

특산물이다.

④ 빈공과는 중국의 당·송·원나라 때 외국인들에게 실시한 과거시험이다. 신라에서는 당과의 교류가 빈번해지면서 당나라로 유학을 떠나 빈공과에 합격하는 사람이 많았다.

⑤ 최치원, 최승우, 최언위 등과 같은 인물들이 당나라의 빈공과에 합격한 신라인들이다. 빈공과 합격자는 진골 귀족이나 6두품 출신이 대부분이었다.

⑥ 신라는 당시에 과거제도가 없었고, 골품제로 인해 신분 제약이 많았기 때문에 6두품 출신들이 빈공과에 많이 응시하였다. 최치원, 최승우, 최언위 등은 모두 6두품 출신이다.

146 왕위쟁탈 싸움, 대공의 난[768]

① 통일신라 말기 혜공왕 때, 각간 대공이 동생 대렴 등과 함께 진골 귀족들을 모아서 일으킨 반란이 '대공의 난'이다.

② 대공의 난을 계기로 전국 96명의 각간들이 서로 편을 나누어 3개월 동안 싸웠다. 각간은 신라 때의 최고 관위[官位]로서, 진골 귀족만이 하는 벼슬이었다. 김유신처럼 국가에 특별한 공로가 있는 사람에게 이 벼슬을 주었다.

③ 대공의 난 이후로 왕위계승을 둘러싼, 진골 귀족들의 반란은 계속되었고, 이것은 왕권의 약화와 중앙정부의 지방에 대한 통제력의 약화로 연결되었다. 대공의 난과 이후 진골 귀족들끼리의

왕위쟁탈 싸움은 지속적으로 일어났다. 혜공왕 이후, 진골 귀족 간의 잦은 왕위쟁탈 싸움은, 155년 동안에 20명의 왕이 교체될 정도로 치열했다.

④ 왕위쟁탈싸움은 결과적으로 왕권을 약화시키고 또한 중앙정부의 지방통제력을 약화시켜, 진골 귀족중심의 신라사회를 유지하는 기 반인, 골품제가 점차 무너지고, 사회가 혼란에 빠져 농민항쟁이 전국적으로 일어났다.

⑤ 그 틈에 지방호족세력이 성장하였고, 호족들은 대토지 소유와 사병의 양성을 통해, 독자적인 세력을 형성하여 갔다.

⑥ 진골 귀족들끼리의 왕위쟁탈 싸움의 대표적인 경우가, 김주원 → 김헌창 → 김범문으로 이어지는 3대에 걸친 싸움이다. 김주원이 원성왕에게 왕위를 빼앗기자, 그의 아들 김헌창이 반란을 일으켰다가 실패하였고[822], 그의 손자 김범문도 반란을 일으켰지만 실패했다.

⑦ 진골 귀족들 간의 잦은 권력다툼은 결과적으로, 왕과 진골 귀족들 의 권위를 약화시키고 그것은 골품제도의 붕괴로 이어졌다. 진골 귀족중심의 사회는 골품제도의 기반 위에 존재하는 것이기에 골품제도의 붕괴는 신라사회의 붕괴로 이어졌다.

147 호족 豪族

① 왕성할 호, 무리 족, 일가 족.

② 지방에서 재산이 많고 세력이 강하고 뛰어난^秀 집안^族, 통일신라 말기에서 고려 초기의 지방의 토착세력을 호족이라고 한다.

③ 통일신라 말기에서 고려 초기에, 지방에서 성장하여 고려를 건국하는 데 이바지한 정치세력이다. 중앙의 '진골 귀족' ↔ 지방의 '호족'이 서로 맞서고 있었다. 진골 귀족과 호족의 대결에서 승리자는 호족이었다.

④ 통일신라 말기에, 진골 귀족끼리의 왕위계승다툼으로, 왕권이 약화되고 중앙정부의 지방에 대한 통제력이 약화되면서, 각 지방에서 호족세력이 성장하였다.

⑤ 대표적인 지방호족으로는 견훤, 왕건, 궁예 등이 있었다.

⑥ 호족들은 풍수지리설을 정치적으로 이용하여, 그들의 권위를 강화하기도 했다.

⑦ 신라 말기, 권위적인 교종에 반발하여 선종이 유행하였으며, 선종계통의 승려들은 지방호족 및 6두품 세력들과 결탁하였다.

⑧ 지방호족들은 불교의 선종세력 및 6두품 세력과 결탁하여, 통일신라 말기 사회를 주도하며 중앙정부와 맞서 갔다.

⑨ 호족은 지방에서 일정한 영향력을 행사하던 촌주 출신이거나, 중앙에서 지방에 파견된 관리출신(낙향한 중앙의 귀족) 또는 군인출신, 해상세력(패강진, 청해진 등), 농민봉기의 지도자 출신이 주로 호족이 되었다.

⑩ 왕건은 개성출신의 호족이었다.

⑪ 호족들은 고려가 중앙집권체제를 이루면서, 중앙귀족으로 편입

되거나 지방의 향리(하급 관리)로 전락하였다.

⑫ 고려 건국의 중심세력이 호족과 6두품 출신이다.

⑬ 호족들은 새로운 시대적 통치이념으로, 불교의 선종이나 풍수지리설, 유교를 받아들였다.

⑭ 지방의 호족은 중앙의 진골 귀족 중심의 골품제를 부정하는 경향이 있었다.

⑮ 호족은 통일신라 말기 진골 귀족들의 왕위계승 다툼으로, 중앙정부의 지방 통제력이 약화되면서, 성주 또는 장군이라고 자칭하면서, 일정한 지역에서 정치, 군사, 사회, 경제적으로 영향력을 행사하던 사람들이다.

⑯ 지방호족들은 6두품 및 선종세력과 손잡고, 신라정부의 권위를 부정하고, 새로운 사회 건설을 추구하였고, 그 과정에 세워진 나라가 고려이다.

148 장보고와 청해진靑海鎭

① 푸를 청, 바다 해, 진영(병영) 진.

② 통일신라시대에 장보고가 흥덕왕의 허락을 받아, 청해淸海, 완도에 설치한 진영鎭營이 청해진靑海鎭이다.

③ 당나라에서 군인으로 활동하던 장보고는, 해적들의 약탈과 인신매매 행위를 막아 민생을 안정시키고 무역활동을 통해 부족한 중앙정부의 재정을 늘이고자, 당시 임금이었던 흥덕왕의 후원을

받아 지금의 완도에 청해진을 설치하였다[828].

④ 청해진은 지정학적으로 당과 일본을 연결하는 해로海路 상의 요충지였다. 즉, 청해진은 일본의 규슈와 당의 강소성을 연결하는 요충지였고, 일본과 당나라 배들이 왕래할 때 잠시 정박하는 중간 기착지였다.

⑤ 장보고는 청해진에 1만여 명의 군사를 두고, 해적소탕과 함께 무역활동을 적극 전개함으로써 동아시아 무역 패권을 장악하였다.

⑥ 장보고는 청해진 대사가 되어, 당(덩저우)~신라(청해진)~일본(규슈)을 연결하는 국제무역을 주도하여, 신라사회에 정치, 군사, 경제적으로 상당한 영향력을 행사하게 되었다.

⑦ 그러나 그러한 그의 성공이 오히려 독이 되어, 진골 귀족들의 왕위계승 싸움에 개입하는 등의 과욕을 부리다가, 왕과 진골 귀족들의 견제를 받아서 피살되었다.

⑧ 장보고의 피살로 청해진은 폐쇄되었고, 청해진 폐쇄는 부족한 정부의 국가재정수입 확보에 더 큰 부담이 되었다.

⑨ 신라 말기에 청해진, 혈구진, 패강진 등의 해상군진에 근거를 둔 장보고 같은 세력들이 중앙정부의 지방통제력이 약해진 틈을 타서, 지방호족으로 성장하였다.

149 왕오천축국전往五天竺國傳

① 갈 왕, 다섯 오, 하늘 천, 대나무 축, 나라 국, 전할 전.

② 혜초가, 다섯 개ㅍ의 천축국天竺國을 다녀오며往 기록한 인도 기행
문傳이 왕오천축국전往五天竺國傳이다.

③ 천축국은 지금의 인도를 말한다.

④ 고대 인도와 서역(중앙아시아) 각국의 종교와 풍속, 문화 등에
관한 내용이 기록되어 있다. 따라서 당시 중국과 인도와의 여행
및 교역로를 아는데 중요한 자료이다.

150 서역西域

① 서쪽 서, 지경(지역) 역, 나라 역.

② 중국을 기준으로 서쪽에 있던 여러 나라를 통틀어서 이르는 말이,
중국의 서쪽西 지역地域을 통틀어서 부르는 말이 서역西域이다.

③ 넓게는 지금의 중앙아시아, 인도, 아랍(아라비아), 소아시아까지
포함한다. 좁게는 타클라마칸 사막이 있는 타림분지 일대를 말
한다.

④ 서역은 동서교통의 요충지였다. 국제적인 교류가 많아지면서 중
국인들은 서역의 범위를 더 먼 거리의 나라에도 적용하여 현재
의 서방 세계까지 포함시켰다.

151 원효의 화쟁和爭 사상과 정토종淨土宗

① 화합할 화, 다툴 쟁.

② 모든 논쟁論爭을 화합和合으로 바꾸려는 사상이 원효의 화쟁和諍 사상이다.

③ 화쟁 사상은 원효의 일생 동안의 중심생각이었다.

④ 화쟁은 특정한 의견을 고집하지 말고, 비판과 분석을 통해 보다 높은 차원의 가치를 이끌어내야 한다는 화합의 사상십문화쟁론. 十門和諍論이다.

⑤ 원효는 화쟁사상을 주장하여 종파 간의 사상적 대립을 완화하고 불교 통합에 기여하였다.

⑥ 정토종은 '나무아미타불 관세음보살'하고 염불만 하면, 누구나 극락정토極樂淨土에 들어갈 수 있다고 원효는 주장하였다.

⑦ 원효의 정토신앙은 불교를 평민층에까지 보급하여, 불교 대중화에 기여하였다.

⑧ 삼국시대에 중국을 통해 전래된 불교는 왕실과 귀족을 거쳐, 원효의 노력에 의해 통일신라시대에 이르러 일반 백성들에까지 전파될 수 있었다.

⑨ 원효의 화쟁과 정토사상은 불교의 통합과 대중화에 기여하였다.

⑩ 원효는 분파되어 있던 불교사상을 통합하고, 귀족불교를 대중화시키는데 기여하였다.

⑪ 원효는 화쟁 사상은 불교사상의 정리 및 통합(종파의 통합)에, 정토사상은 불교의 대중화에 기여하였다.

⑫ 원효는 6두품 출신으로, 이두를 정리한 설총의 아버지다.

⑬ 원효가 의상과 함께 당나라 유학길에 올랐다가 당항성(남양만)

부근의 무덤에서 해골의 물을 마시고, 깨달은 것이 '일체유심조一切唯心造. 모든 것은 마음먹기 나름'이다.

⑭ 원효의 화쟁 사상은, 고려시대에 대각국사 의천이 천태종을 창시하는데 영향을 주었다.

152 의상의 화엄華嚴사상

① 화엄華嚴은 연꽃華같이 장엄莊嚴한 부처의 깨달음과 가르침이라는 뜻이다.

② 의상은 진골 귀족 출신으로, 중국(당나라) 화엄종의 대가인 지엄의 밑에서 10년간 화엄종을 공부했다. 그리고 671년에 신라로 돌아와 낙산사와 부석사를 중심으로 신라 땅에 화엄종을 뿌리내렸다.

③ 화엄사상은 '하나가 전체이고 전체가 하나다.'라는 입장에서, 우주의 만물을 하나로 아우르려는 것으로, 모든 백성들을 왕을 중심으로 하나 되게 하려는 경향이 있었다.

④ '왕이 세상의 전부다.'고 하여, 왕을 중심으로 백성들을 하나 되게(통합) 하는데 기여하였다. 즉 전제왕권의 강화에 기여하였다.
전제왕권專制王權은 임금王이 권력權力을 쥐고 마음대로專 결정하고 처리制하는 것을 말한다.

⑤ 원효가 대중에게 다가가서 춤추고 노래하면서 불교를 전했다면, 의상은 자신의 제자와 교단 조직을 가지고 불교를 전파하였다.

⑥ '화엄종은 교종의 대표적인 종파'였다.

153 독서삼품과讀書三品科

① 읽을 독, 책 서, 석 삼, 등급 품, 시험 과.

② 국학(국립대학)에서 공부한 학생들의 유교경전經 독해讀解 능력에
따라, 상중하上中下의 3등급品으로 구분하여, 그 성적을 관리의
임용에 반영하고자 했던 시험科이 독서삼품과讀書三品科이다.

③ 독서삼품과는 진골 귀족세력을 누르고 왕권을 강화하려는 의도
에서 실시하려고 하였던 제도이다.

④ 이 제도는 골품제의 모순과 진골 귀족들의 반발로 제대로 실시
되지 못했지만, 학문의 발달과 유학의 보급에 기여하였다.

154 대승불교大乘佛敎, 소승불교小乘佛敎

① 바퀴(탈) 승.

② 대승大乘은 '큰 수레', 소승小乘은 '작은 수레'라는 뜻이다.

③ '큰 수레'는 많은 사람이 탈 수 있고, '작은 수레'는 혼자만 탈 수
있다.

④ 대승불교는 많은 중생(사람)들이 깨달음을 갖게 하여서 다 같이
극락왕생하자는 주장이고 소승불교는 개개인의 깨달음을 통해
서 극락왕생(극락정토에서 다시 태어남) 하자는 주장이다.

⑤ 대승은 중생衆生. 많은 사람 모두를 구원하고자 하는 불교의 계통 종
파이다. 소승은 자기 자신의 해탈(진리를 깨달음)에 비중을 두는

불교의 계통 종파이다.

⑥ 대승불교는 중국, 한반도, 일본, 베트남 등의 동북아시아에 주로 보급되었다. 소승불교는 태국 등 동남아시아에 주로 보급되었다.

⑦ 대승불교는 다시 교종과 선종으로 나뉜다.

155 교종敎宗, 선종禪宗, 5교 9산

① 교리 교, 으뜸 종, 좌선할 선, 으뜸 종.

② 교종敎宗은 교리敎理. 종교적인 원리나 이치의 공부와 연구를 통한 해탈을 으뜸宗으로 여기는 불교의 한 계통이다. 불경의 연구를 통하여, 부처의 진리를 깨닫고자 하는 종파이다.

③ 선종禪宗은 불법(불교의 진리)을 깨우치는(해탈) 방법으로, '좌선坐禪을 으뜸宗'으로 여기며 중요시하는 불교의 한 종파이다.

④ 선종禪宗은 경전(불경) 공부 보다, 참선을 통해서 해탈하자!

⑤ 좌선坐禪을 종지宗旨. 종파의 중요한 뜻. 취지. 핵심로 여기는 불교의 한 종파가 선종이다.

⑥ 좌선坐禪. 앉을 좌은 조용히 앉아서 참선參禪하는 것, 조용히 앉아서 부처의 진리가 무엇인지 고요히 생각하는 일이다.

⑦ 참선參禪은 선禪에 참여參與하는 것, 선禪을 묻고 배우는 것이다.

⑧ 선문답禪問答은 참선하는 사람들끼리 진리를 찾기 위하여 주고받는 대화를 말한다.

⑨ 선종은 인간의 마음이 곧 부처이므로 다른 곳에서 가르침을 구

할 것이 아니라, 석가모니가 몸소 행한 것처럼 참선을 통해 자기 마음속의 부처를 깨닫는 것이 올바른 수행법이라고 하였다. 실천 수행을 통한 해탈을 강조하였다.

⑩ 통일신라의 불교 종파는 5교(교종)와 9산(선종)이다.

⑪ 신라 전성기에는 경전(불경. 교리) 연구를 중요시하는, 교종이 발달하였다. 교종은 왕실과 귀족들의 적극적 후원을 받으며 성장 발전하였다.

⑫ 그러나 신라 말기에는 권위적인 교종에 반발하여 선종이 유행하였으며 선종 계통의 승려들은 호족 및 6두품 세력들과 결탁하였다.

⑬ 선종은 참선과 정신수양 통한 해탈을 강조하였다. 그래서 누구나 수행하면 부처가 될 수 있다고 했다.

⑭ 선종 계통의 승려들은 신라사회의 모순(골품제)을 적극 비판하고, 사회개혁 주장하면서 진골 귀족중심의 신라사회 권위를 부정함으로써 일반백성들과 호족의 환영과 지지를 받으며 발전하였다.

⑮ 호족들은 왕실, 귀족들과 결탁된, 교종의 권위를 부정하는 선종을 적극 후원함으로써 신라 말기에 선종이 더욱 유행하게 되었다.

⑯ 호족과 선종세력은 상호 보완적 관계였다. 복잡한 교리보다 실천적 수행을 강조하는 선종은 무사적인 기질을 가진 호족과 궁합이 잘 맞있다고 할 수 있다.

⑰ 지방호족, 6두품, 선종세력의 공통적인 입장은 왕실이나 진골 귀

족 그리고 그들과 결탁한 교종의 권위를 부정하고 새로운 사회
질서를 추구한 것이다.

⑱ 호족들의 후원을 받은 선종세력은 호족의 근거지와 가까운 곳에
절을 짓고 호족의 모습을 한 불상을 제작하였다.

⑲ 통일신라 말기에 선종의 유행으로 전국적으로 선종 계통의 9개
의 종파가 형성되었다. 그것이 9산이다. 선종이 유행하면서 승탑
(부도. 사리탑)도 유행하였다.

156 풍수지리설風水地理說

① 바람 풍, 물 수, 땅 지, 다스릴 리, 말씀 설.

② 바람風과 물강. 水, 땅산. 地을 잘 다스리면理 복이 있고, 그렇지 않
으면 재앙이 있다는 주장說이 풍수지리설風水地理說이다.

땅의 기운이 인간의 길흉화복에 영향을 미친다는 사상이다. 풍
수지리설은 수도(도읍지), 절, 집, 무덤 등을 세울 때 방향이나
땅속의 기운, 산의 모양, 물의 흐름 등의 자연현상과 그 변화가
인간의 생활·길흉화복. 吉凶禍福에 큰 영향을 미친다는 사상이다.

③ 풍수風水는 장풍득수藏風得水, 즉 바람을 막고 물을 얻는다는 것이
다. 풍수지리에서 가장 중요시하는 것이 물과 바람이다. 정기精氣.
하늘과 땅의 기운를 얻기 위해서는 '물을 얻고 바람을 가두어야 한다.'
고 여겼다.

④ 풍수지리에서 좋은 집터는 동쪽이 높고 서쪽이 낮은 곳, 사방이

평평한 터, 집의 동쪽에 흐르는 물이 강과 바다로 들어가는 곳, 남쪽에 큰 길이 있는 곳이라고 한다.

⑤ 양택陽宅과 음택陰宅 : 풍수지리에서는 산 사람을 양陽, 죽은 사람을 음陰이라 하여, 거기에 따른 주거지를 각각 양택과 음택으로 구분한다. 양택은 집·마을·고을(도읍)·궁궐(왕궁) 등이고, 음택은 무덤(묘, 능)이다.

⑥ 풍수지리설은 신라 말기 선종계통의 승려였던 도선에 의해 중국으로부터 도입 보급되었다.

⑦ 호족들은 풍수지리설을 자신들의 권위를 높이는데 이용했다.
즉, 신라의 수도인 금성(경주)은 풍수지리적으로 땅의 기운이 쇠락한 곳인 반면에, 호족 자신이 위치한 곳이(왕건의 송악 등) 기운이 왕성하여 명당明堂이니 그 나라와 그 나라에 속한 백성들은 번성하고 발전할 것이라고 사람들에게 선전했다.

⑧ 이처럼 경주(금성) 중심의 지리개념에서 벗어나 지방의 독자성과 중요성을 강조함으로써, 풍수지리설은 호족들에게는 정치적 권위와 정당성을 부여하고 신라정부의 권위를 부정하는 역할을 했다.

⑨ 호족들은 풍수지리설을 정치적으로 이용하여, 자신의 근거지를 새로운 역사의 중심지가 될 것이라 홍보하였다. 6두품 출신의 최치원은 고려 왕건에게 보낸 편지에서, "계림(신라)은 시들어가는 누런 잎이고, 개경의 곡령(송악산)은 푸른 솔이라." 했다.

⑩ 신라 말기 사상계는 6두품과 지방호족들의 주도로 유교와 선종, 풍수사상이 복합되는 경향을 보였다. 이것은 고대사회인 신

라에서 중세사회인 고려로 넘어가는 정신세계(사상)의 변화를
의미한다.

⑪ 통치이념이 신라의 교종과 유교 중심에서, 고려의 선종과 풍수지
리설·유교로의 변화를 의미한다.

157 후삼국 시대後三國 時代

① 뒤 후, 석 삼, 나라 국.

② 삼국三國시대 뒤의後 시대時代, 고구려·백제·신라三國가 존재했던
이후以後의 시대時代가 후삼국後三國시대이다.

③ 통일신라 말기의, 신라·후백제·후고구려(태봉)를 통틀어서 이르
는 말이다.

④ 남북국시대 이후로 발해가 멸망하고, 신라가 분열되면서 한반도
에는 견훤이 세운 후백제, 궁예가 세운 후고구려(태봉)가 건국되
면서 후삼국시대가 시작되었다.

⑤ 견훤은 군진세력(지방의 병영)과 호족세력을 규합糾合하여, 무진
주(광주)를 거쳐 완산주(전주)에 나라를 세웠다. 이것이 후백제
의 건국900이다.

⑥ 초적세력에 기반을 둔, 궁예는 송악출신의 왕건의 도움을 받아
철원에 나라를 세웠다. 이것이 후고구려의 건국901이다.

⑦ 신라의 통치영역은 거의 통일 이전의 상태로 축소되었다.

① 탄현은 지금의 대전 인근의 마도령馬道嶺이다. 탄령은 탄현炭峴으로 완주군 운주면 삼거리 또는 대전 동쪽의 대덕군 마도령, 금산군 진산면 숯고개 등으로 보고 있다.

② 탄현은 소백산맥을 넘어, 동서 교통의 매우 중요한 전략적 요충지였다.

③ 김유신의 5만 신라군은 탄현을 넘어 황산벌로 진입했고, 그 황산벌에서 계백은 전사하였다. 계백의 전사는 백제의 멸망660으로 이어졌다.

④ 아버지를 몰아내고, 집권한 견훤의 아들 신검은 고려 왕건의 군대에게 탄현에서 패배하여 사로잡히고 죽임을 당했다. 이 전투에서 패배함으로써 후백제는 멸망하였다936.

⑤ 강력한 군사력과 서해를 접하고 있어서 중국과 연대, 교역은 물론 선진문물의 수용에 유리한 해상 조건을 가졌던 그래서 후삼국 가운데 가장 강력한 국력을 지닌 나라였던 후백제, 오히려 그것이 후백제를 후삼국에서 외톨이로 만들었다.

⑥ 왕건의 원교근공책遠交近攻策. 멀리 있는 신라는 가까이하고 가까이 있는 후백제는 멀리하는 계책으로, 고립된 견훤의 신라 공격은 되레 신라왕실과 귀족, 백성들의 마음이 왕건에게 기울게 했다.

⑦ 그 결과 고려와 신라는 한편이 되어 후백제와 맞서게 되었고, 고창(안동)의 병산전투930를 계기로 대세大勢는 왕건에게 기울게 되

었다.

⑧ 후고구려의 멸망918, 후백제의 멸망935, 신라의 멸망936으로 고려의 왕건은 잠시 분열되었던 한반도를 다시 통일하게 되었다.

⑨ 후백제의 건국900에서 신라의 멸망936까지의 시기를, 보통 후삼국시대라고 부른다.

159 궁예와 미륵, 궁예미륵

① 미륵불彌勒佛은 불교에서 현생에서 석가모니불이 구제하지 못한 중생들을, 세상이 끝나갈 무렵에 나타나 모두 구제(구원)해 준다는 미래불未來佛이다. 즉 미래에 나타날 부처가 미륵불이다.

② 궁예는 왕이 된 후 자신이 미륵불彌勒佛의 현신現身. 부처가 여러 가지 모습으로 그 몸을 나타냄인 것처럼 행세하였다. 즉, 궁예는 스스로 미륵불임을 자처自處. 자기를 어떤 사람으로 여겨 그렇게 처신함했다.

③ 신라 말기 국가 기강이 문란한 가운데 관리들의 수탈로 고통 받으며 자포자기 상태에 있던 백성들은 미륵불의 하생下生을 갈구渴求하였고 이러한 소망에 부응하듯이 나타난, 자칭 미륵 현신이라는 궁예를 상당히 믿고 따랐을 것이다. 그러나 교주적인 국왕은 먹는 문제를 해결해주지 못했다. 정치의 핵심은 백성들이 평안히 잘 먹고 살게 하는데 있다.

④ 이로 인해 백성들의 불만은 커져갔고, 대신들과 장군들마저 동요하는 기색을 보이기 시작하였다. 이로 인해 궁예는 그들이 자신을

해치지 않을까 하는 피해망상에 시달리게 되고 이에 대한 해결책으로 그는 관심觀心. 마음의 본성을 관찰하는 법을 이용하여 위협적인 세력들을 제거하려 하였고 그 과정에서 왕건도 죽임을 당할 뻔했다.

사람이든 동물이든 믿지 않으면 잘 따르지 않는다. 백성들은 이제 궁예보다 왕건을 믿고 따르게 된 것이다. 그것으로 후고구려는 끝이었다.

⑤ 주몽의 고구려·궁예의 후고구려·왕건의 고려, 사실은 모두 동일한 나라의 이름을 갖고 있었다. 고구려의 또 다른 이름이 고려이다. 그리고 후고구려라는 나라 이름은 실존하지 않는다.

⑥ 다만, 역사학자들이 편의상 구분을 목적으로 '후後'를 붙여서 사용할 뿐이지, 실제로 '후백제', '후고구려'라는 이름을 가진 나라는 없다. 따라서 궁예든 왕건이든 모두 '고구려'계승 의지가 분명한 사람들이었다.

⑦ 궁예는 후고구려에서 마진으로, 마진에서 태봉으로 국호를 바꾸었다. 국호를 자주 바꾼 것은 무엇인가 일이 뜻대로 잘 풀리지 않는다는 의미일 것이다. 궁예의 삼한(한반도) 통일에 대한 집착과 조급증이 결과적으로 그를 역사의 패배자로 만들진 않았는지 모르겠다. 궁예는 왕건의 심복 신숭겸, 복지겸, 배현경 등의 쿠데타로 나라를 왕건에게 넘겨주고 말았다. 이것으로 후고구려 멸망하고 고려가 건국하였다⁹¹⁸.

⑧ 경기도 안산의 국사봉 사락의 국사암에는 궁예미륵이라 불리는 세 개의 미륵이 있다.

160 봉기 蜂起

① 벌 봉, 일어날 기.

② 벌蜂 떼처럼 일어남起. 벌 떼처럼 떼를 지어 세차게 일어남.

벌이 떼 지어 일어나듯이 각처에서 병란兵亂. 나라 안에서 싸움질하는 난리
이나 민란民亂. 포악한 정치 따위에 반대하여 백성들이 일으킨 폭동이나 소요이 일어남.

③ 봉기는 민중들이 정부를 상대로 벌 떼처럼 일어나서 저항하는
상태를 일컫는 말이다.

④ 민중봉기, 농민봉기(농민반란) 등

161 공攻, 토討, 벌伐, 정征

① 공격할 공, 칠 토, 칠 벌, 칠 정.

② 공격攻擊, 토벌討伐, 원정遠征.

③ 두 나라의 군대가 싸울 때, 두 집단의 세력이 대등(비슷)하면 칠
'공攻'자를 쓰고, 강한 세력이 약한 세력을 칠 때는 칠 '벌伐'자를
썼다. '토벌討伐'은 반란 세력을 응징하기 위해 치는 것을 말한다.

④ 상대방의 분명한 잘못을 응징하기 위하여 칠 때도 '토討'라고 하
였다.

⑤ 천자황제가 직접 전쟁에 나설 때는 '정征'이라고 하였다.

정벌征伐은 천자가 친히 나서서 무력으로 적 또는 죄 있는 무리와

지방 세력(다른 나라)을 치는 것을 말한다.

162 삼대목 三代目

① 석 삼, 시대 대, 항목 목.

② 신라를 상대上代·중대中代·하대下代의 세三 시대時代로 나누고, 항목별項目別로 향가를 정리한 책이 삼대목이다.

③ 〈신라본기〉에 이 책에 관한 기록만 있고, 지금은 전하지 않는다.

④ 통일신라 진성여왕 때888년, 왕명에 따라서 각간 위홍과 대구 화상이 향가를 수집하여 엮은 책이다.

⑤ 현존 향가는 총 25수로서, 14수는 삼국유사에 11수는 균여대사가 지은 균여전에 전하고 있다.

⑥ 향가鄕歌는 중국 시가에 대한, 우리나라의 시가詩歌를 말한다. '우리 고유의 노래'라는 뜻이다.

163 성덕대왕 신종 神鐘. 에밀레종

① 신기할 신, 종 종.

② 신라 경덕왕이 아버지 성덕왕의 명복冥福. 죽은 뒤 저승에서 받는 복을 빌기 위하여 만들었다는, 신기神奇. 믿을 수 없을 정도로 놀라운한 종鐘이라는 의미이다.

③ 일명 '봉덕사종(봉덕사에 있던 종)' 또는 '에밀레종'이라고도 부른

다. 성덕대왕신종은 크기와 당초문으로 유명하다.

④ 당초문唐草紋은 덩굴무늬. 여러 가지 덩굴이 꼬이며 벋어 나가는 모양의 무늬를 말한다.

⑤ 현존 최대의 종으로서 신라의 공예기술이 매우 뛰어났음을 보여 준다. 신라 경덕왕이 아버지인 성덕왕의 공덕을 널리 알리기 위해 만들려고 했으나 뜻을 이루지 못하고, 손자인 혜공왕 때 완성되었다.

⑥ 오대산의 상원사 동종은 현존 최고最古. 가장오래 종이다.

164 호석護石

① 지킬 호, 보호할 호, 돌 석.

② 능이나 묘墓를 보호保護하기 위하여, 둘레에 돌려 쌓은 돌石, 둘레돌을 호석護石이라고 한다.

③ 무덤의 붕괴를 막기 위하여, 무덤 주위에 빙 돌아가면서 돌로 쌓은 구조물이 호석이다.

④ 김유신묘의 호석護石. 둘레돌 은, 십이지신상十二支神像이 조각되어 있다.

⑤ 십이지신상十二支神像은 열두 가지 동물의 얼굴에 인간의 몸을 가진 신으로 각 방위를 상징하기 때문에 우리나라에서는 주로 능의 호석에 새겨진 경우가 많다.

⑥ 십이지신상은 일종의 무덤을 지키는 방위신이라고 할 수 있다.

165 여왕女王

① 계집 녀, 임금 왕.

② 여자女 임금王.

③ 선덕여왕27대, 진덕여왕28대, 진성여왕51대.

④ 우리의 역사에서 신라에만 여왕이 있었다. 그것도 겨우 3명이지만, 그래도 중국보다는 많다. 측천무후 무주武周 왕조의 여황제로 중국 역사상 최초이자 유일무이唯一無二한 여황제이다.

⑤ 삼국통일 이전의 선덕·진덕여왕과 통일 이후의 진성여왕이 전부이다.

⑥ 신라에만 여왕이 존재할 수 있었던 이유는, 골품제도와 관계가 있다. 골품제도 아래서 왕위계승의 1순위는 성골이었고, 2순위가 진골 출신이었다. 진덕여왕은 성골 출신의 마지막 임금이다. 진골 출신의 첫 번째 임금은 태종 무열왕 김춘추이다.

⑦ 성골 출신의 남자가 없자, 여자가 왕이 되었고, 그마저 없자 진골에서 왕이 배출되었던 것이다.

IV
고려시대

■ : A. D

918~943	943~945	945~949	949~975	975~981
태조 왕건	혜종	정종	광종	경종

▼

981~997	997~1009	1009~1031	1031~1034	1034~1046
성종	목종	현종	덕종	정종

▼

1046~1083	1083	1083~1094	1094~1095	1095~1105
문종	순종	선종	헌종	숙종

▼

1105~1122	1122~1146	1146~1170	1170~1197	1197~1204
예종	인종	의종	명종	신종

▼

1204~1211	1211~1213	1213~1259	1259~1274	1274~1308
희종	강종	고종	원종	충렬왕

▼

1308~1313	1313~1330 1332~1348	1330~1332 1339~1344	1344~1348	1348~1351
충선왕	충숙왕	충혜왕	충목왕	충정왕

▼

1351~1374	1374~1388	1388~1389	1389~1392
공민왕	우왕	창왕	공양왕

167 봉건제도 封建制度

① 봉할 봉, 세울 건, 제도 제, 법도 도.

② 천자 天子 가 충성의 대가로 제후로 봉 封 하고, 영토를 주어서 나라를 세우게 建 하던 지방분권적인 정치제도 制度 가 봉건제도 封建制度 이다. 봉건제도란 '봉토건국 封土建國' 즉, 땅을 하사받아 나라를 세운다는 말의 줄임말이다.

③ 봉건국가는 봉건제도를 바탕으로 성립된 국가이다.

④ 봉건사회는 봉건적인 생산양식을 바탕으로 한 사회이다.

⑤ 봉건시대는 봉건제도가 국가나 사회생활의 기준이었던 시대이다.

⑥ 봉건주의는 봉건제도를 국가와 사회의 중심 이념으로 삼는 주의이다.

⑦ 봉토 封土 는 제후가 천자에게 충성을 맹세한 대가로 받은 영토를 말한다.

⑧ 봉작 封爵 은 제후가 천자(황제)에게 충성을 맹세한 대가로 받은 작위 爵位. 벼슬를 말한다.

168 개경 開京 송악 → 개경 → 개성

① 열 개, 서울 경.

② 개경은 왕건이 고려를 건국하면서, 고려의 도읍지가 되었다. 개경

(송악)은 왕건의 출생지로서 송도^{松都}라고도 부른다.

③ 궁예도 한때, 송악을 도읍지로 삼은 적이 있다.

④ 현재의 개성이다.

169 서경^{西京}

① 서쪽 서, 서울 경.

② 서경은 지금의 평양으로, 현재 북한의 도읍지이다.

③ 고려시대의 사경^{四京} 가운데 한 곳이었다.

④ 사경^{四京}은 고려시대에 나라의 중심지로서 중요시하던 네 지역으로, 남경·동경·중경·서경을 이른다.

⑤ 남경(서울), 동경(경주), 중경(개성), 서경(평양).

⑥ 고려 태조 왕건은 서경을 중요시하여 그곳을 북방개척의 전진 기지로 삼았다.

⑦ 묘청은 서경으로 수도를 옮기고 금나라를 정벌하자고 주장하였다.

170 고려 태조^{太祖}, 왕건^{王建}

① 처음 초, 할아비 조.

② 태조는 한 왕조를 세운 첫째 임금에게 붙이던 묘호^{廟號}이다.

③ 고구려의 태조왕, 고려의 태조 왕건, 조선의 태조 이성계 등이다.

④ 고구려의 태조왕 때, 왕위계승이 '소노부'에서 '계루부'로 넘어갔다.

즉 태조왕은 계루부 출신의 고구려 첫 번째 임금인 것이다. 또한 태조왕 때부터 고구려는 실질적인 국가의 모습을 갖추었기 때문에, 국가적으로 건국에 버금가는 변화가 있어서 그렇게 부른 것으로 여겨진다.

⑤ 왕건은 송악(개성)의 호족출신으로서, 지방호족들과 6두품 세력의 도움을 받아 나라를 세웠다[918].

⑥ 호족은 통일신라 말에서 고려 초기에 지방에서 성장한 정치세력이다. 이들은 신라 말에 중앙의 진골 귀족들 간에 권력다툼으로 정치가 혼란된 틈을 타서 성장한 세력으로서, 성주 또는 장군으로 불렸다. 호족들은 지방에 정치·경제·군사적 기반을 두고 세력을 키웠고 6두품, 선종세력과 연합하여 나라를 세우기도 하였다. 대표적인 사람이 견훤·궁예·왕건이다.

⑦ 왕건은 궁예나 견훤과 달리 그의 연고지(출생 등의 인연이 있는 곳)에 나라를 세움으로써, 보다 유리한 입장에서 왕이 되었다고 할 수 있다.

⑧ 왕건은 민심民心: 백성들의 마음을 중요시하여, '취민유도取民有度'라 하여 백성民들에게 세금을 거둘取 때는 일정한 법도法度와 기준에 따르게뀨 하였다.

⑨ 왕건에게 무엇보다 중요한 것은, 자신을 중심으로 호족세력들을 통합하는 것이었다. 그것이 왕권 강화의 지름길이었던 것이다. 결혼정책, 사심관제도 등은 그러한 입장에서 나타난 것들이다.

171 왕건의 혼인을 통한, 왕권강화책

① 태조에게는 29명의 왕비가 있었는데, 왕건은 호족을 딸들과 결혼하는 방법을 통하여 반^半 독립적 호족세력을 회유하여 자신의 세력기반 속으로 흡수하려고 하였다.

② 이에, 왕건은 정주 유씨, 평산 박씨, 충주 유씨 등 20여 호족들과 정략결혼(어떤 특별한 목적이나 의도를 갖고 혼인관계를 맺는 것)을 하였다.

③ 왕건은 신혜왕후 유씨를 비롯하여 29명의 부인을 두었으면, 그들에게서 25남 9녀의 자녀를 얻었다. 29명의 부인들 중에서 두 번째 왕비에게서 제2대 임금인 혜종이 나왔다. 그리고 세 번째 왕비에게서 3대 임금인 정종과 4대 임금인 광종을 나았다. 따라서 정종과 광종은 친형제였다.

④ 또한 왕건은 호족세력의 흡수 통합을 위해, 사성賜姓 정책을 실시하였다. 사성賜姓이란, '성姓'을 내려주는賜 것으로 서, 왕건과 같은 왕王씨 성姓을 내려서賜. 출 사 한 형제와 같은 관계(의형제)를 호족들과 맺어 유력한 호족들을 자신의 세력 기반 속으로 흡수하여, 왕권을 강화시키려 하였다.

⑤ 김순식(왕순식), 대광현(왕계), 청주 호족출신 이가도(왕가도)가 대표적인 경우이다. 마치 삼국지의 유비, 관우, 장비가 도원(복숭아 밭)에서 의형제(義兄弟)의 결의(도원결의)를 맺은 것과 같은 이치이다.

172 기인其人, 사심관事審官제도

① 만약 기, 사람 인.

② 만약其 만일에 대비하여 수도에 머물게 한 호족의 자식식이 기인其人이다.

③ 지방호족의 자제를 뽑아 공부를 시킨다는 명분으로 개경에 머물게 하여, 그 지방에 대한 정보를 국가에 알리면서, 호족의 반란에 대비하여 인질볼모人로 삼았던 제도가 기인제도이다.

④ 고려시대의 기인제도(아들이 인질이 됨)는 통일신라의 상수리제도(본인이 인질이 됨)나, 조선시대의 경저리제도와 비슷한 성격을 지닌다.

⑤ 결국 지방에 대한 정보를 파악하여, 지방세력의 성장을 사전에 막고, 중앙집권적 국가 체제를 강화하기 위한 조치라고 할 수 있다.

⑥ 사심관事審官 : 일 사, 살필 심, 주의하여 볼 심, 관리 관.

⑦ 본인의 연고지(출생지 등)에 관련된 여러 일事들을 주의 깊게 살필審 책임을 지우기 위해서, 왕이 임명한 중앙의 고위 관리官吏를 사심관事審官이라고 한다.

⑧ 지방에 연고가 있는 중앙의 관리를, 연고지(자기 고장)의 사심관으로 삼아서 부호장 이하의 향직을 임명할 수 있게 하고, 임명된 지방호족(지방토호)에게 그 지방 치안유지의 책임을 맡기는 대신에, 문제가 생기면 사심관과 지방호족(토호)이 함께 책임(연대책임)을 지게 하여 호족출신의 고위관리와 지방토호를 동시에 견

제하던 제도가 사심관제도이다.

⑨ 즉, 향직鄕職에 임명된 지방호족이 연고지(자기 고장)을 책임지고 감독하도록 하고 잘못하면 그 책임을 임명권자인, 사심관에게 지우는 방식이다.

⑩ 한편 태조 왕건은 임금에 대한 신하의 예의와 도리를 적은, 정계 政戒와 모든 百 관리들이 僚 조심하고 삼가 해야 할 誡 사항을 적은 글儆인 계백료서誡百僚書를 반포하여 지키게 하였다.

⑪ 태조 왕건은 후손들에게 가르칠 訓 중요한 要 열 가지十의 조목 條目인 훈요십조 訓要十條. 십훈요 를 왕실의 가훈으로 만들어 지키게 하였다.

⑫ 정계와 계백료서는 신하가 임금에게 지켜야 할 도리를 밝힌 것이고 훈요십조는 고려 왕실이 나라를 이끌어 가는 기준을 제시한 것이라고 할 수 있다.

⑬ 훈요십조는 불교를 장려하여, 연등회나 팔관회를 성대히 개최하라는 것이 중심내용이다. 훈요십조(십훈요)는 태조 왕건이 그의 자손들에게 남긴 유언이자 가훈으로서, 왕건의 정치철학과 사상이 집약되어 있다고 할 수 있다.

173 고려 광종, 노비안검법, 과거제도

① 노비안검법 奴婢按檢法 : 종 노, 계집종 비, 살필 안, 교정할 검, 법 법.

② 합법적인 노비인지 아니면 부당하게 노비奴婢가 되었는지를 살펴 고按 조사하여, 부당하게 노비가 된 사람이 있으면 원래의 신분 으로 돌려놓게檢 한 법法, 제도이 노비안검법奴婢按檢法이다.

③ 안검按檢은 '살펴서 교정하다.', '살펴서 바로 잡는다.'는 뜻이다.

④ 즉, 노비의 신분을 조사하여 본래 양인(평민 등)이었던 사람(호족 들이 불법으로 소유한 노비)을 해방시킴을 통하여, 호족에게 경 제적, 군사적 타격을 주어 호족세력을 약화시키고 왕권을 강화 하기 위해 광종이 실시한 제도이다956.

⑤ 노비는 당시 호족들의 경제적(무임금 노동), 군사적 기반이었다.

⑥ 과거제도科擧制度 : 등급 과, 들 거, 올릴 거, 제도 제, 법도 도.

⑦ 시험을 치러 성적에 따라 등급쳐을 매기고, 그 등급에 따라서 관 리를 선발하던擧 제도制度가 과거제도科擧制度이다.

⑧ 시험을 보아서 그 등급에 따라 관리로 뽑아 쓰던, 관리 선발 제 도이다.

⑨ 과거제도는 중국의 후주에서 귀화한 쌍기의 건의로, 광종 때958 실시한 제도로, 유교의 학식과 능력에 따라 인재를 채용하여 행 정실무(핵심 요직에 앉힘)를 담당하게 함으로써 국왕의 지지 기 반을 강화하는 구실을 하였다.

⑩ 이로써 개국공신들(호족)의 세력이 약화되고, 신진관료들의 밑받 침으로 한, 왕권이 강화되었고 신구세력 교체의 계기가 되었다.

⑪ 고려의 광종은 조선의 태종과 비교되는 왕이다.

⑫ 두 사람 모두 왕권의 강화를 위해, 모든 것을 걸었던 사람들이었

다. 왕권을 안정시키고 국가의 기반을 마련하였다는 점에서 공통점을 찾을 수 있다.

⑬ 광종의 과거제, 노비안검법, 관리의 서열에 따른 공복(관복) 제정 등은 모두 왕권을 강화하기 위한 수단과 방법이었다.

⑭ 그 자신감의 표현이, 칭제건원稱帝建元. 스스로 황제라고 말하고, 나라의 연호를 만듦이다.

⑮ 광종은 '광덕, 준풍'과 같은 연호를 사용하였다.

⑯ 조선의 태종은 사병私兵. 용병제도를 폐지하고, 호패법을 실시하여 조선왕조의 기반을 닦았다.

⑰ 호패號牌는 16세 이상의 남자들에게 신분에 관계없이 소지하게 한 일종의 신분증으로서 그러한 법과 제도가 호패법이다.

⑱ 호패號牌는 이름號과 나이, 출생연도, 신분, 거주지를 적은 패牌이다.

174 과거제도와 음서제도蔭敍制度

① 과거제도는 시험을 치러 성적에 따라 등급秤을 매기고, 그 등급에 따라서 관리를 선발하던擧 제도制度이다.

② 음서제蔭敍制 : 덕택 음, 차례 서, 베풀 서.

③ 음서제도는 국가에 끼친, 조상의 음덕蔭德. 덕택. 공로 의 정도 敍. 차례를 매기다에 따라서, 그 후손이 관직에 나아갈 수 있게 한 제도制度 이다.

④ 공신功臣. 나라에 공로를 세운 신하이나 5품 이상의 고급 관리의 자손 가운

데, 1명(원칙적으로)을 과거시험을 거치지 않고 관직에 등용하던 제도가 음서제도이다.

⑤ 조상의 음덕薩德. 덕택 을 입어서蚁 관직에 진출할 수 있었던 제도이다.

⑥ 음서제도는 문벌중심의 귀족들의 세력을 강화하는 구실이 되었다.

⑦ 음서제도는 공음전과 함께 고려시대 문벌귀족 세력을 강화시키는 구실을 하였다.

⑧ 과거제도는 능력을 중요시하는 관료적 성격을, 음서제도는 문벌과 신분을 중요시하는 귀족적 성격을 갖고 있었다.

⑨ 문벌門閥은 대대로 내려오는 그 집안의 사회적 신분이나 지위 또는 정치·사회·경제적으로 높은 지위(특권)를 누리던 귀족가문(집안)을 말한다.

⑩ 문벌은 가문家門. 집안의 공훈功勳. 공로. 공적. 업적의 준말이다. 대대로 관직과 땅을 물려받아 세력을 키운 가문이 문벌이다.

⑪ 공음전功蔭田은 국가에 공功을 세운 덕택薩으로 받은 땅. 토지田를 말한다.

⑫ 고려시대의 과거시험에는 문과(문관 선발), 잡과(기술관 선발), 승과(승려 선발)가 있었다. 그러나 무과는 거의 실시되지 않았다(공양왕 때 실시). 따라서 고려시대에는 사실상 무과가 없었다. 공양왕은 고려의 마지막 임금이다.

⑬ 과거시험에 승직자(승려)를 선발하는 승과를 둔 가장 큰 이유는, 불교세력을 왕의 통치권(영향력) 아래에 두기 위해서라고 할 수

있다. 과거제도의 실시 목적은 왕에게 충성하는 유능한 관리의 뽑는데 있었다. 승과도 왕권 강화의 수단으로 설치되었다고 할 수 있다.

⑭ 음서출신자는 관품官品이나 관직官職 승진에 제한이 없었을 뿐 아니라, 오히려 대부분이 5품 이상의 관직에 오르고 재상에 진출하는 사람도 많은 편이었다. 그만큼 고려사회는 개인의 능력보다는 출생신분을 중시하였음을 알 수 있다.

175 고려의 성종成宗, 조선의 성종成宗

① 이룰 성成.

② 고려의 성종은 최승로의 건의(시무 28조)를 받아들여 유교사상을 국가통치 이념으로 하고, 그에 근거하여 중앙 집권적 정치제도를 정비(갖춤)함으로써 고려의 통치기반을 확립하였다.

③ 시무時務는 시급時急한 일務, 시간을 다투는 일, 시급時急히 처리해야 할 일務이라는 뜻이다.

④ 통치이념(유교. 이데올로기, 사상, 머리) → 법과 제도, 기구(시스템. 팔다리)

⑤ 고려의 중앙정치제도는 2성(중서문하성, 상서성) 6부(상서성 아래에 설치)가 중심이었다.

⑥ 고려의 지방행정제도 : 초기(호족 자치) → 성종 때(12목 설치, 처음 지방관 파견) → 현종 때(5도 양계, 경기).

⑦ 군사제도 : 중앙군(2군 6위), 지방군(주현군, 주진군)

⑧ 토지제도 : 전시과田柴科, 경종~목종~현종 때 완성, 민전民田, 농민의 사유지

⑨ 교육제도 : 국자감(중앙), 향교(지방).

⑩ 관리선발제도 : 과거제도(광종), 음서제도.

⑪ 조세제도 : 조租, 조세 · 용庸, 군역과 부역 · 조調, 공물, 공납

⑫ 신분제도 : 귀족, 중류계층(중인), 평민, 천민.

⑬ 이념(왕권의 강화, 목적) → 법과 제도, 기구(왕권의 강화, 방법)

⑭ 조선의 성종은 조선의 국가 조직과 사회·경제활동에 관한 기본
법전인, 경국대전을 완성하여 유교적인 법치국가의 기틀(바탕)을
마련하였다.

⑮ 조선의 성종은, 태조 이성계 이후 닦아온 조선왕조의 정치·경
제·사회·문화적 기반과 체제를 완성시켰다. 그래서 그의 묘호廟
號가 후일 성종으로 정해진 것이다.

176 고려의 중앙정치제도

① 중서문하성中書門下省 = 중서성(주요정책 기획) + 문하성(논의, 결
정).

② 중서문하성은 고려시대에 국가의 주요한 정책을 수립(계획을 세
움)하고, 논의하며, 결정하던 국가최고의결기구였으며, 국정전반
을 관장하던 곳이었다.

③ 의결議決 : 논의(의논)하여 결정함. 국정國政 : 나랏일.

④ 전반全般 : 전체, 통틀어서 모두. 관장管掌 : 일을 맡아서 주관함.

⑤ 중서문하성의 가장 우두머리를 문하시중門下侍中이라고 한다.

⑥ 상서성尚書省은 중서문하성에서 결정된 사항의 집행을 총괄하던 곳이다.

⑦ 따라서 상서성 아래에 행정실무관청인 6부가 있었다. 실무實務는 실제적인 업무(일)라는 뜻이다.

⑧ 중추원中樞院은 왕명출납·군사기밀·궁궐숙위와 같은 국가의 중추적中樞的. 중심이 되는 중요한 부분인 일을 담당하던 관청院이다.

⑨ 왕명王命 : 왕의 명령. 출납出納 : 내리거나 받아들임. 기밀機密 : 중요한 비밀. 숙위宿衛 : 지킴.

⑩ 도병마사都兵馬使는 병마兵馬. 병사와 말. 군사를 담당하는 관리였던, 병마사兵馬使를 지휘·감독하고 군사문제를 처리할 목적으로 수도首都에 설치한 기관이다. 또는 병마사兵馬使의 우두머리都. 우두머리 도라는 의미이다.

⑪ 도병마사는 중서문하성과 중추원의 고급관리들이 모여, 군사기밀, 국방과 외교 등의 대외 문제를 논의하고 결정하던 기관이다.

⑫ 식목도감은 중서문하성과 중추원의 고급관리들이 모여, 법률과 의식 등의 개폐(고치거나 없앰)와 같은 대내(국내) 문제를 의논, 결정하던 기관이었다.

⑬ 식목式目은 국가 통치의 규범(본보기)이 되는 법과 제도, 행사의 식을 말한다.

⑭ 도감都監은 국가의 중대사重大事를 처리하게 할 목적으로 임시로

둔 관청이다.

⑮ 최고의사결정 : 중서문하성 → 도병마사(몽골 항쟁기) → 도평의

사사(도당. 충렬왕. 원의 간섭기).

도당都堂은 우두머리都. 최고 관청堂이라는 의미이다.

⑯ 대간臺諫. 대성은 간언諫言을 맡아보던 관리. 중서문하성과 어사대

의 간언을 맡아보던 관리를 말한다.

⑰ 간언諫言은 웃어른, 임금에게 옳지 못하거나 잘못된 일을 고치도

록 하는 말이다.

⑱ 간쟁諫爭은 어른이나 임금에게 옳지 못하거나 잘못된 일을 고치

도록 간절히 말하는 것을 뜻한다.

⑲ 봉박封駁은 왕의 잘못된 명령을 거부함. 옳지 못하다고 여기는,

왕의 명령조칙. 封을 거부하며, 그에 반박反駁하는 글을 왕에게 올

리는 것을 말한다.

⑳ 서경署經은 왕의 관리 임명에 동의하여 서명署名하던 일이다.

㉑ 감찰監察은 관리의 잘못(법에 어긋나는 것)을 감시하고 살피던

일이다.

㉒ 삼사三司는 국가에 곡식과 돈이 들어오고 나가는 일을 담당하던

관청이다. 삼사三司는 국가의 조세에 관한, 세 가지三 일을 담당하

던 관청司이다. 삼사三司는 나라의 이재理財를 맡은 관청이다. 이

재理財는 재물을 관리하는 일이다.

㉓ 도병마사와 식목도감은, 송나라와는 달리 고려만의 독자적인 기

구였다.

㉔ 고려의 2성 6부는 당나라의 3성 6부 제도의 영향을 받았고, 중추원과 삼사는 송나라 관제의 영향을 받았지만, 도병마사와 식목도감은 고려의 독자적인 기구였다.

㉕ 고려시대의 삼사와 조선시대의 삼사는 기능(역할)이 달랐다. 고려의 삼사는 출납회계기능을 담당했지만, 조선의 삼사(사헌부, 사간원, 홍문관)는 언론기능을 담당하였다는 차이점이 있다.

㉖ 중서문하성의 2품 이상의 관리를 재신宰臣, 재상이라하였고, 중추원의 2품 이상의 관리를 추신樞臣, 추상이라고 하였다. 따라서 도병마사나 식목도감의 회의에는 재추宰樞가 참석했다. 재추회의라고 할 수 있다.

㉗ 중서문하성의 3품 이하의 관리를 낭사라고 하고 중추원의 3품 관리를 승선이라고 한다. 낭사는 왕이 하는 일을 견제하는 역할을, 승선承宣은 도와주는 역할을 했다. 승承. 받들 승 = 승선承宣, 승정원承政院은 조선시대 왕의 비서기관이다.

㉘ 고려의 어사대御史臺와 조선의 암행어사暗行御史

㉙ 어사御使. 御史 는 왕이御 해야 하는 일을 대신使. 시킬 사하는 임무를 맡은 관리이다.

㉚ 왕이 해야 하는 일을 대신하여 관리들을 감찰하던 관청臺을 어사대御史臺라 하고, 몰래 지방에 다니면서暗行 왕을御 대신史하여 관리들의 잘잘못을 감찰(감시하고 살핌)하던 사람이, 암행어사暗行御史이다. 임금御의 명령으로 특별한 임무를 수행史 = 使하던 관청臺이 어사대이다.

177 고려의 지방행정제도

① 고려는 전국을 경기 지역, 5도 지역, 양계 지역으로 크게 3개 영역으로 나누었다.

② 경기京畿 지역은 왕이 직접 통치하던 지역, 수도를 중심으로 그 부근의 지역을 말한다.

③ 5도 지역은 일반 행정 구역이다.

④ 양계兩界. 둘 양 지역은 두 개東·北의 지역界으로, 군사적 특수 행정 구역이다.

⑤ 도(안찰사) → 주 → 군 → 현, 진.

⑥ 주군主郡은 주된 군, 관리가 파견된 군이고, 주현主縣은 주된 현, 관리가 파견된 현이다.

⑦ 속군屬郡 과 속현屬縣 은 주된 군과 현에 딸려 있는 군과 현을 말한다.

⑧ 고려시대에는 왕이 임명한 관리가 파견된 주군, 주현보다 주군과 주현에 딸려 있는 속군과 속현의 숫자가 2~3배 정도 더 많았다.

⑨ 속군과 속현은 주군과 주현에 파견된 관리의 통제 아래에 있거나, 또는 그 지방의 토착세력인 향리에게 맡겨 관리하게 하였다.

⑩ 한편, 특수한 행정구역으로 '향·부곡·소'가 있었다.

⑪ '향과 부곡'에는 주로 농업을 주업으로 하는 사람들이 집단적으로 모여 살았고, '소'는 광업이나 수공업에 종사하는 사람들 이주로 살았다. '소所'라는 특수행정구역에 사는 사람 가운데는 장인

匠人. 수공업자들이 있어서 나라에서 필요로 하는 물품을 생산하였다. 소민所民들은 금, 은 등의 광물을 캐기도 하였고, 종이와 기와, 도자기 등을 제조하기도 하였으며, 소금과 먹 등을 만들기도 하였다.

⑫ 향·부곡·소鄕·部曲·所의 사람들은 평민도 노비나 천민도 아니지만, 평민과 천민 사이의 중간적 존재로 여겨진다.

⑬ 향·부곡·소鄕·部曲·所의 사람들은 그 지방 토착세력인 향리의 통제를 받았다.

⑭ 고려시대에는 지방에 대한, 중앙집권적 통치체제가 완전히 갖추어져 있지 않아서 속군·속현, 향·부곡·소의 사람들은 토착세력인 향리의 통제권 아래에 있었다. 고려시대의 향리는 지방호족 출신들이 많았다.

⑮ 고려시대의 향리는 조선시대의 향리와는 달리, 수령의 명령에 따라 고을의 행정실무만을 담당했던 것이 아니라 수령(지방관)의 통제권 밖에서 나름대로의 독자적인 세력을 갖고 있었다. 따라서 고려시대의 향리의 지위가 조선시대의 향리보다 더 높았다고 할 수 있다.

⑯ 향·부곡·소는 고려시대까지 있었고 조선시대에는 일반 백성으로 편입되었다.

178 고려의 군사제도

① 고려의 중앙 군사조직은 2군과 6위로 편성되어 있었다.

② 2군은 국왕 친위대(왕 경호 부대)로서, 궁궐(왕궁) 방어의 임무를 띠고 있었다.

③ 6위는 수도방어와 국경방어(지방군대 통솔)의 임무를 맡고 있었다.

④ 2군 6위의 병력은 대부분 직업군인들로 편성되어 있었다. 따라서 이들은 복무의 대가로 군인전을 지급받았다.

⑤ 고려의 지방 군사조직은 5도를 지키는 군대(주현군)와 양계(동·북계)를 지키는 군대(주진군)로 나누어져 있었다.

⑥ 주현군과 주진군 병력의 대부분은 의무군인으로 편성되어 있었다. 따라서 이들은 복무의 대가로 군인전을 지급 받을 수 없었다.

⑦ 이들은 자기의 순번順番. 순서. 당번이 오면, 교대로번갈아. 番 갈아 가며 생업生業. 먹고사는 일과 병역(국방 의무)에 종사해야 했다.

⑧ 고려시대에는 무과가 사실상 없었다. 하급 장교들은 군공軍功에 따라 승진했지만, 최고의 무신 사령관직은 문신들이 차지했다.

⑨ 이처럼 고려시대에는 문신(문관)은 우대되고, 무신(무관)은 여러 가지로 차별대우를 받았다.

⑩ 고려는 송나라처럼 문치주의(칼보다 붓을 우대)의 풍조가 있었다.

⑪ 이러한 문치주의는 군인세력의 성장을 억제하는데, 큰 이유가 있었다. 따라서 최고의 무관직은 당연히 문관들이 독차지했다.

⑫ 서희·윤관·강감찬·김부식 등은 문신 출신이면서 모두 최고의 군사령관을 지냈던 인물들이다.

⑬ 고려의 무신 천시(무신 차별) 풍조는 무신정변[1170]으로 나타났고, 이후 고려가 몽골(원)의 통치권 아래 들어가기 전까지[1270] 무려 100년 동안 무신들이 국가의 권력을 장악했었다. 이 시기를 무신집권기라고 부른다.

⑭ 한편 고려는 거란족의 침입에 대비하여 광군을, 여진족을 토벌하기 위해 별무반을, 몽골과의 싸움에 맞서면서 삼별초와 같은 별도의 부대를 두기도 했다.

179 고려의 토지제도, 전시과田柴科

① 밭 전, 땔감나무 시, 등급 과.

② 관료들의 등급에[18등급. 科] 따라서, 전지田地와 시지柴地를 지급하던 고려시대의 토지제도가 전시과田柴科이다.

③ 전지田地는 논과 밭, 경작할 수 있는 땅(토지)을 말한다.

④ 시지柴地는 땔감을 할 수 있는 땅(산과 들판)을 말한다.

⑤ 고려 경종 때, 과거시험에 합격하고 관리로 임명된 신하들에게, 봉급(녹봉)으로써 등급科에 따라 토지田와 산임야. 柴을 다르게(차등) 지급하는 전시과 제도를 실시하였다.

⑥ 전시과 제도 아래서, 국가가 지급한 토지에 대하여 관리는 소유권을 갖는 것이 아니라 수조권만 지급 받았다.

⑦ 수조권收租權은 땅에서 생산된 것에 대한 세금租을 거둘收 수 있는 권리權利를 말한다. 전시과제도 아래서, 관리는 국가가 갖고 있던 세금을 거둘 수 있는 권리를 국가 대신에, 관리 자신들이 갖게 되는 것을 말한다. 그러나 관직에서 물러나거나 사망할 때에는 원칙적으로 수조권을 국가에 다시 반납하여야 했다.

⑧ 관리들의 등급을 18등급으로 나누고 그 등급에 따라 차등을 두고 토지田地와 임야시지, 柴地를 지급하는, 전시과 제도를 실시함에 따라 공신이나 호족들은 중앙집권적 체제 내에 점차 편입되었다. 따라서 왕의 권위도 그만큼 강화되었다.

⑨ 고려의 토지제도의 변화 : 태조(역분전) → 경종(시정 전시과) → 목종(개정 전시과) → 현종(경정 전시과)

⑩ 역분전役分田은 태조 때, 공신들이 한 일役의 정도에 따라, 역할役割에 따라 토지田를 차등하여 나누어分 준 제도 또 는 그러한 토지이다.

⑪ 시정始定, 처음 시, 정할 정은 '처음始으로 제정制定'하다라는 뜻이다.

⑫ 시정전시과는 처음경종, 976으로 만들어진 전시과로 관품官品과 인품人品에 따라 토지(전지)와 임야(시지)를 지급하였다.

⑬ 전시과 제도가 제정되었다는 것은 왕권이 그만큼 안정되었다는 뜻이다.

⑭ 개정改定, 고칠 개, 정할 정은 '고쳐서改, 바꿔서 만듦定'이라는 뜻이다.

⑮ 개정 전시관은 목종 때998, 시정전시과의 다소 주관적인 성격이 큰 '인품人品'은 빼고, 전·현직 관리의 관품관등, 18 등급에 따라 차이

(차등)을 두고 전지와 시지를 지급하였다.

⑯ 경정更定. 다시 경은 '고친 것을 다시更 고쳐서 만듦定'이라는 뜻이다.

⑰ 경정 전시과는 현종 때의 시정전시과를 다시 고쳐서, 현직(현재의 관직)에 있는 경우에만 전지와 시지를 지급하였다.

⑱ 무신정변을 계기로 전시과 제도는 붕괴되었다.

⑲ 무신들은 비정상적인 방법(쿠데타)으로 집권한 세력이었다. 무신의 가장 큰 경쟁 상대는 또 다른 무신이었다. 집권한 무신에게 절실히 필요한 것은 암살되지 않고, 권력을 지키는 일이었다. 그러기 위해서는 더 많은 사병(용병)과 경제력이 필요했다. 사병과 경제력을 확보하는 가장 지름길은 개인 소유의 농장을 확대하는 것이었다. 그 과정에 전시과 체제는 붕괴되었다.

⑳ 전시과 체제가 붕괴되고 농장이 확대되면서 국가는 관리들에게 토지 대신에 곡식 등을 녹봉(봉급)으로 지급하였다.

㉑ 고려가 원나라의 간섭을 받던 시기1270~1370에, 당시의 집권세력이었던 권문세족들에 의한 농장의 확대는 더욱 심해졌고 그것은 국가체제의 붕괴로 연결되었다.

㉒ 전시과 제도 아래서 관리들에게 지급하던 땅을, 과전科田이라 한다.

㉓ 영업전永業田은 영구히永久 생업生業. 벌이. 먹고 삶이 가능한 토지田이다.

㉔ 영업전은 신분에 따라 직업이 세습되는 것처럼 직업과 함께 수조권을 세습할 수 있는 땅을 말한다.

㉕ 영업전으로는 공음전(문벌귀족), 군인전(하급군인), 외역전(향리) 등이 있다.

180 고려의 신분제도

① 고대국가(삼국~남북국시대)의 신분층은 주로 귀족, 평민, 천민으로 나뉘었다.

② 중세사회(고려시대부터)에는 귀족층, 중류층, 평민층, 천민층으로 나뉘었다.

③ 고려시대의 귀족층은 제1의 지배계급이었다.

④ 고려의 지배계급은 지방호족과 6두품에서 문벌귀족(문신), 무신, 권문세족, 신진사대부 순서로 바뀌었다.

⑤ 문벌귀족들은 과거시험이나 음서를 통하여, 국가의 중요한 직책을 차지하고 권력을 독점하였다. 경제적으로는 공음전, 과전, 농장 등을 소유하고 경제권을 장악하고, 혼인관계를 통하여 더 큰 문벌(가문, 집안)을 형성하였다.

⑥ 공음전功蔭田은 국가에 공로功勞를 세운 덕택薩으로 받은 땅, 토지田이다.

⑦ 공음전은 공신功臣. 공로를 세운 신하나 5품 이상의 관리들에게 지급된 땅이다.

⑧ 음서제도와 공음전은 그 혜택의 기준이 음덕蔭德. 공로이다.
   공로의 덕택으로 무시험으로 관직에 진출할 수 있었던 것이 음서제도이고, 공로의 덕택으로 국가로부터 지급 받아 세습이 대대로 가능했던 토지가 공음전이다.

⑨ 음서제도와 공음전은 귀족들이 문벌(혼인을 통해 형성된 가문)

을 중심으로 세력을 더욱 강화하는 구실이 되었다.

⑩ 귀족층으로는 왕족과 5품 이상의 양반(문반과 무반) 관리 등이
었다.

⑪ 중류층은 남반南班, 서리, 향리, 하급 장교, 기술관 등이었다.
중류층은 귀족들을 도우면서 행정 등의 실무를 맡아서 처리하
던, 말단 지배층이다.

⑫ 양반兩班. 둘 양은 두兩 개의 반班. 자리. 집단으로, 문반文班. 동반과 무반武
班. 서반을 말한다.

⑬ 남반(궁궐 하급관리), 서리(중앙관청 하급관리), 향리(지방관청
하급관리)은 중류층에 해당한다.

⑭ 평민층의 대부분은 농민이었다.

⑮ 고려시대의 백정白丁은 일반농민을 말하며, 조선시대의 백정은 도
살 및 육류 판매 종사자를 말한다. 따라서 고려시대의 백정은 평
민이고, 조선시대의 백정은 천민이다. 도살은 소·개·돼지와 같은
짐승을 잡는 일을 말한다.

⑯ 향·소·부곡민은 평민과 천민 사이의 계층으로, 거주이전의 자
유가 없고 평민들보다 더 많은 세금을 납부해야 했다.

⑰ 고려시대의 천민으로는 노비·화척(도살업)·재인(광대)·진척(뱃사
공)·역정(마부) 등이 있었다.

⑱ 백정白丁. 깨끗할 백, 장정 정은 국가를 위해 부담해야 할 군역이나 부역
이 없는白, 직역職役이 없는 사람丁으로 그들은 국가로부터 토지
를 받지 못했다. 백정은 고려 때에 토지를 직접 경작하던 일반

농민이다. 백정은 특정한 직역職役. 직분에 따른 의무이 없기 때문에 국가로부터 토지를 분급分給받지 못 하는 특수한 농민층이었다.

⑲ 형평사衡平社는 조선시대 이후로 천민으로 차별 받던 백정백장들이, 일제 강점기에 백정에 대한 차별(입학 제한 등) 철폐를 요구하는 형평衡平. 평등 운동1923을 전개하였던 단체이다.

⑳ 천민 가운데 가장 많은 수를 차지하는 사람들이 노비奴婢이다. 노비는 자유가 구속된 사람들, 자유가 없는 사람들이다. 천민 가운데서도 가장 낮은 위치에 있었던 사람들이 노비였다.

㉑ 노비는 크게 공노비(관노비, 관청 소속)와 사노비(개인, 절 소유)로 나눈다. 공노비는 60세가 되면 역을 면제받고, 자유인이 되었다. 그리고 관청이든 개인이든 직접 거느리고 있는 노비를 솔거노비라고 하며, 떨어져 살지만, 노비로서의 의무만은 충실히 해야 하는 외거노비가 있었다.

㉒ 솔거率居노비는 주인집에 거주하면서 가내 노동이나 경작을 하던 노비이고, 외거外居노비는 주인과 따로 떨어져 생활하면서 몸값 갚아야 했던 노비이다.

㉓ 노비는 매매(사고팔고), 상속(물려 줌), 증여(선물)의 대상이었다. 그러나 천민이지만 화척·재인·진척은 매매, 상속, 증여의 대상이 아니다. 노비는 관직(벼슬길)에 나아가거나, 승려가 될 수 없었다.

㉔ 일천즉천一賤則賤은 부모 중에서 한쪽―이 노비이면賤. 천할 천 곧則. 곧 즉 그 자손(식)도 노비가 된다는 노비제도의 원칙(기준)을 말한다.

㉕ 독립된 경제생활을 하면서, 소속관청이나 주인에게 몸값身貢. 신공

으로 일정한 물질을 갚아야 하는 외거노비 가운데서 재산을 축적하여 양민(평민)으로 신분상승을 하는 경우도 있었다.

181 무신정변武臣政變

① 군사 무, 신하 신, 정사 정, 변할 변.

② 무신武臣들의 쿠데타에 의한 갑작스러운 정권政權 변동變動이다.

③ 정변은 갑작스러운 정치적政治的 변화變化, 정권이나 정치 상황이 갑자기 바뀜을 의미한다.

④ 혁명, 쿠데타 등에 의해서 일어난 정치상의 변화 또는 정권이 갑자기 바뀌는 현상을 말한다. 정권政權, 정치권력의 변동變動.바뀜을 말한다.

⑤ 무신정변은 소수의 문벌귀족들이 정치권력과 경제적인 부富를 독점하는 모순과 문신들에 의한 차별 대우(숭문천무) 등에 불만을 품은 정중부 등의 무신들이, 쿠데타를 일으켜 문신들을 제거하고 정권을 잡은 사건을 말한다. 무신은 3품까지 밖에 오를 수 없었다.

⑥ 쿠데타는 무력武力 등 비합법적 수단으로 권력을 탈취하는 행위를 말하는데, 체제 내의 권력자의 교체가 목적이다. 군대나 경찰 등의 무장집단 등에 의해 은밀하게 계획되는 경우가 많다.

⑦ 모순矛盾은 어떤 사실의 앞뒤, 또는 두 사실이 이치상(논리적으로) 서로 맞지 않음을 의미한다.

⑧ 무신정변으로 무신들이 권력을 장하고 100년 동안 고려사회를 지배하였다. 고려의 474년 역사^{918~1392} 가운데서 1/5 이상에 해당하는 100년 동안의 고려사회의 실질적인 통치자는 무신이었다.

⑨ 무신정변¹¹⁷⁰으로 문벌중심(문신)의 귀족사회는 붕괴되었다.

⑩ 무신정변을 기준으로 고려는 전기와 후기로 나뉜다.

⑪ 우리나라의 역사에서 대표적인 정변이, 고려시대의 무신정변과 조선시대의 갑신정변¹⁸⁸⁴이다.

⑫ 갑신정변은 김옥균 등의 급진개화파들이, 민씨 정권의 소극적 개화정책 등에 불만을 갖고 일으킨 정변이다.

⑬ 무신정권은 이의방을 시작으로 정중부 → 경대승 → 이의민 → 최충헌(→ 최우 → 최항 → 최의) → 김준 → 임연, 임유무까지 계속되었다.

⑭ 원과 결탁한 왕과 문신세력이 무신정권을 종결지었다.

⑮ 왕의 개경환도 명령을 거부한, 삼별초를 중심으로 한 무신세력은 강화도, 진도, 제주도로 옮겨가며 싸웠지만 실패했다.

⑯ 이자겸의 난¹¹²⁶은 문벌귀족들끼리의 권력 다툼이었다.

⑰ 문벌귀족의 대표적인 세력인, 이자겸과 김부식을 둘러싼, 개경에 근거를 둔 문벌귀족들끼리의 권력 싸움이 이자겸의 난이었다. 문벌귀족사회 내부분열로 일어났다.

⑱ 이자겸과 김부식의 싸움에서 김부식이 승리했다.

⑲ 묘청의 난_{묘청의 서경천도운동, 1135}은, 김부식을 중심으로 한 개경파 귀

족들과 묘청을 중심으로 한 서경파 귀족들끼리의 주도권(권력) 다툼이다.

⑳ 묘청과 김부식의 싸움에서 김부식은 또 승리했다.

㉑ 김부식의 교만은 하늘을 찔렀다. 싸움에서의 승리는 권력과 경제권의 독식獨食. 혼자 다 차지함과 독점獨占. 독차지을 의미했다.

㉒ 무신정변은 김부식을 중심으로 한 문벌귀족과 그들의 권력, 경제력 독차지로 여러 면에서의 차별과 소외에 불만을 가진 무신세력이 맞서면서 발생한 것이다.

㉓ 문벌귀족과 무신의 주도권 다툼인, 무신정변에서 무신이 승리하면서 문벌귀족세력은 붕괴하기 시작했다.

㉔ 무신정변으로 권력의 바통이 문벌귀족에서 무신에게로 넘어간 것 이다[1170]. 무신정변으로 무신들이 권력을 장악하고 있던 시기를 무신집권기라고 하는데, 그 기간이 1170~1270까지로 100년 동안이다.

㉕ 신라는 진골귀족중심사회, 고려는 문벌귀족중심사회, 조선은 양반관료중심사회였다.

㉖ 무신정권시기에 최대권력기구로는 중방, 교정도감, 정방 등이 있었다. 무신정변 이후 수립된 무신정권 시기에 고려에는 패관문학이 발달하였다. 패관稗官. 자잘할 패. 관리 관은 민간에 떠도는 이야기를 모아서 기록하던 관리이다.

㉗ 패관문학은 후에 소설 발달의 토대가 되었다. 이규보의 백운소설 등이 있다.

㉘ 패관문학은 패관이 민간에서 모아온 이야기를, 색을 덧입혀 엮어 만든 문학이다. 패관稗官은 민간의 풍속이나 정사政事를 살피기 위해 가담항설街談巷說. 뜬소문을 모아 기록하는 일을 하던 벼슬아치이다.

㉙ 무신집권기에도 왕은 있었지만 국가의 중요한 의사가 정중부 등과 같은 무신집권자들에 의해 결정되었기 때문에 왕은 허수아비와 같은 존재였다.

182 최충헌과 교정도감敎定都監

① 가르칠 교, 바로잡을 정, 모두 도, 감시할 감.

② 국가의 모든都 백성과 관리를 감시하면서監, 잘못된 것을 가르쳐敎 바로 잡는定 역할을 하던, 최씨 무신정권의 권력기구(관청)를 교정도감敎定都監이라고 한다.

③ 도감都監은 관청이다. 고려·조선시대에, 나라의 일이 있을 때 임시로 설치하던 관아(관청)이다.

④ 교정도감은 고려 무신 집권기에 최충헌이 설치한 최고 권력 기구로, 반대세력 제거를 위한 감찰·인사人事·세금징수 징세 ·재판 등 국정을 총괄하였다.

⑤ 교정도감의 최고 우두머리를 '교정별감敎定別監'이라고 한다.

⑥ 교정별감의 직위는 최충헌, 최우, 최항, 최의로 이어졌다.

⑦ 교정별감의 지위에 오른 최씨 무신 권력자들은 독자적인 권력행

사가 가능해짐에 따라 국왕의 폐립廢立, 폐위와 옹립도 마음대로 결정할 정도가 되었다.

⑧ 교정도감은 서방, 정방과 함께 최씨 무신정권의 정치적 기반 역할을 하였다.

⑨ 인사권人事權은 인사(관리나 직원의 임용, 해임, 평가 따위와 관계되는 행정적 일을 다루는) 권한을 말한다. 대한민국 최고의 인사권을 가진 사람은 대통령이다.

⑩ 폐립廢立은 임금을 폐하고(쫓아내고), 새로 다른 임금을 맞아 세우는 것을 말한다.

⑩ 최씨정권(최충헌~최의)의 군사적 기반은 도방과 삼별초였다.

⑪ 도방都房은 경대승 때 설치한 사병(용병) 집단이다. 도방은 무인정권의 호위 및 집권체제 강화와 안전을 위해 존재했다. 최충헌 때 그 기능이 확대되었다. 그러나 도방은 무신정권의 몰락과 함께 해체되었다.

⑫ 무신의 가장 큰 라이벌은 또 다른 무신이었다. 그들은 늘 암살의 위협에 노출되어 있었고, 그것을 미리 예방하기 위해 자신의 신변을 지켜주는 사병이 절실히 필요했다. 무신 집권기에 사병은 집권자의 신변호위와 그의 집권 체제에 대한 무력적(군사적) 뒷받침에 그 존재 이유가 있었다.

⑬ 삼별초는 전투와 치안(경찰)의 임무를 띤 국가의 공적인 군사 집단이었지만, 무신 집권자의 사병 기능도 하였다.

⑭ 정방政房은 최우가 국가의 최고 인사권을 장악하기 위해서 설치

한 것이다. 최우는 자기의 집에 교정도감과는 별도로 정방을 두어 문무백관의 인사행정을 마음대로 하면서 권력을 휘둘렀다. 이로써 국왕은 허수아비와 같은 존재가 되고 말았다. 백관百官은 모든 관리를 말한다.

⑮ 서방書房은 최우가 문신들의 정치적 자문을 받기 위해 설치한 기관이다.

⑯ 교정도감, 도방, 정방, 서방, 삼별초는 최씨 무신정권의 권력유지의 기반이라고 할 수 있다. 이를 통해 권력을 장악하고 정권을 유지하였던 것이다.

183 삼별초三別抄

① 석 삼, 특별할 별, 뽑을 초.

② 별초別抄란 치안과 국방을 목적으로 특별特別히 선발한抄 군사조직이라는 뜻이다.

③ 치안을 목적으로 한 야별초를 좌별초, 우별초로 나뉘었고 몽골군과의 전투과정에서 포로가 되었다가 탈출한 군인들로 구성된 신의별초까지 합쳐서 삼별초라고 부른다.

④ 삼별초는 공적인 성격을 띤 군대였으나, 무신정권의 사병 역할을 하였다. 따라서 임유무를 끝으로 무신정권이 몰락하면서 원종이 개경 환도還都. 강화도에서 개경으로 수도를 옮김. 되돌아 길 명령을 내리자, 삼별초는 환도는 원에 항복하는 것이라 하여 환도를 거부했다. 이에

원종은 삼별초의 해산을 명령했다.

⑤ 삼별초가 해산되자, 지도자 배중손을 중심으로 근거지를 강화도에서 진도로, 진도에서 제주도로 옮겨가며 고려와 몽골의 연합군에 맞섰지만 진압되고 말았다[1273].

⑥ 삼별초의 항쟁[1270~1273]이 실패하면서 사실상 고려의 몽골에 대한 싸움도 끝났다. 이때부터 고려는 몽골(원)의 통치권 아래 들어가 대략 1270~1370년까지 100년 동안이나 원나라의 직·간접적인 내정간섭을 받게 되었다. 내정간섭內政干涉은 다른 나라의 정치에 간섭하거나 또는 강압적으로 그 주권主權을 속박·침해하는 일을 말한다.

⑦ 고려가 100년 동안이나 원의 간섭을 받던 시기에, 원을 등에 업고(배경으로) 성장한 세력이 권문세족이다. 이들은 대체로 친원적인 성향을 띤 정치집단이었다.

⑧ 원의 간섭기에는 친원파(권문세족)가, 일제 강점기에는 이완용과 같은 친일파가 있었다.

184 만연·갈등·농민과 천민의 봉기蜂起

① 만연蔓延. 덩굴 만, 뻗을 연은 식물 덩굴처럼 널리 뻗어(퍼져) 있음을 의미한다. 무신정권 아래서, 지배층에 대한 백성들의 불신풍조(그 방향으로 기울어 짐)가 만연(가득)하였다. 믿지 않으면 따르지 않는 것이 자연과 세상의 이치이다.

② 갈등葛藤. 칡 갈, 등나무 등은 칡이나 등나무 덩굴처럼 뒤엉켜서 풀기 어려운 상태를 말한다. 이해利害. 이익과 손해 관계 때문에 고려시대에는 문벌귀족 간의 갈등, 개경세력과 서경세력 간의 갈등, 문신과 무신의 갈등, 무신 간의 갈등, 지배층과 피지배층의 갈등의 과정에서 이자겸의 난, 묘청의 서경천도운동, 무신정변, 농민과 천민의 항쟁 등이 발생하였다.

③ 봉기蜂起. 벌 봉, 일어날 기는 벌떼처럼 일어나다는 뜻이다. 무신정권 아래서 무신집권자들의 각종 수탈과 착취로 고통받던 하층민(농민·천민 등)들이 전국적으로 벌떼처럼 들고일어나 무신집권 세력과 맞서 싸웠다.

④ 따라서 여기서 봉기蜂起는, 저항 또는 항쟁(항전, 맞서 싸움)을 의미한다.

⑤ 김사미와 효심과 같은 농민들이나, 망이·망소이와 같은 향·소·부곡의 백성들, 최충헌의 노비였던 만적 등의 저항은 하층민에 대한 지배층의 수탈과 착취를 없애라는 것과 신분을 상승(노비해방)시키라는 것이 요구의 핵심이었다.

185 강동 6주, 귀주대첩, 천리장성

① 고려의 기본적인 대외정책은, 북진北進과 친송親宋이었다.
고려는 고구려를 계승한 나라였다. 고구려의 계승은 고구려의 영토 회복의 의미도 있었다. 또한 태조 왕건은 훈요10조(일종의 고

려왕실의 가훈)에서 유언으로 거란과 같은 야만의 나라와 교통하지마라 하였기에, 고려의 기본적인 대외정책은 북진北進. 북쪽으로 진출할 수밖에 없었다.

그리고 고려는 경제·문화적으로 송나라와의 친교가 필요한 나라였다. 이러한 고려의 북진과 친송, 거란 배격정책은 거란의 침입을 초래하였다.

② 강동江東 6주六州 : 강 강, 동쪽 동, 여섯 육, 고을 주.

③ 강동江東 6주六州는 압록강鴨綠江 동쪽東의 여섯六 개의 고을州로, 흥화진·용주·철주·통주·곽주·귀주이다.

④ 서희는 거란의 장수 소손녕과 외교담판으로 강동 6주를 획득하였다. 서희의 성공적인 외교담판은 거란의 사정을 정확히 꿰뚫고 있기에 가능했던 일이다. 거란의 국가 목표는 고려 침략이 아니라, 중원(송) 진출이었다. 그러기 위해서 고려와의 친교가 절실했다. 거란의 입장은 고려의 군대를 최소한 한반도에 묶어야 했다. 거란의 고려 침략은 최선의 대외전략이 아니라 최악의 선택이었다.

고려의 친송, 북진, 거란에 대한 강경책은 거란이 최악의 선택을 할 수밖에 없게 하였다.

송나라로 진출하려는 거란의 입장에서 보면, 고려는 등 뒤에 있는 나라였다. 송이든 거란이든 고려와 친교는 불가피한 선택이었다. 송은 고려를 통해 중원으로 진출하려는 거란을 견제하고자 했다. 즉 송나라도 고려가 정치·군사적으로 절박한 나라였던 것이다.

⑤ 거란은 고려에 3차례 침략했지만, 특별히 얻은 것 없이 오히려 귀주에서 강감찬이 이끄는 고려군에게 크게 패함으로써(귀주대첩) 국력이 크게 쇠퇴하였다.

⑥ 대첩大捷. 큰 대, 이길 첩은 크게 이겼다는 뜻이다.

⑦ 고려가 거란의 침입을 물리치면서 고려·거란·송나라 사이에 세력의 균형이 이루어져 한동안 평화가 지속될 수 있었다.

⑧ 나성羅城. 늘어설 나, 성 성은 외성外城, 즉 수도(도읍)를 빙 둘러서 쌓은 성이다. 수도의 외곽에 쌓은 성이 내성內城 밖에 겹으로 쌓은 성이 나성이다.

⑨ 내성內城은 안쪽에 있는 성, 이중(두 겹)으로 쌓은 성에서 안쪽에 있는 성을 말한다.

⑩ 강감찬의 건의에 따라서 개경 주위에 나성羅城을 축조(쌓아)하여, 거란족과 여진족의 침입에 대비하였다.

⑪ 고려의 천리장성千里長城은 강감찬의 건의로, 거란족, 여진족의 침입에 대비하여 압록강 입구~동해안의 도련포까지 쌓았다.

⑫ 한편, 고려는 거란의 침입에 대비하여 정종 때 '광군光軍'을 두기도 했다. 광군光軍은 기운 센光 군사軍士, 기세등등한光 군대軍隊라는 의미이다. 광군의 일을 맡은 관청을 광군사光軍司라고 한다.

186 윤관, 별무반別武班과 동북 9성

① 동북東北 9성九城은 한반도 동북쪽에 쌓은 9개의 성城이라는 의미이다.

② 윤관은 별무반을 동원하여 함경도 일대의 여진족을 토벌하고, 그 일대에 9개의 성을 쌓고 고려의 영토로 삼았다.

③ 동북 9성은 천리장성 건너편에 있었다. 정확한 위치는 아직 제대로 밝혀져 있지 않다.

④ 별무반別武班 : 특별할 별, 군인 무, 나눌 반.

⑤ 여진족 토벌이라는, 특별한特別 임무를 띤 군인武을, 세 개의 부대로 나누어班 편성한 군대가 별무반別武班이다.

⑥ 특별特別히 무예武藝에 뛰어난 군인을 기병, 보병, 승병의 세 개 부대로 나누어班 조직 편성한 군대라는 의미이다. 승병은 항마군降魔軍이라고도 하는데, 마귀魔鬼도 항복降伏시킬 수 있는 군대軍隊라는 의미이다. 윤관은 여진족 토벌을 목적으로 기병騎兵 중심의 별무반을 편성하였다.

⑦ 그 후에 세력이 강해진 여진족들은 '금金'을 세우고 거란을 멸망시킨 뒤 고려에 사대事大관계를 요구하였다.

⑧ 사대事大. 섬길 사는 큰大 것을 섬김事, 세력이 약한 나라가 세력이 강한 나라大를, 형·부모·임금君으로 섬기는事 것을 말한다.

⑨ 당시 집권자였던 이자겸, 김부식은 자신의 권력을 유지하기 위해, 금(여진)의 사대 요구를 받아들였고, 그로써 고려가 건국 초

부터 추진해왔던 북진정책이 일시적으로 중단되었다. 이러한 개경파 귀족들의 사대정책에 불만을 갖고 묘청 등의 서경파 귀족들은 서경천도운동을 전개하면서, 금을 정벌하자고 주장하였지만 실천에 옮겨지지는 못했다.

⑩ 묘청 등의 서경 출신 신진세력들은 풍수지리설을 정치적으로 이용하여, 개경의 지덕地德.땅의 기운이 약해지고 서경(평양)의 지덕이 왕성하니 도읍(수도)를 서경으로 옮기면 국가와 왕실이 더욱 번성하고 발전할 것이라고 주장하였다. 이를 묘청의 서경천도론이라고 한다.

⑪ 묘청의 서경천도 운동은 김부식 등의 개경파 문벌귀족들과 묘청, 정지상 등의 서경파 신진세력 간의 권력 다툼이었고, 이 싸움에서 김부식 등의 개경파 문벌귀족들이 승리하였다.

⑫ 일제 강점기의 역사학자였던 단재 신채호는, 묘청의 서경천도운동을 '조선 역사에서 가장 큰 사건'이라고 높이 평가하였다.

⑬ 예종은 여진의 반환 요구와 잦은 공격으로 방어가 곤란하자, 고려는 동북 9성을 여진에 반환하였다[1109].

⑭ 숙신·읍루·물길 → 말갈족 → 여진족(금) → 만주족(후금 → 청)

① 여덟 팔, 일만 만, 큰 대, 간직할 장, 경전 경.

② 팔만대장경은 경판經板 수가 팔만八萬 장 이상이나 되는 대장경大
藏經이라는 의미이다.

고려대장경은 고려 때 외침을 막고자 간행한 불경이다. 고려대장
경에는 거란의 침입을 불력佛力. 부처의 능력. 힘으로 물리치기 위해서
만든 초조대장경과 이를 보완한 속장경, 그리고 몽골의 침입을
물리치기 위해서 만든 팔만대장경이 있다.

팔만대장경의 총 경판 수는 완성1251 당시에 81,137장이었으나,
현재 해인사에 보존되어 있는 대장경판은 조선시대에 다시 새긴
것까지 합하여 총 81,258장이나 된다.

③ 경판經板은 나무나 금속에 불경을 새긴 판을 말한다.

④ 대장경大藏經은 불경을 집대성한 것, 부처의 가르침(말씀)이 담긴
경전을 모두 모아서 하나로 합친 것을 말한다. 부처의 말씀(가르
침)을 체계적으로 정리한 것을 말한다. 불교경전을 종합적으로
모은 것을 대장경이라고 한다.

⑤ 집대성集大成은 여러 가지를 모아서 하나를 이루는 것을 말한다.

⑥ 팔만대장경은 몽골의 침입으로 고통받던 민심을 수습하고, 부처의
힘(능력)으로 몽골의 침입을 물리치고자 하는 뜻으로 제작했다.

⑦ 이런 의미에서 볼 때, 팔만대장경의 제작은 불교의 호국적 성격
과 연결되어 있다고 할 수 있다.

⑧ 불교의 호국적 성격은 국가가 어렵고 위기에 놓여 있을 때, 극복의 정신적인 힘이 되었다.

⑨ 초조대장경의 조판^{組版}이 거란족 격퇴의 원동력이 되었다고 여기고, 몽골의 침입을 팔만대장경의 조판으로 물리치고자 했던 것이다. 대장경의 조판은 백성들의 단결력을 강화하였고, 그것은 거란이나 몽골과 같은 외적의 침입을 격퇴하는데 큰 힘이 되었을 것이다.

⑩ 호국불교^{護國佛敎}는 나라를 지키고 보호하는데 목적과 가치를 둔 불교를 말하는데, 우리나라의 불교는 호국적인 성격이 강하다. 신라의 황룡사 9층 목탑이나 임진왜란 때 휴정 등의 승병들이 왜군과 맞서 싸운 것이 그것이다.

⑪ 고려시대에는 3차례에 걸쳐 대장경의 조판^{組版. 나무 등에 글자를 새김}이 이루어졌다. 초조대장경, 속장경, 팔만대장경이 그것이다.

⑫ 초조대장경(현종~문종) → 속장경(문종) → 팔만대장경(고종)

⑬ 몽골의 침입으로, 대구 팔공산 부인사에 있던 초조대장경·속장경 대부분이 소실^{燒失. 불에 타서 없어짐}되었다. 이때 황룡사 9층 목탑도 소실되었다.

188 무구정광대다라니경^{無垢淨光大陀羅尼經}

① '무구정광 ^{無垢淨光}'이란 한없이 맑고 깨끗하며 영롱한 빛이라는 뜻이고, '다라니경^{陀羅尼經}'이란 부처의 말씀을 적은 경전이라는

뜻이다.

② 8세기 중엽에 간행된 목판 인쇄본(책)으로서, 불국사의 석가탑 안에서 발견되었다. 무구정광대다라니경은 우리나라에서 세계적으로 가장 오래된 목판 인쇄물이 제작되었음을 알 수 있다.

③ 무구정과대다라니경은 통일신라가 세계적으로 앞서 가는 인쇄기술을 갖고 있었음을 엿볼 수 있다.

④ 이러한 목판 인쇄술을 계승하고 발전시킨 것이 고려대장경의 조판이다. 초조대장경, 속장경, 팔만대장경의 조판은 고려의 목판 인쇄술의 수준을 짐작하게 한다.

189 상정고금예문詳定古今禮文, 직지심경

① 상정고금예문詳定古今禮文은 고려 인종 때, 최윤의가 왕의 명령으로 고금古今의 예법禮法에 관한 문장文章을 상세詳細하게 조사하여 결정決定하고 편집한 책이라는 뜻이다.

② 고금古今은 옛날과 지금(그 당시), 예법禮法은 예로써 지켜야 할 규범(기준)을 말한다.

③ 이규보가 엮은 동국이상국집東國李相國集에 이 책을 1234년에 금속활자로 찍어냈다는 기록이 있지만, 지금은 전하지 않는다.

④ 따라서 이 책은 세계 최초의 금속활자본으로 추정은 되지만, 인정은 받지 못하고 있다.

⑤ 금속활자본이란 금속활자로 찍어 낸 책本이라는 뜻이다.

⑥ 동국이상국집東國李相國集은 상국相國을 지낸 이규보李가 지은 문집
文集이다.

⑦ 상국相國은 정승, 재상(오늘날 국무총리 정도)을 말한다.

⑧ 문집文集은 시나 문장을 모아 엮은 책을 말한다.

⑨ 서양에서 최초로 금속활자를 만든 것이, 독일의 구텐베르크가
만든 금속활자로 15세기 중반이다. 그러나 우리나라는 그보다
200여 년 빠른 1234년에 금속활자로 책을 찍어 냈던 것이다. 그
렇지만 현재 전하고 있지 않아 안타깝다.

⑩ 직지심체요절은 청주의 흥덕사에서 1377년에 금속활자로 찍은
책이다. 이 책은 프랑스 파리 국립도서관에 소장되어 있는데, 구
텐베르크의 금속활자보다 70여 년 앞선다.

⑪ 고려시대에 대규모 인쇄는 주로 정부나 절(사찰)을 중심으로 했다.

⑫ 우리나라는 통일신라의 무구정광대다라니경이나, 고려의 초조대
장경, 속장경, 팔만대장경 등을 통해서 볼 때 목판인쇄술이 매우
발달했음을 알 수 있다.

⑬ 또한 상정고금예문이나, 직지심체요절 등으로 목판인쇄술 못지
않게 금속활자를 이용한 인쇄술도 세계적으로 앞섰음을 짐작할
수 있다. 활판 인쇄에서 사용하는 글자판을 활자活字라고 한다.
목판인쇄는 한 번 새기면 그 내용을 고치기 어렵지만, 활자活字
는 말 그대로 하면 '살아있는活. 살 활 글자字' 즉, '고정되어 있지 않
은 글자, 변경이 가능한 글자'라는 의미라고 할 수 있다. 활자는
글자를 한 자 한 자 따로 만들어 두고, 책을 인쇄해야 할 때 판

(활판)을 짠 다음에, 필요한 글자를 찾아서 판에 끼워 넣어 찍으면 된다. 활자의 재료는 나무, 흙, 금속 등이 있었지만 주로 금속(구리 등)으로 활자를 많이 만들었다.

우리나라에서는 금속활자가 많이 사용되었다. 조선시대 활자의 이름은 대체로 활자가 만들어진 연도의 간지를 따서 사용하였다. 태종 때 계미년에 만들어진 활자는 계미자이고, 세종 때 갑인년에 만들어진 활자는 갑인자이다. 갑인자는 모양이 좋아서 많이 사용되었다고 한다.

⑭ 통일신라, 고려시대의 인쇄술 발달은 불교 경전의 보급과 깊은 연관성이 있다.

⑮ 인쇄술의 발달은 화약, 나침반 등과 함께 인류의 삶을 획기적으로 전환시키는데 크게 기여하였다.

⑯ 직지直指는 가장 간략한 책, 심체心體는 핵심, 요절要節은 문장에서 요긴한 한마디라는 의미이다.

⑰ 직지심체요절은 백운화상이 석가모니의 직지인심견성성불直指人心見性成佛의 뜻을 그 중요한 대목(핵심)만 뽑아 해설한 책이다. 따라서 직지심체요절은 세계에서 가장 오래된, 금속 활자로 인쇄된 책이며, 백운화상이 선禪의 요체(핵심)를 깨닫는데에 필요한 내용을 뽑아 1377년에 펴낸 불교 서적이다. 하권 1책(총 38장)만이 프랑스 국립도서관에 전하고 있다.

190 동국東國 · 대동大東 · 청구靑丘 · 해동海東 = 우리나라

191 동국東國 ~

① 동쪽 동, 나라 국.

② 중국의 동쪽東에 있는 나라國. 예전에 우리나라.

③ 동국병감東國兵鑑은 우리나라東國와 중국 사이의 전쟁을兵 보기 쉽게鑑 연대순으로 쓴 책이다. 조선 문종 때에는 김종서의 주도 아래 고조선에서 고려 말에 이르는 전쟁사를 정리한 책 이다.

④ 동국사략東國史略은 단군~고려 말까지의 우리나라東國 역사歷史를 간략簡略. 간추린하게 쓴 책이다.

⑤ 동국정운東國正韻은 조선 세종 때 편찬된 우리나라의 음운에 관한 책이다. 중국의 운서가 아닌, 우리나라東國의 표준적인正 운서韻書라는 뜻이다.

⑥ 동국통보東國通寶는 우리나라(고려. 동국)에서 통용通用되던 보배로운寶 돈이라는 의미이다.

⑦ 동국문헌비고東國文獻備考는 우리나라東國. 고대사회~조선까지의 문헌文獻. 모든 제도와 문물 가운데서 국가를 다스리는데 참고가 될 만한 것을備考. 備考 16개 분야로 분류하여 연대 순서로 정리한 백과사전이다. 증보문헌비고는 동국문헌비고를 증보增補. 보충. 보완한 것이다.

⑧ 동국여지승람東國輿地勝覽 : 전국 각 지역輿地의 명승名勝을 직접보고覽 기록한 책.

⑨ 동국이상국집東國李相國集은 상국相國을 지낸 이李규보가 지은 문집文集이다.

⑩ 동국중보東國重寶는 고려시대(동국)에, 통용通用되던 매우重 보배로운寶 돈이라는 의미이다.

⑪ 동국지도東國地圖는 세조 때 만들어진 것과 영조 때 정상기가 만든 것이 있다. 축척과 방위가 매우 정확하여, 김정호가 지도를 제작할 때 중요한 자료로 삼았다고 한다. 우리나라 지도로는 최초로 백리척百里尺을 이용하여 축척을 나타내고 지도상의 거리를 측정할 수 있게 하였으며, 그로써 한반도의 윤곽이 정확히 드러나는 지도를 제작할 수 있게 되었다.

백리척百里尺이란 '1백 리里를 1척尺'으로 나타내는 축척 표기법이다. 정상기는 '동국지도'에서 최초로 백리척을 이용하여 지도 제작의 과학화에 이바지하였다. 이후 정상기의 백리척 은 조선의 지도제작에 자주 사용되었으며, 김정호의 청구도, 대동여지도에도 이용되었다.

⑫ 동국문감東國文鑑은 역대 우리의 시문詩文을 엮어서, 그 본보기鑑를 보게 한 책이다.

⑬ 신증동국여지승람新增東國輿地勝覽은 동국여지승람을 새로新 증보增補. 보충. 보완한 것이다.

192 상감청자象嵌靑瓷

① 모양 상, 새겨 넣을 감, 푸를 청, 사기그릇 자.

② 상감象嵌은 '모양象을 새겨 넣는다嵌'는 뜻이다.

③ 상감청자象嵌靑瓷는 상감기법으로 만든 청자를 말한다.

④ 청자靑瓷는 푸른靑 빛깔을 띤 자기瓷器, 푸른빛 나는 자기라는 뜻이다. 청자의 푸른빛을 흔히 비취색이라고 한다.

⑤ 고려시대에 상감기법은 청자, 나전칠기, 은입사 공예에 적용되었다.

⑥ 상감기법은 금속·도자기·나무 등의 표면에 음각을 하고, 그안에 금·은·보석·자개·뼈·뿔·흙 등을 넣어서 문양을 만드는 장식기법이다. 우리나라에서는 상감청자와 나전칠기가 대표적이다. 문양文樣은 무늬, 무늬의 생김새(모양)를 말한다.

⑦ 고려는 신라의 전통자기기술과 송의 자기기술을 받아들여, 고려만의 독특한 자기인, 고려청자를 만들었다.

⑧ 고려청자는 순수청자11세기에서 상감청자12세기로 발전했다.

⑨ 청자의 소비는 주로 왕실과 귀족, 사원이 중심으로 이루어졌다.

⑩ 따라서 청자는 조선의 백자와는 달리 귀족적이고 사치적인 성향을 띤다.

⑪ 청자의 주된 생산지는 흙이 많이 나고 연료가 풍부한 전라도 강진과 부안이 대표적인 곳이다.

⑫ 자기의 명칭은 빛깔 또는 재질·기법·무늬의 종류·그릇 모양 등을 기준으로 만든다.

⑬ 청자상감국화모란문과형병靑瓷象嵌牡丹菊花文瓜形瓶은 상감기법으로, 국화와 모란 무늬文를 넣은, 참외瓜 과 모양形의 병瓶으로서 푸른 빛靑이 나는 자기磁器라는 뜻이다.

193 기철, 권문세족權門勢族

① 권력 권, 집안 문, 세력 세, 무리 족.

② 권력勸力이 있는 가문家門과 세력勢力을 가진 무리族를, 권문세족權門勢族 또는 권문세가權門勢家이라고 한다.

③ 고려 후기 무신정권이 무너지고, 고려가 원의 영향력 아래 놓이면서1270~1370, 원나라를 등에 업고(배경으로) 고려 사회를 지배했던 집안이나 무리들을 주로 말한다.

④ 권문세족은 무신정권 이후 고려사회의 새로운 지배세력으로 대두擡頭. 새롭게 나타남하였다.

⑤ 이들은 부원배附元輩, 즉 원元에 빌붙어附 개인의 출세를 꾀하였던 친원파무리. 輩들로 통역관(역관), 직업군인, 환관(내시) 출신이 많았다.

⑥ 이들은 막강한 지위와 특권을 갖고 합법·불법적인 방법으로 토지를 소유하거나 빼앗아(토지 겸병), 대농장을 형성하였다.

⑦ 그 과정에서 농민들은 몰락해 갔고, 국가의 재정수입과 군역(국방의무)의 기반이 약화되어 고려는 쇠락의 길을 급속히 걷게 되었다.

⑧ 겸병兼倂은 둘 이상의 것을 하나로 합쳐서 가지는 것을 말한다.

⑨ 국가재정과 국방의 가장 큰 역할을 농민의 몰락은 국가 수입 감소와 국방력 약화로 이어지고, 그것은 국가의 붕괴로 이어지는 것은 명확한 이치이다.

⑩ 이에 충선왕, 충목왕, 공민왕은 노비로 전락한 농민들을 원래의 농민신분으로 돌려놓고, 권문세족들에게 빼앗긴 농토를 농민들에게 되찾아 주는 개혁을 추진하였으나, 번번이 권문세족들의 반발에 부딪혀 실패하고 말았다. 이러한 개혁의 실패는 고려의 멸망을 의미하는 것이었다.

⑪ 개혁의 실패에는 여러 원인이 있지만, 가장 큰 원인은 원의 내정간섭과 원을 배경으로 권문세족들이 반발했기 때문이다. 내정간섭內政干涉은 다른 나라의 정치에 간섭하거나 또는 강압적으로 그 주권主權을 속박하거나 침해하는 일을 말한다.

⑫ 고려는 무신정권이 끝나고 개경 환도가 이루어진 1270년부터 원나라의 수도인 연경(베이징)이 명나라에게 함락될1370 무렵까지 약 100년간 원나라의 영향권 아래에 있어야 했다.

⑬ 이 시기에 고려의 왕의 시호에는 대부분 '충忠'이 들어갔다.
고려의 왕이 원나라와 원의 왕에게 충성하라는 것이다. 충렬왕, 충선왕, 충숙왕, 충혜왕, 충정왕 등이 그것이다.

⑭ 권문세족들은 원나라 왕이나 왕실, 귀족들과 친하게 지내며 고려 사회에서 권세를 누리며 원에 득이 되는 행위를 하였던 사람들이라고 할 수 있다.

⑮ 원의 간섭을 받던 시기에, 고려사회에는 몽고蒙古. 몽골의 생활풍습
風習인 몽고풍蒙古風이 유행하였다. 고려가 몽고의 영향을 받으면
서, 고려의 상류층에 주로 유행하였던 몽고식 풍습을 말한다. 족
두리·은장도·몽고말(수라, 벼슬아치)·소주, 연지곤지·만두·호
떡·변발 등 그것이다.

⑯ 반면에, 고려에서 몽고에 끌려간 공녀들이나 고려와 몽고 사이에
인적·물적 교류의 과정에서 몽고에 유행했던 고려高麗의 생활양
식生活樣式을 고려양高麗樣이라고 한다.

⑰ 공녀貢女. 바칠 공. 계집 녀는 고려나 조선시대에 원나라나 명나라 등에
바치던 여자를 말한다.

⑱ 고려 말 공녀로 끌려가서 원나라의 궁녀에서 원나라 11대 마지막
임금 순제토곤 테무르. 1370의 제2황후 자리까지 올랐던 여자가 기황
후이다. 기황후의 친오빠가 기철이다. 기철과 권겸 등은 대표적
인 권문세족이다.

194 일본원정, 정동행성征東行省

① 칠 정, 동녘 동, 다닐 행, 살필 성.

② 일본東을 정벌征伐할 목적으로 원나라가 고려의 개성에 설치한 관
청행성. 行省이다. 정동행중서성의 준말이다.

③ 행성은 행중서성行中書省. 원나라 때의 지방관청의 준말이다.

④ 원은 일본 원정에 필요한 준비를 목적으로 정동행성을 고려에 설

치했다.

⑤ 고려가 몽고에 굴복한 후 최초로 받은 시련이 원의 일본 정벌에 동원된 일이었다. 1271년 몽고의 세조 쿠빌라이(칭기즈칸의 손자)는 나라 이름을 '원元'이라하고 두 차례1274, 1281에 걸쳐 일본 원정에 필요한 군사 동원, 군량 공급, 군선 건조를 강요하였다.

⑥ 또한 원은 일본 원정에 필요한 말을 공급할 목적으로 제주도에 탐라총관부를 설치하고 목마장을 두어 관리하였다. 오늘날 제주도에 말이 유명한 것은 원의 일본 원정과 관련이 있다.

⑦ 두 차례에 걸친 일본 원정은 태풍과 일본군의 거센 저항으로 실패하였다. 물론 일본 원정의 실패로 가장 큰 피해를 입은 나라는 원이나 일본보다 고려였다.

⑧ 일본은 태풍이 나라와 자신들을 지켜 주었다며, 이 바람을 '신풍神風, 가미카제'이라고 부른다. 신神이 일으킨 바람풍, 風이라는 뜻이다. 제2차 세계대전 때, 연합군 함대를 비행기로 공격했던 일본군의 자살 특공대는 여기에서 따온 명칭이다.

⑨ 일본 원정이 실패로 끝난 뒤에도 정동행성은 철폐되지 않았고, 특히 그 부속 기구인 정동행성이문소는 권문세족(친원세력)들이 반원세력을 제거하고 백성들을 수탈하고 착취하는데 이용되었다.

⑩ 공민왕은 반원정책을 실시하면서 정동행성을 폐지하였다.

① 밭 전, 백성 민, 분별할 변, 바를 정, 임시 도, 관청 감.

② 권문세족들에 의해 불법으로 빼앗긴 토지田와 불법으로 노비가 된 사람民을, 분별辨·구분하여 바로잡아正 원래의 토지 주인과 원래의 신분(농민)으로 되돌려놓기 위해서 설치한 임시관청都監이 전민변정도감田民辨正都監이다.

③ 전민田民 : 토지와 백성(노비).

④ 변정辨正 : 이치를 따져서 잘못된 부분을 바로잡음.

⑤ 도감都監 : 임시 관청.

⑥ 전민변정도감은 공민왕이 승려출신의 신돈을 시켜 설치하였다.

⑦ 전민변정도감을 설치한 궁극적인 목적은, 권문세족들의 세력(경제적, 군사적 기반)을 약화시켜 왕권을 강화하기 위한 조치였다.

⑧ 권문세족들의 토지겸병으로 대농장을 형성하면서, 노비로 전락한 농민들을 원래의 농민신분으로 돌려놓고, 권문세족들에게 빼앗긴 농토를 농민들에게 되찾아 주는 개혁 추진의 중심기구가 전민변정도감이다.

⑨ 전민민정도감의 설치 및 운영에 대해, 일반백성들은 대부분 환영했다고 한다.

⑩ 그러나 공민왕의 이러한 개혁정책은 아직도 강력한 세력을 형성하고 있었던 권문세족들의 반발에 부딪쳤고, 그의 죽음과 함께 실패하고 말았다.

⑪ 권문세족 세력을 눌러야, 농민이 살고 왕도 살고 나라도 살 수 있었지만, 결과는 그렇지 못했다.

⑫ 사패賜牌. 내려줄 사, 패 패는 고려와 조선시대에 왕이 왕족이나 공신에게 토지나 노비를 하사할 때 딸려 주던 문서로서, 고려는 권문세족들에게 사패를 지급하였고, 권문세족들은 사패를 갖고 '산천山川을 경계로 삼을 정도의 광대한(넓고 큰) 농장'을 소유하였다.

⑬ 14세기 공민왕은 원의 세력이 약화된 틈을 타서, 원의 간섭에서 벗어나 고려의 자주성을 회복하고, 권문세족들의 세력을 누르고 왕권을 강화하여 쇠락해가는 고려를 다시 부흥시키고자 하였다.

⑭ 자주성을 회복하기 위해 친명배원親明排元. 명을 가까이하고 원을 배격하는 정책을 펴는 한편, 정동행성을 폐지, 몽고식 관제 폐지, 친원파 권문세족 숙청 등을 실시하였다.

⑮ 또한 왕권을 강화하기 위하여 정방을 폐지하였고, 신진사대부들을 등용시켜 개혁정책을 적극 추진하고자 하였다.

⑯ 그러나 권문세족들의 거센 반발과 개혁추진 세력이 미약하여 홍건적과 왜구 침입으로 인한 혼란 등으로 실패하고 말았다.

196 홍건적紅巾賊과 왜구倭寇

① 붉을 홍, 수건 건, 도적 적. 일본 왜, 도둑적 구.

② 홍건적紅巾賊은 붉은紅 수건巾. 천 조각으로 머리를 싸매고, 동료의 표시로 삼았던 도적賊을 말한다.

③ 홍건적은 원나라의 통치 아래서 핍박받던 한족들이 백련교라는 종교의 지도자 한산동을 중심으로, 원나라의 억압된 통치에 저항했던 무리들이다. 이들은 단순한 도적떼가 아니라, 원나라를 무너뜨리고 새로운 나라를 세우고자 했던 한족 출신의 농민 반란군들이었다.

④ 홍건적 세력은 일시적으로 화북·화중까지 미쳤으나, 내부분열로 통일정권을 세우지 못한 채 만주지역으로 북진하다가 원나라에 쫓기어 두 차례 고려에 침입하였다가 이방실, 정세운, 이성계, 최영 등에 의해 격퇴되었다.

⑤ 홍건적 출신의 주원장이 세력 기반을 다져서 원나라를 북쪽으로 쫓아내고 중국을 통일하여 명나라를 세웠다[1368].

⑥ 왜구는 일본倭에 근거를 둔 해적海賊이라는 뜻이다.

⑦ 왜구는 주로 13세기에서 16세기 사이 한반도와 중국 연안에 나타나 노략질(사람과 물자를 약탈)을 일삼던 해적 집단이다.

⑧ 이들은 쓰시마, 이키, 기타큐슈, 세토나이카이 등을 근거지로 삼아 노략질하였는데, 그 구성원은 몰락한 지방호족·무사·연해에 거주한 빈민·밀무역 상인들이 중심을 이루었다.

⑨ 왜구의 가장 큰 약탈 대상은 곡물(식량)이었다.

⑩ 왜구들 노략질이 걷잡을 수 없이 늘어나면서, 조세의 운반에 큰 문제가 생기게 되었다. 조세 운반의 곤란은 국가 수입의 감소와 국력의 약화로 이어졌다. 왜구의 침입은 공민왕의 개혁 정치가 실패한 하나의 원인이 되었다.

⑪ 고려는 왜구의 문제를 해결하기 위해 정몽주 등을 사신(외교관)으로 파견하였지만 별로 효과가 없었다.

⑫ 이에 수군(해군)을 창설하고, 최무선을 시켜 화통도감을 만들고, 이곳에서 각종 화약과 화약을 이용한 무기를 만들어 왜구의 격퇴에 크게 기여하였다.

⑬ 화통도감火煩都監은 고려 말 우왕 때1377 최무선의 건의에 따라 화약火藥과 화약을 이용한 무기燸를 만들 목적으로 설치한 임시 관청都監이다.

⑭ 최무선이 화통도감에서 만든 화약과 각종 화약을 이용한 무기는 특히 금강하구의 진포대첩1380에서 왜구를 크게 무찌르는데 기여하였다. 진포대첩은 우리나라가 처음으로 화약과 화약무기를 이용하여 싸운 전투이다.

⑮ 홍건적과 왜구의 침입과 이들을 격퇴하는 과정에 권문세족 세력이 점차 소멸되고, 반면에 신흥무인 세력과 신진사대부 세력이 등장하였다.

⑯ 이들 신흥무인 세력과 신진사대부 세력이, 권문세족 세력 다음으로 고려사회를 이끌었던 주도세력이고, 조선 건국의 중심세력이다.

⑰ 신흥무인 세력 가운데 대표적인 사람이 이성계이다.

⑱ 신흥무인 세력이란, 고려 말에 홍건적과 왜구의 침입을 격퇴하는 과정에 새롭게新 등장한興 무인武ㅅ·군인 세력을 말한다.

197 정도전, 신진사대부新進士大夫

① 새 신, 나아갈 진, 선비 사, 큰 대, 사내 부.

② 신진사대부新進士大夫란, 새롭게新 진출進出한 사대부士大夫라는
뜻이다.

③ 사대부에서 사士는 선비를 말하며, 대부大夫는 관리를 말한다.
따라서 신진사대부란, 새롭게 등장한 학자적인 관리, 공부하는
관리라는 의미이다.

④ 신진사대부들은 학문과 교양을 갖추고, 행정 실무에도 밝은 지
방의 향리 출신들이 많았다.

⑤ 이들이 등장하게 되는 것은 대체로 무신집권기였다. 무신들은
문신을 몰아낸 뒤 그 행정적인 공백을 메우기 위해 지방의 행정
을 담당하던 향리들을 등용했고, 이에 과거시험을 통해 상당수
가 중앙의 관리로 진출하였다. 권문세족들은 음서제도 출신이
많았으나, 신진사대부들은 과거제도 출신이 많았다.

⑥ 이들은 원나라를 통해 주자학(성리학)을 배워, 이것을 고려사회
의 새로운 통치이념으로 도입하고자 하였다.

⑦ 충선왕·충목왕·공민왕 등이 당시 지배세력이었던 권문세족을
누르고 개혁정치를 할 때, 그 지원 세력으로 개혁에 참여하면서,
권문세족과 대립되는 하나의 정치세력으로 성장하였다.

⑧ 공민왕의 개혁정책이 권문세족들의 저항 등으로 실패하면서, 신
진사대부들은 고려사회의 모순을 극복하는 방안으로 개혁을 함

께 이룰만한 의지와 능력이 있는 사람을 찾게 되었고, 그 과정에서 신흥무인 세력이었던 이성계와 손을 잡고 조선을 건국하게 되었다.

⑨ 그 대표적인 인물이 정도전이다.

⑩ 정도전 등의 신진사대부들이 이성계 등의 신흥무인 세력과 손잡고 세운 나라가 조선이다.

⑪ 따라서 신진사대부는 조선 건국의 주체세력이라고 할 수 있다.

⑫ 위화도 회군으로 군사권과 정치권을 장악한 이성계는 조준·정도전 등의 신진사대부들의 도움을 받아 과전법을 실시하여 경제권마저 장악했고, 이어 선양禪讓의 형식으로 역성혁명易姓革命에 성공하고 조선을 건국하였다1392. 이성계가 고려를 무너뜨리고 조선을 세운 것이 대표적인 역성혁명이다.

⑬ 선양禪讓. 물려줄 선. 사양할 양이란 임금이 순순히 왕의 자리를 마다사양.辭讓하여 다른 사람에게 물려주는禪 것을 말한다.

⑭ 역성혁명易姓革命. 바꿀 역, 성 성, 고칠 혁, 목숨 명은 임금의 성姓이 바뀌는易 혁명革命이라는 뜻으로, 나라가 바뀌는 것을 말한다. 동양에서는 왕이 덕德을 잃으면 하늘의 뜻이 다른 사람에게로 옮겨가 왕조(나라)가 바뀌어도 좋다고 생각하였다.

⑮ 신진사대부 출신의 정도전은 권근 등과 함께 조선 건국을 주도했다. 그리고 유능한 재상이 왕을 잘 보필하면 되기에, 국왕중심의 정치보다 재상(신하)중심의 정치를 추구하였다. 그러한 그의 성향은 왕자였던 이방원이성계의 아들. 후에 태종. 세종의 아버지과 마찰을 빚

어 제1차 왕자의 난 때, 이방원에게 피살되었다. 제1차 왕자의 난
은 '방원의 난'이라고도 한다.

198 안향, 성리학 性理學

① 성품 성, 이치 리, 배울 학.
② 인간의 성품性品과 우주(자연)의 이치理致. 원리를 알아서, 그것을
   국가 경영과 백성 삶의 원리로 적용하고자 했던 학문學문이자 유
   교 철학이 성리학이다.
③ 성리性理는 성명性命과 이기理氣를 합친 말이다.
④ 성명性命은 인간의 성품性品과 우주의 천명天命을 말한다.
⑤ 이기理氣는 우주의 근본을 이루는 이理. 태극와 그것으로부터 나온
   음양인 기氣를 말한다. 원리인 이理와 현상인 기氣를 뜻한다.
⑥ 태극太極은 우주 만물이 생긴 근원이라고 보는 본체이다.
⑦ 성리학은 우주의 근본 원리와 인간의 심성 문제를 철학적으로
   해명하려는 학문이다. 이제까지 유교 경전의 해석에 집착하던 유
   학(훈고학)과는 달리, 인간과 우주에 대해 깊이 생각하고 연구하
   던 학문이다. '인간의 심성(품성)은 원래 착한지 나쁜지? 우주 만
   물의 이치는 어디에서 오는가?' 하는 질문에 대한 답을 얻고자
   했던 학문이다. 성리학에서는 사람社會과 자연(우주)을 모두 '이理
   와 기氣'의 원리로 설명하려고 했다.
   우주의 모든 것이 '기氣'의 움직임에 따라 생성生成 하고 소멸消滅

하는데, 이러한 '기氣'의 근본근원.본질을 이루는 것이 '이理'라고 생각하였다. 따라서 사람은 타고난 본성性을 따라서 사는 것이 도덕적으로 사는 방법이라고 여겼다. 결국 성리학은 사람의 성품性品과 우주하늘의 이치理致를 탐구하여, 그 원리를, 국가통치와 백성의 삶에 적용코자 했던 학문이라고 할 수 있다.

⑧ 성리학은 주자학이라고도 한다. 그 이유는 송나라의 학자인, '주자(주희)'에 의해서 완성된 학문이기 때문이다. 새로운 유학이라 하여 신유학이라고도 부른다. 주자는 공자(공구)처럼 주희를 높여서 부르는 말이다.

⑨ 주희는 사물의 생성원리를 '이理'와 기氣'로 설명하였다.

⑩ 본질적인 것을 '이理. 리'라하고 현상적인 것을 '기氣'라고 하였다.

⑪ 우리나라의 성리학은 고려 말 원나라를 통하여 안향이 처음 도입 하였다.

⑫ 이후 백이정, 이제현, 이색, 이숭인, 정몽주, 길재, 정도전 등으로 이어지면서 조선시대의 통치이념으로 수용되었다.

⑬ 충선왕은 원나라의 수도였던 연경(베이징)에, 만권당萬卷堂이라는 학술연구기관을 두고 고려와 원나라의 학자들이 모여 성리학 등의 학문을 연구, 토론하게 하였다. 그로써 만권당은 고려와 원나라 간의 학술·문화 교류의 중심지가 되었다. 만권당은 충선왕이 원나라에 가있을 때 많은 서적萬卷을 갖춰 두고 원과 고려의 학자들이 모여서, 학문적인 교류를 했딘 학술연구소, 건물堂을 말한다.

⑭ 만권당에서 고려의 이제현과 원의 한족출신 학자인 조맹부 등이 교류하였으며, 백이정, 이제현, 이색, 이숭인, 정몽주 등이 여기에서 성리학을 공부하였다.

⑮ 이 당시의 성리학자들은 신진사대부 출신이 대부분이다.

⑯ 고려 말 권문세족과 결탁한 불교계는 타락으로, 고려사회를 이끌어갈 정신적 지주로서의 지도력(리더십)을 상실한 상태였다.

⑰ 불교계는 대농장과 노비 소유, 승려들의 재산 축적, 장사, 고리대금업, 비행非行 등으로 백성들의 신뢰를 점차 상실하였던 것이다. 소위 스님들이 염불보다 젯밥(제사밥)에 더 많은 관심을 갖게 된 것이다.

⑱ 장생고長生庫는 고려시대 사원(절)에 설치한 서민 금융기관이었다. 사원전에서 수확한 소득을 자본으로 해서 민간인들에게 돈을 빌려 주고 이자를 받아서 사원의 재산을 축적하였던 금융기관이었다. 장생고는 일종의 고리대금업으로 변질되면서 민간에 미치는 폐해가 컸다. 따라서 사원의 권위를 손상시키는 역할을 하였다.

⑲ 국장생표國長生標는 장생표탑, 장생표주라고도 한다. 사원이 소유하고 있거나 또는 수조권을 행사하던 토지와 그 밖의 토지를 구별하기 위하여 그 경계지역에 세웠던 경계표지이다. 사원(사찰, 절)이 대농장을 소유하고 있었음을 알 수 있다.

⑳ 이제 불교와 권문세족은 지는 달이고, 성리학과 신진사대부는 뜨는 해가 된 것이다.

㉑ 불씨잡변佛氏雜辯은 정도전이 지은 부처와 불교계를 비판한 책이

다. 김씨·이씨처럼 부처를 '불씨'라고 하였고 잡변雜辯이란, 잡다
한 말, 소리라는 뜻이다. 불경을 '부처의 쓸데없는 잡다한 소리'라
고 비판했다. 따라서 불씨잡변은 성리학적인 관점에서 쓴 정도전
의 불교 비판 서적이라고 할 수 있다.

정도전 등의 신진사대부들은 이제 생명력을 다한, 불교를 버리고
성리학을 새로운 사회지도 이념으로 받아들여야 한다고 강력히
주장하였다.

㉒ 신진사대부들에 의해서 새로운 정치이념으로 받아들여진 성리
학은, 그 후 518년 조선 역사의 중심이념(통치이념)이 되었다.

㉓ 따라서 성리학을 모르면, 조선사회와 조선의 양반, 왕, 백성들의
삶을 이해하기 어렵다 할 수 있다.

199 최영과 이성계, 위화도 회군回軍

① 회군回軍 : 돌아올 회, 군사 군.

② 위화도 회군은 이성계가 압록강 중간에 있는 섬인, 위화도에서
군사軍士를 돌려서 개경으로 돌아온回 사건을 말한다.

③ 원의 간섭기에 원이 고려로부터 빼앗은 땅이 탐라총관부, 동녕
부, 쌍성총관부이다.

④ 탐라총관부는 지금의 제주도이고, 동녕부는 자비령 이북의 땅이
며, 쌍성총관부는 철령 이북의 땅이다.

⑤ 철령은 함경남도와 강원도의 경계이고, 그 북쪽을 관북지방이라

고 하며, 자비령은 개성과 평양의 경계에 위치한 정치·군사적 요충지로서 그 북쪽이 서경(평양)이고 그 남쪽이 개경(개성)이다. 현재 북한은 자비령을 경계로 황해북도와 황해남도로 나누고 있다.

⑥ 탐라총관부와 동녕부는 고려의 요청으로 원나라로부터 돌려받았으나, 쌍성총관부는 공민왕 때 유인우 장군이 중심이되어 무력으로 싸워서 되찾았다. 쌍성총관부의 탈환에 기여한 사람이 이성계와 그의 아버지 이자춘이다. 쌍성총관부 탈환은 이성계가 조선의 왕이 되는 계기가 되었던 사건이라고 할 수 있다. 이성계의 존재 가치를 개경에 알리는 계기가 된 것이다.

⑦ 한편 중국에 명나라가 건국[1368] 되자 공민왕은 즉각 친명 정책을 펴, 원의 직·간접적인 내정간섭에서 벗어나고자 하였다. 그러나 공민왕이 피살되고 우왕이 즉위하면서 우왕과 그의 장인, 최영은 친원 정책으로 다시 회귀하였다.

⑧ 이에 명은 요동에 철령위를 설치하고, 과거 쌍성총관부가 원의 땅이었고, 명은 원에 이어 건국한 나라이기에 철령 이북의 땅을 명나라가 직접 다스리겠다고 고려에 통보해왔다.

⑨ 우왕과 최영은 즉각 철령위가 설치된 요동지방을 정벌하겠다고 나섰다. 이성계 등이 반대했지만, 우왕과 최영은 요동정벌계획을 강행하였다. 어쩔 수 없이 수만 명의 병력을 이끌고 요동정벌에 나섰던 이성계는 군대를 압록강 하류의 작은 섬, 위화도에서 군대를 돌려 개경으로 내려와 최영과 우왕을 제거하고 고려의 정치권과 군사권을 장악하였다[1388] . 이것을 위화도 회군이라고 한다.

⑩ 위화도 회군은 이성계 등이 조선을 건국하는 계기를 만든 사건이라고 할 수 있다.

⑪ 위화도 회군으로 정치적 실권實權을 장악한 이성계와 정도전, 권근 등의 신진사대부들은 왕조(나라)의 교체를 통하여 고려사회의 모순을 근본적으로 해결하고자 하였다. 그러나 정몽주 등의 온건파들은 왕조를 교체하지 않고 고려의 테두리 안에서 변화와 개혁을 통하여 모순을 해결하고자 하였다.

⑫ 결국, 정도전, 이방원(이성계의 아들. 나중에 태종이 됨. 세종의 아버지) 등은 왕조의 교체에 반대하는 이색, 이숭인, 정몽주 등을 제거하고 조선을 창업創業. 나라나 왕조 따위를 처음으로 세움. 1392 하였다.

200 조준, 과전법科田法

① 등급 과, 밭 전, 법 법.

② 고려 말과 조선시대에 관리를 18등급等으로 나누고, 그 등급에 따라 관리들에게 토지田를 지급하던 제도法가 과전법科田法이다.

③ 과전법은 조준 등이 국가 재정財政과 국방 재원財源을 확보하고, 신흥 무인세력과 신진사대부들의 경제적 기반을 확립하며, 농민 생활의 안정을 통하여 그들의 지지 기반을 확대할 목적으로 실시하였다1391.

④ 과전법이 시행되면서, 권문세족들의 농장은 몰수되고 그 땅은 신흥 무인세력과 신진사대부 그리고 농민들에게 지급되었다.

⑤ 이로써 구세력인 권문세족의 경제적 기반이 붕괴되었고, 이성계 등은 고려사회의 경제권을 장악하였다. 다시 말해 경제적 주도권이 권문세족에서 이성계를 포함한 그의 지지 세력인 신흥 무인 세력과 신진사대부들에게 넘어간 것이다.

⑥ 권문세족들에게 빼앗겼던 땅을 되돌려 받은 농민들이 이성계를 지지^{支持}하는 것은 당연한 순서이다.

⑦ 전시과와 과전법은 관직에 근무한 대가로 관리들의 등급에 따라서 전시과는 토지와 임야를 주고, 과전법은 토지만을 지급하였다는 차이점이 있다. 토지에 대한 조세를 거둘 수 있는 권한인 수조권만을 주었다는 점에서는 공통점을 갖고 있다. 그러나 과전법에서 토지의 지급은 경기도 지역에 한정했다는 점에서는 전시과와 다른 점이라고 할 수 있다.

⑧ 위화도 회군으로 정치권과 군사권을, 전제 개혁(과전법)으로 경제권을 장악한 이성계와 신진사대부들은 조선을 건국하였다. 따라서 위화도 회군과 과전법의 실시는 조선 건국의 계기와 발판이 되었다고 할 수 있다.

⑨ 과전법은 그 후, 세조 때에 직전법으로 개편되었다. 직전법^{職田法}은 현직^{現職} 관료들에게만 토지^田를 지급하던 제도^法이다. 현·퇴직 관료(관리) 모두에게 토지^田를 지급하던 과전법의 실시로 새로이 임용된 관리에게 지급할 토지의 부족 문제를 해결하고, 왕권을 강화할 목적으로 세조 때에 실시한 것이 직전법이다. 직전법이 실시되면서, 전직관리의 부인에게 지급하던 수신

전과 전직관리의 자녀에게 지급하던 휼양전은 폐지되었다.

201 의천, 천태종天台宗과 지눌, 조계종曹溪宗

① 천태종天台宗은 중국 수나라의 천태대사를 시조로 하는 불교의
한 종파이다.

② 조계종曹溪宗은 송광산(조계산)에서 시작된 불교의 한 종파로서,
고려시대의 보조국사 지눌이 시조이다.

③ 교종과 선종의 대립, 불교계의 분열은 '고려'라는 나라(공동체)의
분열을 의미하는 것이며 그것은 왕권을 약화시킬 수 있었다.
그래서 국가적 차원에서, 불교계의 대립을 해소해야 할(통합) 필
요성이 있었다.

④ 교종敎宗은 교리敎理의 공부와 연구를 통한 해탈을 으뜸宗으로 여
기는 불교이다. 불경의 공부와 연구를 통하여, 부처의 진리를 깨
닫고자 하는 종파이다.

⑤ 천태종은 교종 계통의 종파라고 할 수 있다.

⑥ 선종禪宗은 불법(불교의 진리)을 깨우치는 방법(해탈)으로, '좌선坐
禪을 으뜸宗'으로 여기며 중요시하는 불교의 종파宗派이다.

⑦ 조계종은 선종 계통의 종파라고 할 수 있다.

⑧ 문종의 넷째 아들인, 대각국사 의천은 송나라 유학한 이후 흥왕
사興王寺. 국찰의 주지로서, 화엄종 중심으로 교종의 통합 시도하여
고려에 천태종 창시創始. 처음으로 세움 하고, '교종을 중심'으로 선종의

통합을 시도하였다.

⑨ 국찰國刹은 국립 사찰(절), 즉 국가와 왕실의 안녕을 위해서 국가의 주도로 세운 절이다. 신라(황룡사·흥륜사), 백제(왕흥사), 고려(개태사·흥왕사), 조선(회암사) 등이 대표적인 국찰이라고 할 수 있다.

⑩ 무신정권의 성립 1170 이후, 보조국사 지눌을 중심으로 기존 불교계의 타락과 세속화를 비판하고, 신앙결사운동(불교 내부의 잘못 혁신, 수선사 중심으로) 전개하였다. 지눌은 조계사와 송광사를 중심으로 '선종 중심'의 불교계 통합시도 하면서 조계종 창시하였다. 수선사修禪社 는 지눌이 만든 불교혁신운동 단체의 명칭이다.

⑪ 조계종은 현재, 한국 불교계의 최대 종파이다.

⑫ 천태종은 문벌귀족들의 후원 받았고, 조계종은 무신들의 후원 받았다.

⑬ 천태종에서는 교관겸수를 강조하였다.

⑭ 교관겸수敎觀兼修란, 불교의 교리敎理. 가르침와 실천 수행법인 지관止觀. 깨달음을 함께兼 닦아야修 한다는 사상이다.

고려의 의천이 주창한 사상으로, 교敎만 닦고 선禪을 없애거나 선敎만 주장하고 교敎를 버리는 것은 완전한 불교가 못되고 '교敎와 선禪을 함께兼 닦아야修한다'는 사상이다.

⑮ 교관겸수는 부처의 가르침(불경)을 배우고(공부), 배워서 깨닫고 함께 해야 한다는 주장이다.

⑯ 조계종은 정혜쌍수와 돈오겸수를 강조하였다.

⑰ 정혜쌍수定慧雙修란, 선정禪定.참선과 지혜智慧, 그 둘雙을 함께 닦아야修 한다는 주장이다.

⑱ 돈오점수頓悟漸修란, 불교의 참뜻을 깨닫고頓悟, 점진적漸進的 으로 수행해야修行 한다는 주장이다.

의천의 교관겸수 사상이 교종으로써 선종을 융합하고자 한 것이라면, 지눌의 정혜쌍수 사상은 선종으로써 교종을 융합한 것이다. 지눌이 제창한 정혜쌍수를 기반으로 한 돈오점수는 이후 우리나라 선종 계통의 불교의 핵심내용이 되었다.

202 건원중보乾元重寶

① 하늘 건, 으뜸 원, 귀중할 중, 보배 보.

② 건원중보乾元重寶는 하늘乾 아래 으뜸元가는 귀중貴重한 보물寶物이라는 의미이다.

③ 건원중보는 성종 때 발행한 고려 최초의 정식 화폐이다.

④ 그 후 삼한통보, 해동통보, 해동중보, 활구 등 여러 종류 화폐가 발행되었지만 제대로 사용되지는 못했다. 화폐 대신에 여전히 곡식, 옷감 등이 거래의 수단으로 사용되었다.

⑤ 화폐가 제대로 유통되지 못한 것은, 국가는 경제활동을 장악하기 위하여 화폐 사용을 장려하였으나, 백성들이 유통의 필요성을 느낄 만큼의 국가경제가 발전하지 못했기 때문이다.

⑥ 활구濶口는 은병銀瓶이라고도 하는데, 은銀으로 만든 병瓶 모양의 화폐라는 의미이다.

203 김부식의 삼국사기와 일연의 삼국유사

① 사기史記는 중국 한나라의 사마천이 쓴 역사책이다.

② 유사遺事는 전해져 내려오는遺. 남길 유 이야기事 기록한 것이다.

③ 삼국사기는 고려 인종 때, 김부식이 유교적인 역사관을 기초로 편찬하였다[1145].

④ 삼국사기는, 삼국시대에서 통일신라시대까지의 역사를 서술한 것이다. 우리나라에서 현재 전하는 가장 오래된 역사책이다.

⑤ 삼국사기는 삼국의 역사를 '기전체'로 서술하였다.

⑥ 기전체紀傳體는 역사적 인물 한 사람의 일생 동안의 행적傳기. 傳記 을, 실마리紀. 실마리 기로 삼아, 한 시대를 서술하는 방법體을 말한다.

⑦ 기전紀傳은 본기本紀와 열전列傳을 말한다.

⑧ 본기本紀는 역사적으로 의미(가치) 있는, 왕의 자취(업적)를 기록한 것이다.

⑨ 열전列傳은 왕을 제외한, 영웅들의 자취를 기록한 것이다.

⑩ 세가世家는 이름난 집안에 대한 기록이다.

⑪ 연표年表는 연대표 즉, 역사상 발생한 사건을 연대年代 순서로 배열하여 적은 표表이다.

⑫ 지志는 천문天文. 천체의 법칙 · 지리地理. 땅의 이치 · 예악禮樂. 예법과 음악 · 정형

政刑. 정치와 형벌 등에 관한 서술이다.

⑬ 삼국유사는 고려 후기의 승려, 일연이 쓴 책이다.

⑭ 삼국유사三國遺事는 삼국시대三國時代에 대해서, 전해져 내려오는遺. 남길 유 이야기事 기록한 것이다. 유사遺事는 남겨진遺 일事이나 업적을 말한다. 죽은 사람이 살아서 남긴 일이나 업적을 말한다.

⑮ 삼국유사에는 단군신화 및 향가, 불교 관련 설화說話 등이 기록되어 있다.

⑯ 삼국유사는 단군신화가 기록된 현존하는 가장 오래된 책이다.

⑰ 삼국사기에는 단군신화가 수록되어 있지 않다.

204 최충, 문헌공도文憲公徒

① 무리 도.

② 최충의 시호는 '문헌공文憲公'이다.

③ 문헌공도文憲公徒는 문헌공文憲公의 무리들徒, 문헌공의 학생들이라는 의미이다.

④ 문헌공도文憲公徒는 최충이 세운 '9재 학당의 학생들'을 의미한다. 9재는 9개의 학반을 의미하고, 학당은 학교를 말한다.

⑤ 12공도公徒는 문헌공의 도(학생)와 나머지 11명의 공公. 학자이 세운 학당의 학생을 합쳐서 부르던 말로써, 고려시대의 유명 사립학교를 뜻한다.

⑥ 지공거知貢擧는 과거시험 감독관이다.

⑦ 유명 사립학교의 설립자는 지공거 출신이 많아서, 이곳을 졸업한 학생들의 과거시험 합격률이 높았다. 그래서 학생들이 사립학교에 몰리게 되었고, 그 과정에서 '12공도'라는 것이 생겨난 것이다.

⑧ 사학(사립학교)의 발달은 관학官學. 나라가 세운 학교을 위축시켰다. 관학은 나라에서 인재를 양성하기 위하여 세운 학교로, 국자감, 성균관, 사학四學, 향교 등이 여기에 해당한다.

⑨ 예종은 위축된 관학을 진흥시키고자, 국자감에 '7재'를 두어 과거시험을 전문적으로 가르치게 하였다. '7재'는 최충의 '9재학당'을 모델로 한 것이다.

⑩ 또한 국자감에 양현고養賢庫를 두어, 성적이 우수한 학생들에게 장학금을 지급했다.

⑪ 양현고養賢庫란, 훌륭한 인재賢. 어질 현를 기르기養. 기를 양 위해서 마련한 장학재단庫. 창고 고을 말한다.

205 코리아, 벽란도碧瀾渡

① 푸를 벽, 물결 란, 나루 도.

② 벽란도碧瀾渡는 '푸른碧 바다가 물결치는瀾 나루渡'라는 뜻이며, 예성강 하구河口에 있었던 고려시대 대외 무역 항구이다.

③ 고려시대 예성강 하류의 해상 요충지로서, 개경에서 30리 정도 떨어진 서해안에 위치하였고 물살이 빨라 위험했으나 수심이 깊었기 때문에 선박의 운행이 자유로워 국제항으로 성장하였다. 특

히 고려 중기에는 송나라와 일본뿐만 아니라 남양南洋. 중국 양쯔강 이

남의 해안지방 과 서역(아라비아) 지역의 상인들과 활발한 교역을 하

였는데, 벽란도는 이러한 국제무역이 이루어진 곳이었다.

④ 나루는 강이나 내, 또는 좁은 바닷목에서 배가 건너다니는 일정

한 곳이다. 하구河口는 강물이 바다로 흘러들어가는 어귀(드나드

는 목의 첫머리)이다.

⑤ 벽란도는 예성강 하구의 국제적 무역항으로서, 나루터이지 섬이

아니다.

⑥ 특히 아라비아(페르시아. 대식국) 상인들이 내왕하면서, 고려

Corea의 존재가 서방 세계에 알려지는 계기가 되었다.

206 관음보살도, 불화佛畵

① 부처 불, 그림 화.

② 불화佛畵는 불교의 교리敎理, 즉 불경佛經을 그림畵으로 표현한 것

이다. 불화는 불교의 종교적인 이념을 그림으로 표현한 것으로,

주로 사찰寺의 안쪽이나 바깥쪽의 벽에 벽화 형식으로 그려졌다.

③ 불화는 왕실과 권문세족의 요구로 많이 그려졌다.

④ 대표적인 불화로는 고려시대 혜허의 관음보살도(일본), 수월관음

도 등이 있다.

⑤ 관음은 '관세음보살, 관자재보살'의 준말로, 자비慈悲로써 중생衆

生. 많은 사람의 괴로움을 구제하고 극락왕생極樂往生.극락에서 태어남의 길

로 인도한다는 부처이다.

⑥ 탱화幀畵는 그림으로 그려서 벽에 거는 불상佛像이다, 벽걸이 용도
의 불상이 탱화이다.

V
조선시대

: A. D

1392~1398	1398~1400	1400~1418	1418~1450	1450~1452
태조	정종	태종	세종	문종

▼

1452~1455	1455~1468	1468~1469	1469~1494	1494~1506
단종	세조	예종	성종	연산군

▼

1506~1544	1544~1545	1545~1567	1567~1608	1608~1623
중종	인종	명종	선조	광해군

▼

1623~1649	1649~1659	1659~1674	1674~1720	1720~1724
인조	효종	현종	숙종	경종

▼

1724~1776	1776~1800	1800~1834	1834~1849	1849~1863
영조	정조	순조	헌종	철종

▼

1863~1907	1907~1910
고종	순종

208 간지干支

① 근본, 줄기, 본체 간, 가지 지, 지탱할지.

② 천간天干과 지지地支. 십간十干과 십이지十二支.

③ 천간 : 하늘(우주)의 근본(근원)이 되는 것으로, 갑·을·병·정· 무·기·경·신·임·계. 양陽에 해당하며 생명의 근원이라고 한다.

④ 지지 : 하늘에서 갈라져 나온 땅으로, 자·축·인·묘·진·사·오· 미·신·유·술·해. 음陰에 해당하며 땅 위에 사는 열두 짐승을 상 징한다.

⑤ 천간과 지지를 순차적으로 조합하면 60가지가 되므로 60간지라 고 한다.

⑥ 61번째 다시 갑甲에서 출발하기 때문에 '갑'이 다시 돌아온다고 하여, 이것을 회갑回甲 또는 환갑還甲이라고 부른다.

⑦ 간지는 방위方位와 연월일시年月日時의 단위에 사용된다.

⑧ 지지의 열두 짐승은 쥐, 소, 범(호랑이), 토끼, 용, 뱀, 말, 양, 원 숭이, 개, 돼지이다.

⑨ 김유신 장군 묘의 둘레돌(호석)의 십이지신상十二支神像은 지지地支 의 12짐승의 모습을 한 사람의 몸을 가진 신神이다.

⑩ 우리나라와 중국에서는 역사적 사건을 나타낼 때, 간지에 사건 의 성격을 포함시켜 사건의 명칭으로 사용하는 경우가 많다.

⑪ 이러한 사실을 알고 공부하면 역사적 사실에 보다 쉽게 접근할 수 있다.

209 간지干支 + 역사적 사건의 성격

① 갑술환국1694은 장희빈이 왕비의 자리에서 물러나고 서인계통의 인현왕후가 복위되면서 서인(특히 노론)으로 정권이 다시 교체된 사건이다. 갑술환국 이후에 서인들은 남인들이 재기再起할 수 없을 정도로 철저히 탄압하였다.

환국換局은 국면局面이 바뀜, 상황이 바뀜을 의미하는데, 붕당정치가 변질되어 가는 과정에서 나타난 집권세력(정권)이 급격히 교체되는 현상을 의미한다. 환국은 숙종 때 빈번했다. 갑술년에 일어난 환국이 갑술환국이다.

16세기에는 붕당정치는 17세기에 환국으로 변질되었고, 18세기 영·정조의 탕평책으로 붕당싸움은 일시적으로 잠잠해졌지만, 19세기 정조가 죽고 순조가 즉위하면서 세도정치로 되살아났다. 세도정치는 붕당정치의 변질된 모습이다.

② 갑신정변甲申政變은 갑신년에 일어난 정변(쿠데타)이다.

청의 내정간섭이 심해지고 민씨 정권(민비, 김홍집, 어윤중, 김윤식 등)의 소극적 개화정책으로 근대적 개혁이 부진하자 김옥균, 박영효 등의 급진 개화파들은 불만을 갖고 급진적 개혁을 추진하였다. 그래서 급진 개화파들은 우정국(우체국) 축하 파티를 계기로, 일본군과 별기군 생도들의 도움을 받았다. 정변을 일으켜 온건 개화파인 민영목, 민태호 등을 제거하고 정권을 장악했다가, 3일 만에 실패한 사건이다.

③ 갑오경장甲午更張은 갑오년에 한 경장更張. 부패한 제도를 개혁함이다. 갑오
년에 그때까지의 옛날식 정치·사회제도와 문화를 서양의 것을
본받아 고친 일로서, 갑오개혁이라고도 한다.

④ 갑자사화甲子士禍는 갑자년에 있었던 사화士禍이다. 연산군의 생모
인 윤씨와 관련하여, 폐비가 되고 죽음에 이르도록 하였던 관련
자들에게 보복하였던 사건으로, 사림파 출신들이 많은 피해를
입어서, 사림士林이 화禍. 피해를 입었다 하여 사화士禍라고 부른다.

⑤ 경신참변은 경신년에 있었던 참변慘變. 뜻밖에 당하는 끔찍하고 비참한 재앙이나
사고으로, 일제 강점기인 1920년에 일본군이 만주에 거주하던 한
국인을 대량으로 학살한 사건이다.

⑥ 경신환국庚申換局은 경신년에 일어난 환국이다. 조선 숙종 경신년
1680에 서인이 반대파인 남인을 몰아내고 권력을 잡은 사건이다.

⑦ 계축옥사는 계축년에 광해군과 대북파가 일으킨 옥사이다. 계
축년에 광해군과 그 지지 세력인 북인들(대북파. 이이첨, 정인홍
등)이 영창대군과 그 반대 세력(소북파)을 제거하기 위하여 일으
킨 옥사獄事. 죄인을 잡아 감옥에 가두는 일이다.

⑧ 계해약조는 조선이 계해년1443에 일본과의 약조約條. 약속이다. 조선
세종 때, 왜구의 침략을 막기 위하여, 일본과 1년 동안 출입할
수 있는 선박의 숫자, 머물 수 있는 사람의 숫자, 거래할 수 있는
곡식의 양을 정하는 약속(약조)을 맺었는데 이를 계해약조라고
한다.

⑨ 기묘사화己卯士禍은 기묘년1519에 일어난 사화士禍이다.

조선 중종 때, 조광조 등 사림파의 급진적 개혁정치에 위기의식을 느낀 중종과 남곤 등의 훈구파가 사림파를 숙청(반대 세력을 제거하는 일)한 사건이다. 조광조 등의 사림 세력은 학문과 덕행이 賢良 뛰어난 인재를 천거薦擧.추천하게 하여, 면접만으로 보고 뽑던 관리 선발제도인 현량과賢良科를 실시하였다. 현량과를 통해 주로 신진사림 세력들이 추천되어 관직에 올랐다. 따라서 현량과의 실시로 훈구세력은 권력의 중심에 차츰 멀어지면서, 그에 대한 훈구세력들의 반발로 기묘사화가 발생하여 조광조 등이 희생되었다.

특히 조광조 등의 사림세력이 중종반정의 공신들의 위훈삭제를 주장한 것이 사화의 큰 원인 중의 하나이다. 위훈삭제偽勳削除란 잘못 된 공훈을 삭제하자는 것으로, 이는 훈구세력에 대한 직접적인 위협이 되는 일이었다. 조광조 등의 사림세력이 위훈삭제를 주장하자 남곤, 홍경주 등의 훈구세력이 중종의 뜻에 따라 사림세력을 제거한 것이 기묘사화이다.

⑩ 기사환국己巳換局은 가사년1689에 일어난 환국이다. 조선 숙종 때, 장희빈의 아들을 세자世子로 정하는 과정에서 이에 반대하던 서인들이 장희빈 지지 세력인 남인에 의하여 패하면서, 서인의 대표격인 송시열 등이 죽음을 당하고 정권이 서인에서 남인으로 넘어간 사건이다. 남인과 가까운 소의(후에 희빈) 장씨의 자식을 세자로 책봉하는 것에 반대한 서인이 축출당한 사건이다. 인현왕후 민씨는 폐비되고 희빈 장씨가 정비正妃가 되고 남인이 집권하

였다.

⑪ 기축옥사己丑獄事는 기축년1589에 일어난 옥사이다. 조선 선조 때에, 정여립의 모반謀叛. 반란을 일으키려고 시도함 혐의를 계기로 일어난 옥사로, 정여립과 관계한 많은 사람들이 체포, 구금, 처형된 사건이다. 이 사건을 계기로 동인이 몰락하고 서인이 정국을 주도하게 되었으며 호남 출신이 관직의 등용에 제한을 당하는 계기가 되었다.

⑫ 기해사옥己亥邪獄은 기해년1839에 천주교도들을 학살한 사건이다. 기해박해라고도 한다. 이 사건은 겉으로는 천주교를 박해迫害. 핍박하여 피해를 입힘하기 위한 것이었으나, 실제적으로는 붕당의 벽파 풍양 조씨들이 시파인 안동 김씨로부터 권력을 빼앗기 위해 일으킨 것이다. 이 과정에 천주교 신자들과 프랑스 신부들이 처형殉敎 당하였다.

⑬ 신해통공辛亥通共은 신해년1791에 실시한 통공정책이다. 정조 때 실시된 정책으로, 통공通共이란 모든 사람들에게 자유롭게 상업 활동을 하도록 허용한다는 뜻이다. 육의전은 제외하고, 나머지 시전상인들이 갖고 있던 금난전권禁難廛權. 난전의 활동을 금지할 수 있는 권한을 폐지하여 상인들(자유상인. 사상)이 모든 물품을 난전亂廛에서 자유롭게 장사하는 것을 허용한다는 뜻이다. 그 대신에 국가에 세금은 납부해야 했다. 생산자와 소비자가 서로 통通하고, 함께共. 함께 공 장사할 수 있는 그런 정책이 신해통공 또는 통공화매通共和賣라고 한다.

육의전을 비롯한 시전상인들은 국가에서 필요한 물품을 조달하도록 하고 그 대신 서울 도성 안과 성 밖 십 리 안에서 자신들이 취급하는 상품을 독점적으로 판매할 수 있는 특권을 받았다. 그것이 금난전권이다. 금난전권은 시전상인과 같은 대상인들이나 이들과 결탁한 권세가들은 이득을 보고, 중·소상인과 백성들은 불이익을 당하는 경제 구조였다.

결국, 정조는 신해통공을 통해서 노론과 같은 권세가들의 경제적 기반을 약화시키고, 서민들의 생계를 보장함으로써 자신의 지지 기반을 확대할 수 있는 장점이 있었던 것이다.

⑭ 신유사옥은 신유년1801에 천주교도들을 학살한 사건이다. 신유박해라고도 한다. 노론의 벽파가 남인·소론 및 노론의 시파를 제거할 목적으로, 천주교 신도였던 이승훈, 이가환, 정약종 등과 중국인 신부 주문모 등 300여 명 처형하고, 정약전과 정약용을 유배시킨 사건이다. 이 박해를 계기로 남인의 세력은 크게 위축되고, 실학이 쇠퇴하게 되었다.

⑮ 을미사변乙未事變은 을미년1895에 일어난 사변事變. 큰 사건이다. 일본이 청일전쟁에서 승리하면서 어렵게 만들어낸 조선에 대한 주도권을, 삼국간섭으로 러시아에게 어이없게 빼앗기자 이를 다시 되찾기 위하여 일본 공사(외교관) 미우라 고로가 주동이 되어 당시 조선의 황후였던 명성황후를 시해하여 주도권을 다시 빼앗아 간 사건이다.

⑯ 을사사화는 을사년1545에 있었던 사화士禍이다. 중종 사후에 이복

형제^{인종과 명종} 외척 간의 왕위계승 다툼에서 처음에는 인종의 외삼촌 윤임 일파(대윤)가 집권했지만, 인종이 일찍 사망하면서 어머니가 다른 동생 명종(문정왕후의 아들)이 왕위에 오르게 되고 그러면서 명종의 외삼촌이었던 윤원형 일파(소윤)등이 윤임 일파를 제거하는 과정에서, 윤임에 가담했던 사림^{士林}들이 큰 화^{禍.} ^{숙청}를 입었던 사건이다.

⑰ 을사조약^{乙巳條約}은 을사년¹⁹⁰⁵에 일본이 조선에 강압적으로 체결한 조약이다. 그래서 을사늑약^{勒約. 강제로 맺은 조약}이라고도 한다. 일본이 조선의 외교권을 빼앗기 위하여 강제적으로 맺은 조약으로, 제 2차 한·일 협약이라고도 한다. 이토히로부미의 협박에도 고종 황제는 끝까지 조약에 결재하지 않았기 때문에 원인 무효 조약이다.

⑱ 을미의병은 을미년¹⁸⁹⁵에 일제의 명성황후 시해와 단발령^{斷髮令. 상} ^{투를 자르게 한 규정}에 항거하여 일으킨 의병 항쟁이다.

⑲ 을사의병은 을사년¹⁹⁰⁵에 일본의 을사조약 강압적 체결과 조선의 외교권 박탈에 항거하여 일으킨 의병항쟁이다.

⑳ 병인양요^{丙寅洋擾}는 병인년¹⁸⁶⁶에 일어난 양요^{洋擾}이다. 양요^{洋擾}란, 조선 후기에 서양세력(제국주의 강대국)이 천주교 탄압이나 통상^{通商. 무역}을 구실로 침략해 온 사건이다. 흥선대원군의 천주교 탄압을 구실로 프랑스 함대가 강화도를 침범하여 점령하고 문화재를 약탈해 간 사건이다.

㉑ 병자수호조약^{丙子修好條約}은 병자년¹⁸⁷⁶에 수호^{修好}를 구실로 일본

이 조선에 체결한 조약이다. 수호^{修好}란 나라와 나라 간에 서로 사이좋게 지낸다는 뜻이다. 법률적으로는 아직 국제법상의 여러 가지 원칙을 이행할 수 없는 나라와 통교^{외교관계를 맺을}할 때, 먼저 일정한 규칙(규약)을 밝히어 준수(지킴)할 것 을 약속하는 조약이다.

병자수호조약은 운요호 사건을 계기로 조선이 일본과 맺은 수호조약으로 강화도조약이라고도 하며, 외국과 맺은 최초의 수호조약이다. 전문^{全文. 전체} 12개조로 되어 있으며, 부산·인천·원산 등 3항을 개항하도록 규정하는 등 우리나라만의 의무를 강요한 불평등조약이다.

㉒ 병자호란^{丙子胡亂}은 병자년¹⁶³⁶에 오랑캐^{만주족. 胡}들이 일으킨 난리^{亂離}이다. 정묘호란 이후 세력이 더 강해진 만주족은 나라 이름을 후금에서 청으로 고치고, 조선에 군신 관계를 요구했다. 이를 거부하자 청나라 태종이 직접 병력을 이끌고 침입하여, 수도가 함락되고 인조는 남한산성으로 피난하였다. 고립된 남한산성에서 더 이상 버티기 어렵자 주화파였던 최명길의 주장에 따라 군신 관계를 체결하였고, 소현세자와 봉림대군 그리고 척화파였던 삼학사(윤집·오달제·홍익한), 김상헌 등이 인질로 잡혀갔다. 척화파^{斥和派}는 청과의 화친^{和親}을 배척^{排斥}하고, 끝까지 청과 싸우자고 주장하였던 강경파들이다. 주화파^{主和派}는 화친^{和親}을 주장^{主張}했던 사람들^派이다. 이후, 조선은 청·일전쟁¹⁸⁹⁵으로 조선에 대한 주도권이 일본으로 넘어갈 때까지 청나라를 임금의 나라로 섬겨야 했다.

㉓ 정묘호란丁卯胡亂은 정묘년1627에 오랑캐만주족, 胡들이 일으킨 난리亂離이다. 인조반정으로 집권한 인조와 서인 정권이 광해군과 달리 친명배금(명과 가까이하고 후금을 배척하는)정책을 펴자 광해군에 대한 원수를 갚는다는 구실과 형제관계를 요구하며 침입하였다. 조선은 어쩔 수 없이 후금과 형제관계를 체결하고 후금을 형으로 대우해야 했다. 인조반정은 1623년 서인세력이 광해군을 몰아내고 인조를 즉위시킨 정변이다.

㉔ 정미7조약丁未七條約은 일본이 고종의 헤이그 특사 파견을 구실로, 고종을 강제로 황제의 자리에서 퇴위시키고 조선의 주권을 빼앗기 직전에 그에 필요한 여건을 마련할 목적으로 정미년1907에 강압적으로 체결한 7가지 항목의 조약이다. 한·일신 협약이라고도 한다. 이 조약의 체결로 조정(정부)에 일본인 차관을 임명함으로써 조선의 실제적인 행정권이 일본으로 넘어가게 되었다. 또한 모든 행정·사법사무를 일본의 통감부의 통제 아래 두게 하였다. 1907년 이완용과 이토 히로부미 사이에 체결되었다.

㉕ 정미의병丁未義兵은 정미년1907에 일어난 의병이다. 일제日帝. 일본 제국 또는 제국주의 일본의 줄임말이다가 1907년 헤이그 파견을 구실로 고종을 강제로 퇴위시키고 정미 7조약을 강제로 체결한 뒤, 대한제국의 마지막 무력武力인 군대까지 해산시키자, 시위대(중앙군) 대대장 박승환은 분개하여 자결하였다. 이를 계기로 해산된 군인들이 중심이 되어, 서울·원주·강화 진위대(지방군) 등의 지역에서 무장 항쟁을 하였다. 이를 정미의병이라고 한다.

㉖ 정유재란丁酉再亂은 임진왜란 도중에, 명과 협상이 추진되면서 왜군(일본군)은 전쟁을 잠시 중단하고 일부 병력을 철수시켰지만, 명나라와의 협상이 결렬되면서 정유년1597에 다시再 조선에 침략하였다. 이를 정유재란이라고 한다. 1592년 일본군의 1차 침략을 임진왜란이라 하고, 1597년 정유년의 2차 침략을 정유재란이라고 한다.

㉗ 무오사화戊午士禍는 무오년에 있었던 사화士禍이다. 연산군의 아버지인 성종의 실록이 편찬되면서, 평소에 사림세력에 대한 감정이 좋지 않았던 연산군과 이극돈, 유자광 등 훈구세력이 사림세력의 중심인물 김종직의 제자 김일손이, 스승이 쓴 사초史草, 실록 편찬의 기초자료인, 조의제문弔義帝文을 실록에 넣으려고 하는 과정에서, 단종을 항우에게 죽음을 당한 중국 초나라의 왕, 의제義帝에 비유하여 연산군의 증조부인 세조를 비방하였다고 김일손 등의 사림세력을 대대적으로 숙청한 사건이다. 이를 무오사화라고 하는데, '사초史草'가 문제의 발단이 되었다고 하여 '사화史禍'라고도 쓴다. 사관史官 김일손은 처형당하였고, 이미 죽은 스승 김종직은 부관참시를 당하였다.

조의제문弔義帝文은 초나라의 왕, 의제義帝를 애도弔하는 제문祭文이라는 말이다. 제문祭文은 죽은 사람을 제사지낼 때 쓰는 글문장이다. 부관참시剖棺斬屍는 육시戮屍라고도 하는데, 이미 사망한 사람이 사망 후에 큰 죄가 드러났을 때 처하는 극형을 말한다. 무덤에서 관을 꺼내어 시신을 참수斬首하는 것이다.

㉘ 신미양요辛未洋擾는 신미년1871에 일어난 양요洋擾이다.

신미년辛未年에 미국洋 군함 3척이 셔먼호 사건을 구실로 조선에 그 책임을 묻고 동시에 조선과 통상조약(무역협상)을 체결하고자 강화도에 침범한 사건이다. 그 결과 흥선대원군은 전국 각지에 척화비斥和碑를 세워, 양이洋夷. 서양 오랑캐에 대한 적대감을 불러일으키고 쇄국鎖國. 친교와 무역을 금지을 강화하고자 하였다.

㉙ 임오군변은 임오년에 군인軍人들이 일으킨 변고變故이다.

흔히 임오군란壬午軍亂이라고 한다. 임오년에 군인軍人들이 일으킨 난리亂離라는 뜻이다. 임오군란은 1882년임오년 일본의 지원으로 조직한 신식군대인 별기군과의 차별대우와 부실한 처우에 불만을 가진, 옛 훈련도감 소속의 구식군인들이 일으킨 난리이다.

㉚ 임진왜란壬辰倭亂은 임진년에 왜인일본인. 倭들이 일으킨 난리亂離이다. 도요토미 히데요시가 1592년부터 1598년까지 두 차례에 걸쳐 군대를 동원하여 조선에 침략함으로써 조선과 일본 사이에 있었던 전쟁이다. 나중에 명나라도 참전하여 국제전의 양상(모습)을 띠었다. 임진왜란1592은 조선이 건국1392되고 200년 만에 일어났다.

㉛ 을묘왜변은 조선 명종 을묘년1555에 일본의 왜구倭寇들이 60여 척의 배로 전라남도 해남의 달량포를 침입하여 노략질한 사건변고. 變故을 말한다. 을묘왜란이라고도 한다. 을묘년에 일본의 왜구倭寇들이 일으킨 변고變故라는 뜻이다.

① 섬길 사, 큰 대, 사귈 교, 이웃 린.

② 사대^{事大} 정책은, 이른바 '以小事大^{이소사대}' 소국이 대국을 섬김을 말한다.

③ '맹자'에 따르면 '事大'란, 약소국들이 강대국과 정면 대결 하는 대신 일정한 예의를 갖추어 외교를 잘함으로써 전쟁을 피하고 종묘사직을 보존하며, 백성들의 생명과 재산을 보호하는 정책이라고 규정하고 있다.

조선의 친명사대정책은 이러한 맥락에서 이루어졌다고 할 수 있다. 조선이 명나라의 종속국^{從屬國. 다른 나라의 지배를 받는 나라}이 되는 것이 아니라, 명나라가 동아시아에서 가장 강한 나라이니 현실을 인정하고 조공^{朝貢}으로 명분은 주되 실리^{實利}를 얻자는 것이다.

조선은 명나라를 세계의 중심으로 인정했다. 그리고 그들과 교류하며 선진 문물을 적극 받아들였다. 당시 조선의 중국 중심의 세계관을 엿볼 수 있는 지도가, 혼일강리역대국도^{混一疆理歷代國都之} ^圖이다. 역대^{歷代. 대대로 이어져 내려오는. 여러 시대}의 여러 나라의 수도^{國都. 國} ^都와 영토^{疆理. 疆理}를 섞어^混 하나로- 모아 그린 지도^{地圖}라는 의미이다. 태종 때에 만들어진 것으로 세계의 중심에 중국이 있다.

④ 중국은 전통적으로 자신들의 주변에 대등한 세력이 존재하는 것을 인정하지 않으려고 했다. 따라서 자신들은 중화^{中華}이고 나머지는 오랑캐^夷일 뿐이었다. 화이사상^{華夷思想}이다. 중국만이 문명

국華이고, 나머지는 야만국戎이라는 것이다.

옛날 동전(엽전)에 안쪽의 네모난 모양은 지구(세상)를 상징하고 바깥쪽의 둥근 모양은 우주하늘를 상징한다고 한다. 둥근 우주의 네모난 세상(지구) 그리고 그 중심에 중국이 있다고 중국 사람들은 생각하였다. 따라서 세상의 모든 문물제도가 중국으로부터 나온다고 여겼다. 그것을 흔히 중화사상이라고 한다. 고대사회에서 지구는 네모 모양이라고 생각했다. 지구의 중심 밖에 있는 존재는 모두 야만夷. 오랑캐 이이 되는 것이다. 우리나라는 동쪽에 있는 오랑캐가 되니, 고대 중국인들은 우리나라(한반도)를 동이東夷라고 하였고, 우리민족을 동이족東夷族이라고 불렀다. 참으로 어이없는 말이다.

⑤ 조선은 태종 때부터, 명나라와 친교하면서 형식상 천자(명)와 제후(조선)의 관계를 맺고 명을 섬겼다. 그리고 조공을 바쳤다. 이것이 조선의 친명사대정책이다.

태종과 대립했던 정도전은 명나라의 요동을 정벌하자고 주장하였다. 그러나 태종은 명나라를 섬기고자 하였다. 정도전의 요동 정벌 주장은 왕족들이 보유한 사병을 없애려는 의도도 있었지만, 명나라를 치자는 정도전을 명나라가 좋아하지는 않았을 것이다.

⑥ 조선의 친명사대정책은 명나라에 천자로서의 명분을 주는 대신에 경제·문화적 실리實利를 추구하는 것이었다.

⑦ 조선의 친명 사대정책은 국내외적으로 조선 왕조의 권위와 안정

을 이룩하는 방법이기도 했다. 그러나 나중에 지나친 친명정책으로 흐르는 경향 있었고, 조선 스스로 소중화小中華라고 자처하기도 했다.

⑧ 소중화小中華는 조선 후기에, 조선 스스로 중국에 견주어 조선小을 중국中華에 비유하던 태도를 말한다.

⑨ 교린交隣. 사귈 교, 이웃 린은 이웃 나라와 사귐을 뜻한다.

⑩ 교린정책은 문화적, 경제적, 군사적으로 수준이 뒤진 나라를 대상으로 회유책과 강경책을 함께 병행하는 외교정책을 말한다.

⑪ 조선은 대외적으로 강대국인 명에 대해서는 친명사대정책을, 약소국인 일본과 여진족에 대해서는 교린정책을 폈다.

⑫ 세종 때 김종서, 최윤덕 장군을 시켜서 여진족을 북쪽으로 몰아내고 4군과 6진을 개척한 것은 여진족에 대한 강경책이다. 여진족은 만주족이라고도 한다.

⑬ 세종 때 이종무 장군을 시켜서 쓰시마 섬을 정벌한 것은 일본에 대한 강경책이다.

⑭ 귀순을 장려하고, 귀순자에게 생활의 터전을 마련해 준 것은 회유책에 해당한다.

⑮ 여진족에게 경원과 경성에 무역소를 열어 생활물품을 공급하게 한 것이나 일본에 부산과 창원 개항, 삼포개항을 통해 무역을 허용한 것은 회유책이다.

⑯ 부산과 창원 개항하고 삼포(부산포·염포·제포)를 개항하여 무역을 허용하고 식량, 의복, 옷감, 서적을 수출하고 구리, 유황, 향

료 등을 수입한 것은 일본에 대한 회유책이다.

⑰ 한편 점령한 지역을 효과적으로 다스리고 국토의 균형된 발전을 도모하기 위하여, 삼남(충청도·경상도·전라도) 지방의 백성民들을 이주시켜徙.옮길 사 살게 하였는데 이것을 사민정책徙民政策이라고 한다.

211 조선 태종과 세조, 육조 직계제六曹 直啓制

① 바로 직, 사뢸아뢸 계.

② 계啓는 관청이나 벼슬아치가 임금에게 올리는 말이다.

③ 조선시대 육조六曹. 6조의 장관인, 판서가 나랏일을 왕에게 직접直接 보고啓하도록 한 제도制度이다.

④ 의정부 서사제議政府 署事制는 육조의 업무를 의정부를 거쳐 국왕에게 올라가게 한 제도이다. 육조는 의정부議政府의 서명署名을 받고 업무事를 국왕에게 보고하게 한 제도制度이다.

⑤ 조선은 의정부가 국정을 총괄하고, 6조는 이를 실행에 옮기도록 하는 의정부 서사제를 채택하고 있었다. 따라서 6조의 판서는 자신이 담당한 업무를 의정부에 보고 하도록 되어 있었다. 이 제도는 의정부의 권한을 강화하는 것으로 왕권을 견제하는 역할을 하였다.

⑥ 그러나 왕권을 강화시키고자 했던, 태종과 세조는 의정부의 권한을 축소하기 위해 6조의 판서로 하여금 모든 업무를 국왕에게

직접 보고하도록 하였다. 이 제도를 6조 직계제라고 한다. 6조는 의정부를 거치지 않고 왕에게 직접 보고하고 명령을 하달 받던 시스템이 6조 직계제이다.

⑦ 6조 판서로부터 업무에 관한 사항들이 보고되지 않음으로써 의정부는 그 기능이 약화 되었다.

⑧ 그 밖에 세조는 왕권을 강화하기 위하여, 경연을 중단하고 집현전을 폐지하였으며 직전법을 실시하였다. 그리고 국왕 중심의 국가의 통치 시스템을 갖추기 위해서 경국대전의 편찬에 착수하였다.

⑨ 경연經筵. 경서 경, 대자리 연은 임금이 신하들과 나랏일을 토론하고 경서經書를 강론하던 자리筵였다.

⑩ 조선 태종이 왕권을 강화하기 위하여 실시한 정책으로는 6조 직계제 실시, 신문고 설치(민심 확보), 사병제도 폐지(군사권 국왕 집중), 양전사업(토지조사)과 호패법의 실시 등이 있다.

⑪ 세조의 왕권 강화정책으로는 세종 때 폐지된 6조 직계제를 다시 실시하고, 경국대전의 편찬을 시작하였으며, 집현전과 경연을 폐지하였다.

⑫ 양전사업量田. 헤아릴 량, 밭 전은 고려·조선시대에 토지의 실제 경작 상황현황을 파악하기 위해 실시한 토지측량 및 조사사업이다. 일종의 토지조사사업이라고 할 수 있다. 이것을 근거 로 작성한 장부를 양안量案. 토지대장이라고 한다.

212 성종, 경국대전經國大典

① 경영할 경, 나라 국, 큰 대, 본보기 전.

② 경국대전經國大典은 법전으로서, 조선의 국가國家 경영經營에 필요한 큰大 본보기典. 기준. 규정. 법가 되었다.

③ 경국대전經國大典은 나라를國 다스리는經데 필요한 기준을 세운, 큰大 법전法典이라는 뜻이다.

④ 경국대전은 조선의 국가조직과 사회·경제 활동에 관한 기본 법전이다. 경국대전은 6전六典 가운데서 호전·형전은 세조 때에, 나머지 4전(이·예·병·공전)은 성종 때 완성되었다.

⑤ 경국대전의 완성으로 성리학을 바탕으로 한 유교적 법치국가의 기틀이 확립되고 국가 통치의 기반이 강화되었다.

⑥ 법치국가法治國家는 법치주의法治主義에 의한 국가이다. 법치주의는 사람이나 폭력이 아닌 법法이 지배하는 국가원리이다.

213 속續. 속편 · 속束

① 속대전續大典은 경국대전의 속편續編이다. 영조 때 경국대전經國大典을 보완續하여 편찬한 법전이 속대전이다.

② 속오례의續五禮儀은 국조오례의의 속편이다. 국조오례의는 성종 때1474 신숙주·정척 등이 국가의 여러 행사 규범본보기을 정리하여

편찬한 책이다. 국가의 위계질서를 확립하기 위해서 법전과 함께 편찬하였다.

③ 속장경續藏經은 초조대장경의 속편이다. 고려 때 대각국사 의천이 초조대장경의 부족한점을 보완하기 위해 송·요(거란)·왜(일본) 등지에서 자료를 수집하여 편찬하였다.

④ 속오법束伍法은 중국 척계광의 기효신서의 영향을 받아 유성룡의 건의로 이루어진 소규모 단위의 군사 조직법이다. 5명의 군인을 하나의 오伍, 대오로 편성하였다. 오·대·기·초·사·부·영으로 편성 되었다.

⑤ 속오군束伍軍은 조선 후기에 속오법에 따라서 편성된 군대로 양 반과 노비가 함께 편성되었다. 오늘날 향토예비군과 비슷한 성 격이다.

⑥ 속續 = 속편續編 : 앞의 책을 보완하여 편찬함.

⑦ 속續 : 이을 속, 보탤 속, 더할 속.

⑧ 속束 : 묶을 속.

214 조선 전기, 통치 제도(시스템)

① 통치이념(성리학·이데올로기·사상, 머리) → 법과 제도, 기구 (시스템, 팔다리)

② 중앙정치제도 : 의정부와 6조, 삼사(사헌부·사간원·홍문관), 승 정원과 의금부 등

③ 지방행정제도 : 8도(관찰사) → 부·목·군·현(수령). 관찰사는 수령이 아니고, 수령을 감시 감독하는 기능을 하였다. 관찰사 → 수령(부사·목사·군수·현령·현감) → 향리.

④ 군사제도 : 중앙군(5위) → 지방군(병영과 수영의 영진군), 지역(전국) 방어 시스템으로는 진관체제(세조 이후), 제승방략체제가 있었다. 조선 후기에는 속오군 체제로 바뀌었다.

⑤ 토지제도 : 과전법 → 직전법 → 관수관급제 → 녹봉

⑥ 교육제도 : 고등(성균관) → 중등(학당· 향교) → 초등(서당)

⑦ 관리선발제도 : 과거제도(문과·무과·잡과), 취재取材. 채용할 취, 인재 재. 특별채용제도. 하급실무관리, 문음(음서).

⑧ 조세제도 : 조租, 조세 . 용庸, 군역과 부역 . 조調, 공물, 공납

⑨ 신분제도 : 양인(양반· 중인· 상민)과 천인(천민).

⑩ 조운과 역원제도 : 조창과 경창, 역과 원

215 진관체제와 제승방략체제

① 진관鎭管. 병영 진, 맡을 관, 주관할 관

② 진관은 주진(관찰사 또는 병마절도사) → 거진(목사) → 제진(군수·현령·현감)으로 이어지는 진의 지휘계통을 중심으로 그 지역을 책임지고 지키게 한 것으로서, 진관체제는 진관鎭管. 주진· 거진· 제진을 중심으로 외적의 침입을 막게 한 국가방어시스템이다. 전국의 각 지역을 진鎭이 주관主管. 어떤 일을 책임을 지고 맡아 관리함하여 방어

하게 한 체제(시스템)가 진관체제鎭管體制 이다.

③ 전국의 행정단위인 읍론. 도·목·군·현을, 군사단위인 진鎭으로 편성하여 그 크기에 따라 주진·거진·제진으로 나누고, 각 행정단위의 책임자가 군사단위의 책임도 겸하게(겸임. 두 가지 이상의 직무를 아울러 맡아 보는 것)한 군사조직이다. 즉 관찰사와 수령이 행정권은 물론 군사권도 갖고 그 지역을 책임지고 방어하게 한, 지역(읍성. 군현)중심의 방어 시스템이다. 세조 때 실시하였다.

진관체제는 전국의 각 군사적 요충지要衝地마다 진관을 설치하고, 진관을 중심으로 자체적으로 적을 방어하는 체제이다.

④ 진관체제는 외적의 침입이 있었을 때, 침입을 받은 지역의 진(주진·거진·제진)과 영(병영·수영)이 책임을 지고 막게 했던 국가방어제도이다. 진관체제는 진관, 즉 읍성(도·목·군·현) 단위의 방위체제로서, 소규모의 전투에 유리한 장점이 있었다. 진관체제는 작은 규모 전투에는 유리하지만 대규모의 적이 침입할 경우에는 문제점이 많다.

⑤ 중앙군인 5위와 지방군인 영진군은 정규군이었다. 그리고 비정규군으로 잡색군雜色軍이 있었다.

⑥ 잡색군雜色軍. 섞일 잡, 빛 색, 군사 군은 조선시대에 양반·중인·상민(평민)·천민 등 여러 신분잡色. 雜色을 모아 편성한 군대軍隊로서, 일종의 향토예비군의 성격을 지닌다.

⑦ 임진왜란이 일어나기 전에16세기 이후, 조선은 방어체제를 진관체제에서 제승방략체제로 전환하였다. 진관체제에서 제승방략체제

로의 전환기(과도기)에 임진왜란이 일어났다.

⑧ 제승^{制勝}. 제압할 제, 이길 승은 제압^{制壓}하여 승리^{勝利}한다는 뜻이다.

⑨ 방략^{方略}. 방법 방, 계략 략은 어떤 일을 꾀하고 해결하는 방법^{方法}과 계략^{計略}을 말한다.

⑩ 제승방략^{制勝方略}은 침입한 외적을 제압^{制壓}하고 승리^{勝利}할 수 있는 방법^{方法}과 계략^{計略}. 어떤 일을 이루기 위한 꾀나 수단을 말한다.

⑪ 제승방략체제는 도 단위의 방어체제로서, 전쟁이 발생하면 그 지역으로 병력이 집결하고, 중앙에서 파견된 군사책임자가 집결된 병력을 통솔하게 하는 방식이었다. 따라서 이 방어 전략은 대규모의 전투에 유리한 장점이 있었지만, 방어에 실패할 경우에는 후속 조치를 하기 어려운 문제가 있었다. 그 대표적인 경우가 임진왜란 때, 신립의 충주 방어선이 무너지면서 순식간에 한양이 함락되었던 점이다. 따라서 제승방략체제는 임진왜란 초기 패전^{敗戰}의 원인이 되어 이후 폐지되었다. 왜란 중에 유성룡의 주도로 제승방략체제는 다시 진관체제로 환원^{還元. 되돌림}되었다.

⑫ 제승방략체제는 외적이 침입할 경우에, 각 지역의 군사를 한곳(침략을 받은 곳)에 집결시켜, 중앙에서 파견된 지휘관이 중심이 되어, 전투를 지휘하는 방식이다.

⑬ 영진군을 기반으로 한 진관체제가 오랜 평화(조선이 건국되고 200년 만에 임진왜란이 일어남)로 지배층이 전쟁 불감증에 걸리면서 대립^{代立}과 방군수포제 같은 폐단이 발생했다. 이로 인하여 임진왜란 이전에 제승방략체제로 바뀌었지만, 임진왜란으로 큰

문제점이 노출되자 속오군을 바탕으로 다시 진관체제로 환원하였다.

⑭ 조선은 임진왜란을 기점으로 중앙군을 5위에서 5군영으로 개편하였다. 5군영의 중심에는 훈련도감·어영청 등이 있었다. 반면에 지방군은 영진군을 기반으로 하는 진관체제에서 제승방략체제로 전환되었다가 다시 속오군을 기반으로 하는 진관체제로 환원하였다.

216 유향소 留鄕所 와 경재소 京在所

① 머무를 유, 고을 향, 곳(어떤 일을 처리하는) 소.

② 서울 경, 있을 재, 곳 소.

③ 고려와 조선시대에 지방의 양반들이 고을鄕에 머물면서留 고을(지방)의 수령(사또, 원님)을 보좌하던 곳所이, 유향소이다.

고려와 조선시대에 지방(고을)의 양반들이 수령을 보좌補佐. 지위가 높은 사람을 도움하던 자문(의견을 물음)기관이다. 풍속風俗. 생활 전반에 걸친 습관을 바로잡고 향리를 감찰監察. 감시. 살핌하며, 민의民意. 여론. 공론를 대변代辯. 대신하여 의견을 말함하였다. 유향소는 임진왜란 이후에는 향청鄕廳이라고 불렀다. 향청은 향소鄕所라고도 하였다.

유향소(향청)의 기능 강화는 양반유생선비. 士族들이 지방에 일정한 영향력을 행사함을 의미한다. 이것을 중앙집권을 지향하던 왕이 원치 않는 일이었다. 이에 경재소를 통해서 유향소를 견제하고자 하였다.

④ 경재소_{京在所}는 지방관청의 서울_京에 있던_在 출장소_{出張所. 필요한 지역에} _{설치한 사무소}이다. 조선 초기에 중앙정부와 지방의 유향소_{留鄉所} 사이의 연락 기능을 담당하기 위하여 서울_京에 둔_在 관청_所이다.

⑤ 조선은 유향소(향청)를 통하여 지방(향촌) 자치를 허용하면서도, 경재소를 통해서 유향소를 중앙에서 직접 통제할 수 있게 함으로써 중앙 집권을 강화하고자 하였다.

⑥ 조선시대의 경재소는 고려시대의 사심관제도와 비슷한 성격을 지니고 있다. 모두 중앙정부가 지방세력을 견제하기 위한 제도였다.

217 세종, 농사직설 農事直說

① 바로(곧다, 꾸미지 않다) 직, 말할(기술할, 서술할) 설.

② 농사_{農事}에 관한 정보(농사기술)를 꾸미지_直 않고 있는 그대로 서술한_說 책이, 농사직설_{農事直說}이다.

③ 세종은 정초에게 명령하여, 땅과 기후에 따른 농법_{農法. 농사기술의} 차이를 고려하고, 경험이 많은 농부들에게서 직접들은 농사에 관한 정보를 모아 조선의 실정에 맞게 저술한 농업서적이 농사직설이다.

④ 종래_{從來. 이전부터 지금까지}에는 중국의 농서_{農書. 농업서적}에만 의존해 왔으나 세종은 풍토_{風土. 어떤 지역의 기후와 토지의 상태}에 따른 농법_{農法. 농사기술}의 차이를 고려하여, 각 도_{道. 지역} 농부들의 경험을 토대로 조선

의 실정에 알맞은 농업정보를 담은 농사직설을 편찬하게 하여, 국가 재정수입을 늘리고, 민생을 안정시키고자 하였다.

⑤ 농사직설의 편찬으로 우리의 실정에 맞는 독자적인 농업정보를 갖게 되었다. 농사직설은 한국식의 농법을 편 자주적인 책으로서 농업기술의 변천을 살피는데 좋은 자료이다.

218 세종, 훈민정음 訓民正音

① 가르칠 훈, 백성 민, 올바를 정, 말(언어) 음.

② 훈민정음訓民正音은 백성들을民 올바르게正 가르치는訓 말音이라는 뜻이다. 훈민정음은, 오늘날 '한글'의 창제될 당시의 공식명칭이다. 한글은 세계의 수많은 언어 가운데 최고의 평가를 받은 우리나라 문화유산이다.

③ 창제創製는 이전에 없던 것을 처음으로 만든다는 뜻이다.

④ 반포頒布는 널리 펴서 알게 한다는 뜻이다.

⑤ 훈민정음은 세종의 명령에 따라, 집현전 소속의 학자인 성삼문·신숙주·최항 등이 중심이 되어 창제하였다. 훈민정음은 표음문자表音文字. 소리글자로서, 창제 당시에는 모음 11자, 자음 17자의 28자모子母로 구성되었다. 훈민정음은 1443년에 창제되었고 1446년에 반포되었다. 현재는 당시의 모음 1자와 자음 3자는 사용하지 않고 있다. 따라서 현재의 한글은 24자모이다. 사용되지 않는 것은, 자음 'ㅿ 반치음·ㆆ 여린히읗·ㆁ 옛이응'과 모음 'ㆍ 아래아'이다.

⑥ 창제의 가장 큰 이유는 소통이라고 할 수 있다. 지배층과 피지배층, 피지배층과 지배층의 문자를 통한 소통이 국가 통치에 매우 중요하였기 때문이다. 의사意思. 생각가 소통되지 않은 공동체는 생명력을 지속하기 어렵기 때문이다.

⑦ 훈민정음의 창제 당시에 최만리 등의 관리나 양반들이 반대했다. 반대의 명분은 "중국과 다른 문자를 만드는 것은 큰 나라를 모시는 예의에 어긋나며, 스스로 오랑캐가 되는 것입니다."라고 했지만, 실제로는 양반 자신들만이 세상의 정보를 독점하고 싶었기 때문이라고 할 수 있다. 정보를 장악(지배)하는 자가 세상을 지배하는 것이 이치이다. 그 당시 정보의 대부분은 한자로 기록된 책이었다. 그러나 배우기 쉬운 문자가 만들어져서 일반 백성들이 문자를 사용할 경우에는 자신들만이 정보를 독점하고 세상을 독점적으로 이끌어가기 어렵기 때문이다.

동서고금東西古今. 동양과 서양, 옛날과 지금을 막론하고 세상을 지배하는 자들은 정보를 독점하려고 안간힘을 쓴다. 그리고 독점하는 방법은 문맹자文盲者. 글을 읽거나 쓸 줄을 모르는 사람로 만들거나, 또는 자신들 이외의 사람들이 봐서는 잘 모르게 기록하는 것이다.

그래서 옛날에는 여자들에게 글을 가르치지 않았고, 피지배층에게는 배움의 길을 가급적 막고자 했다. 또한 조선시대에는 수령들이 잘 모르게 향리들은 문서를 이두로 작성했다. 반드시 그런 이유만은 아니지만, 양의洋醫는 진료정보를 영어로 기록하고, 한의韓醫는 약초의 이름을 일반인들이 알기 어려운 한자로 쓴다. 법

조인들이나 학자들도 어려운 문자나 용어를 사용한다. 이 책을 쓴 이유도, 그러한 문제를 해결하기 위함이 일부 있다. 용어用語나 글을 이해하여 정보를 많이 획득하는 사람이 세상을 주도적으로 이끌어 간다는 사실을 잊지 않았으면 한다.

전문적인 용어는 대부분 구체어가 아니라 추상어(관념어)이다. 시험과 관련된 정보의 대부분은 구체어보다 추상어로 된 것이 많다. 따라서 추상어(용어, 개념)를 얼마나 구체적으로 이해하고 있는가의 여부與否. 그러함과 그러하지 아니함 가 시험의 관건關鍵. 문제해결의 열쇠. 키이다. 추상어는 정보나 지식을 전달하는 글에 많이 쓰인다.

공부工夫는 '살아가는 데 필요한 정보를 얻는 과정'이라고 생각한다. 대학교의 입학에 필요한 것을 배우는 것은 공부의 극히 일부분이라고 생각한다. 공부도 일종의 기능이다. 운동을 잘하는 사람도 있고, 기계를 잘 다루는 사람도 있듯이, 공부를 잘하는 사람도 있고 못하는 사람도 있다. 그것을 인정하지 않으면 힘들어진다. 사람마다 얼굴과 DNA유전자 본체 기능이 다르다. 자신의 기능이나 재능이 어느 부분에 있는가를 제대로 알고, 그 길에서 끝까지 배움의 끈을 놓지 않고 가는 사람은 행복한 삶을 살 수 있다.

⑧ 한글로 쓰여진 최초의 책이 용비어천가龍飛御天歌이다.

용비어천가는 조선을 건국한 이성계의 조상들의 공덕功德을 기려서(높여서) 지은 노래로서, 하늘의 뜻을 받들어御天. 御天, 용이 되어 날아 오른용비. 龍飛 것을 칭송한 노래가. 歌라는 뜻이다.

⑨ 훈민정음의 창제와 반포로, 서민들도 문자 생활이 어느 정도 가능

해졌고, 문자를 통한 지배층과의 소통도 그전보다는 나아졌다.

그리고 훈민정음에 의한 국문학의 발달로 민족문화가 더욱 발전하는 계기가 마련되었다.

⑩ 이러한 훈민정음은 독창적이고, 서민적이며, 과학적 문자이다. 또한 배우기 쉽고, 소리글자의 특성인 자유로운 소리 표현을 가능하게 하였다. 또한 오늘날에는 컴퓨터와 휴대폰, 스마트폰으로 문자의 전송에 매우 적합하기에, 한글의 정보 전달 속도를 따를 문자가 별로 없다고 할 수 있다. 따라서 우리는 한글을 매우 소중히 여기고 아끼고 사랑하며, 바르게 사용하여 한글이 후대에까지 지속 가능한 문자가 되도록 힘쓰는 것이 조상과 세종에 대한 예의가 아닐까 한다.

219 훈구勳舊와 사림士林, 산림山林

① 훈구勳舊. 공 훈. 오랠 구는 대대로 오래도록舊 나라와 국왕을 위하여 공훈功勳. 공로을 세운 신하 또는 가문을 말한다. 훈구세력은 조선 건국의 중심세력인 신진사대부 가운데서 조선 건국에 적극적이었거나, 특정한 사람이(태종·세조 등) 왕이 되는데 공로를 세운 세력(공신세력)으로, 훈구파라고도 한다. 대표적인 인물이 정도전·권근·신숙주·서거정·윤필상·최항·정인지·한명회 등이다. 이들은 부국강병과 중앙집권체제의 정비를 위해 노력하였으며, 막대한 토지와 노비를 소유하고 조선 초기 사회의 주도권을 장

악하였다. 또한 왕실과 혼인관계를 통해 세력을 더욱 키우며, 점차 권력이 강대해지면서 보수적인 성향을 띄게 되었다.

이들의 권력 비대(강대)화는 왕권이 위축되는 결과를 초래하였다. 이에 성종은 강대해진 훈구세력을 견제하기 위하여, 사림세력을 등용하기 시작하였다. 그 출발이 김종직 등의 사림세력을 3사(사헌부·사간원·홍문관)의 언관言官. 간관. 諫官. 왕과 관리들의 잘못을 비판에 앉혀 훈구세력을 비판하게 한 것이다.

사화에 등장하는 훈구파는 주로 세조의 왕위찬탈篡奪. 신하가 임금의 자리를 빼앗음. 세조는 단종을 제거하고 왕위에 올랐던 인물이다. 세조는, 세종의 아들이면서 단종의 삼촌이다에 앞장선 대가로 공신이 된 자들로 높은 관직과 막대한 토지, 노비를 소유하여 정치, 경제적 특권을 누리면서 부富. 재산와 권력을 대물림(세습)했던 세력이다.

② 사림士林. 선비 사, 집단 림은 선비들士의 집단林을 말한다. 유림儒林. 유학자들의 집단이라고도 한다. 사림세력은 고려 말의 신진사대부 가운데서 조선건국에 반대하거나 소극적이었던 세력으로, 조선건국 직후에 낙향落鄕. 관직은퇴. 귀향하여 학문 연구와 후학後學. 학문에서의 후배. 제자의 양성에 노력했던 인물들이다. 대표적인 사람이 길재이다. 그리고 길재의 학통學統. 학문의 계통. 라인을 이어받은 김숙자·김종직·김일손 등이다. 조선건국 초기에 권력에서 소외되었던 이들은 15세기 말에 훈구파의 권력 비대화로 왕권이 위축되자 이를 견제하고, 합리적이고 온건한 유교 정치를 회복하려는 차원에서 성종이 이들을(김종직과 그의 제자들) 등용함으로써 사림세력은

정계政界. 정치 분야. 정치계에 진출하기 시작하였다.

사림세력은 3사(사헌부·사간원·홍문관)의 언관직에 주로 임명되어 훈구세력이 장악한 의정부나 6조의 잘못을 지적하고 문제점을 비판하였다. 이로써 훈구세력과 사림세력 간에 권력다툼이 발생하였다. 성종은 그 과정에서 어부지리漁父之利로 왕권을 강화하고자 했다. 이 두 세력 간의 권력다툼이 사화士禍이다. 사화士禍는 훈구세력과 사림세력 간의 권력다툼을 말한다.

사림세력은 도덕과 의리 숭상하고, 왕도정치王道政治와 향촌자치제(지방자치제)의 실시를 주장(추구)하였던 정치세력이다.

아울러 이들은 공론公論. 여론. 사림세력의 뜻에 따른 정치의 실시를 주장하였다. 왕도정치王道政治란 국왕은 인덕仁德. 어진 덕으로 나라를 다스려야 한다는 유교의 이상적 정치를 말한다. 그 반대 개념은 패도정치覇道政治이다. 패도정치는 왕이 인의仁義. 도덕. 어짊과 의로움를 저버리고 무력武力. 군사적인 힘과 법제도, 잔꾀로써만 나라를 다스리는 형태를 말한다. 중국의 대표적인 왕이 진시황이라고 할 수 있다. 유학자들이 가장 싫어하는 정치형태이다.

사화士禍는 '사림士林의 화禍'의 준말이다. 조선시대에 네 차례무오. 갑자. 기묘. 을사사화의 사화가 있었고, 그러한 사화를 겪는 과정에서 주로 사림士林세력이 피해禍를 입었다. 그래서 사화士禍라고 부른다.

사화의 과정에서 사림세력이 주로 피해를 입었지만, 그들은 향약, 서원, 향청 등을 통하여 그 세력을 지속적으로 확대 재생산하였다. 그러나 훈구세력은 그렇지 못하여 그 세력이 점차 약화되고 소멸되어 갔다.

16세기 후반 선조 무렵에는 사림들만이 정치를 주도하게 되었다. 그러면서 이제 사림들끼리 한정된 관직권력과 토지재산. 富를 놓고 다툼이 발생하였다. 그것이 붕당朋黨이다.

③ 산림山林. 산산, 집단 림은 학식과 덕이 높으나, 벼슬을 하지 않거나 벼슬에 일정한 거리를 두고 산山속과 같은 곳에 은둔隱遁. 세상일을 피하여 숨음하여 지내는 선비들林을 말하지만, 실제적으로는 벼슬을 하지 않은 것은 아니다. 이들은 과거시험을 거치지 않고 향촌에 은거해 있으면서 유림儒林. 선비들의 존경을 받았다. 정계政界를 떠나 있어도 정치에 무관심하였던 것은 아니다.

④ 흔히 조선 중기 민간에서의 학문적 권위와 세력을 바탕으로 정치에 참여한 선비들을 산림山林이라고 한다.

220 장영실과 이천의 혼천의渾天儀, 간의簡儀

① 전부(온통) 혼, 천체 운행 천, 천문기구 의, 간략할 간.

② 온渾 천체天體. 우주를 형성하고 있는 별들의 운행을 관측하던 천문기구儀를 혼천의라고 한다.

③ 혼천의는 천체의 운행과 위치를 관측하던 기구이다. 혼천의는 천체를 모방하여 해와 달, 별의 자리(위치)를 알아볼 수 있게 한 기구이다.

④ 천체天體는 우주에 존재하는 모든 물체를, 우주를 형성하고 있는

태양, 달, 행성 등을 말한다.

⑤ 천문天文은 우주와 천체의 온갖 현상과 원리, 우주와 천체에 대한 원리와 정보이다.

⑥ 간의簡儀는 혼천의를 간소화簡素化한 천문기계儀이다. 간의는 조선시대에, 천체의 운행과 현상을 관측하던 기구의 하나로서, 세종1432에, 이천과 장영실 등이 나무로 만들어 실험에 성공하자, 나중에 구리로 다시 제작하였다. 해시계(앙부일구)·물시계(자격루)·혼천의와 함께 조선의 천문대에 설치한 매우 중요한 천문관측기기계이다. 오늘날 각도기와 비슷한 구조를 가졌다.

⑦ 고대사회에서 왕은 하늘의 아들로 여겼다. 그래서 중국에서는 황제를 천자天子라고도 했다. 하늘의 아들인, 천자天子는 누구보다 먼저 하늘(우주)의 뜻(정보)을 아는 것은 통치에 매우 중요하고 의미 있는 일이었다. 또한 농업은 전적全的. 하나도 남김없이 모두다 으로 하늘의 의지와 관련된 일이라고 여겼다.

⑧ 오늘날에도 기후氣候. 기온·비·눈·바람 따위의 공기상태는 농사에 절대적으로 영향을 미치는 것이니 옛날에는 더욱 그러하였다.

천체를 관측하여 그 원리와 현상을 파악하는 것은 왕의 국가통치에 매우 중요한 일이 아닐 수 없고, 결코 소홀히 할 수 없는 일이었다.

⑨ 당시에, 농업생산의 증가는 하늘의 뜻과 연결된 문제였다.

⑩ 따라서 천문학은 하늘의 뜻을 알고, 그 뜻에 따라 농업 생산의 증가를 시킬 수 있는 부분에 초점이 많이 맞추어져 있었다.

⑪ 이렇게 천체를 관측하고, 그린 그림이 천상열차분야지도天象列次分野之圖이다. 천상열차분야지도는 천체天體의 현상現象. 모습과 상태에 존재하는 별자리를 차례次例로, 분야별分野 나열한羅列. 죽 벌여 놓음 그림圖이다. 천상열차분야지도는 한양서울을 기준으로, 별자리를 관측하여 만든 천문도天文圖. 천체의 위치와 운행을 나타낸 그림이다.

⑫ 천상天象은 일월성신日月星辰. 해, 달, 별의 변화하는 현상現象을 말한다.

⑬ 앙부일구仰釜日晷는 하늘을 우러러 받드는仰 모습으로 가마솥釜. 가마솥 부을 놓고 해日 그림자晷. 그림자 구 또는 귀로 시간을 재던, 해시계이다. 앙부일구는 솥 모양의 그릇 안쪽에 24절기를 나타내는 눈금을 새기고, 북극을 가리키는 바늘을 꽂아, 이 바늘의 그림자가 가리키는 눈금에 따라 시각을 알 수 있게 만들었다. 현재는 조선 현종 때와 영조 때 만든 것이 전한다.

⑭ 자격루自擊漏. 스스로 자, 칠 격, 물시계 루는 스스로自 치는擊 물시계漏라는 뜻이다. 세종 때 장영실과 이천 등이 왕명王命을 받아 만든 물시계로서, 물이 흐르는 것을 이용하여 스스로 소리를 나게 해서 시간을 알리도록 만든 것이다. 자동적自動的으로 종·북·징을 쳐서擊 시각을 알리도록 만든 물시계漏이다

⑮ 측우기測雨器. 잴 측, 비 우, 기계 기는 강우량降雨量을 측정測定하기 위爲하여 쓰인 기구器具이다. 농업생산을 증가시키기 위해서는 비 오는 상황에 대한 정확한 정보를 가지고 있어야 했다. 측우기의 제작과 사용은 농업에 필수적인 강수량의 정보를 제공하는 역할을 하였다.

⑯ 칠정산七政算. 정사 정은 나라를 다스리는 정치政治처럼 그 운행이 절도와 법칙이 있는 일곱七 가지의 별의 위치를 계산計算하는 방법을 서술한 역서曆書. 책력. 달력. 캘린더를 말한다.

⑰ 칠정七政은 해, 달, 화성, 수성, 목성, 금성, 토성을 말한다. 역서曆書는 일 년 동안의 월일, 해와 달의 운행, 월식과 일식, 절기, 특별한 기상 변동 따위를 날의 순서에 따라 적은 책이다. 역서曆書는 책으로 된 달력이라고 생각하면 된다. 그래서 책력冊曆이라고도 한다.

칠정산은 원과 아라비아의 역법을 참고하여, 우리나라의 실정에 맞게 만든 것이다. 칠정산은 한양(서울)을 기준으로 천체의 운동을 계산한 역법서이다. 칠정산은 내편과 외편이 있다.

⑱ 인지의印地儀. 찍을 인, 땅 지, 기구 의는 세조가 직접 만든것으로 토지土地의 원근遠近. 거리과 고저高低. 높낮이, 방향 등을 찍어서印 재던 기구儀이다.

조선왕조실록 朝鮮王朝實錄

① 왕조王朝는 왕이 다스리는(통치하는) 나라라는 뜻이다.

② 실록實錄은 실제實際로 일어났던 일을 기록記錄한다는 뜻이다. 사실事實을 있는 그대로 적은 기록記錄이 실록實錄이다. 조선왕조실록은, 조선시대朝鮮時代에 왕이 통치하던王朝 기간에 일어난 일을 사실事實에 근거하여 연대 순서로 적은 기록記錄이다.

실록은 후세의 사람들이 역사를 거울(교훈, 가르침, 지혜)로 삼을 수 있도록 하기 위해서 편찬하였다.

③ 조선 태조에서 철종까지 472년간의 역사적 사실을 각 왕별로 기록한 편년체編年體, 연대 순서로의 역사책이다.

④ 따라서 조선왕조실록은 조선시대의 역사와 문화를 이해하는 데 기본이 되는 사서史書, 역사책이다. 사초史草는 실록 편찬의 초고草稿, 초안, 원고를 말한다. 사관史官이 쓴 실록 편찬의 초고草稿, 기초 자료를 말한다.

⑤ 조선왕조실록은 조선시대의 정치, 외교, 군사, 제도, 법률, 경제, 산업, 교통, 통신, 사회, 풍속, 미술, 공예, 종교 등 각 방면의 역사적인 사실을 망라網羅, 모두 포함하고 있어 세계적으로 그 유례가 없는 귀중한 역사 기록물이다. 또한 조선왕조실록은 그 역사서술에 있어 매우 진실성과 신빙성이 높은 역사 기록이라는 점에서 의의意義, 의미, 뜻, 가치가 크다.

실록의 편찬은 대개 전왕前王이 죽은 후, 다음 왕이 즉위한 초기에 이루어지는데, 춘추관 내에 임시로 설치된 실록청에서 담당하였다.

⑥ 고려사절요高麗史節要는 조선 문종 때, 춘추관(역사편찬기관)에서 편찬한 고려시대에 대한 역사책으로, 절요節要, 절제할 절, 요약할 요는 '간추리다, 요약하다'는 뜻이다. 따라서 고려사절요는 고려高麗 시대의 역사歷史를 간추려서節要 편찬한 책이다.

⑦ 동국통감東國通鑑, 거울 감은 조선시대 성종 때에 서거정 등이 동국東

國. 우리나라. 삼국시대에서 고려 말까지의 역사 가운데서, 정치에 본보기鑑. 거울.

참고가 될 만한 것을 알려줄通 목적으로 편찬한 책이다.

⑧ 자치통감資治通鑑은 통치統治에 도움이 될 만한 자료資料나, 본보기

鑑를 알려줄通 목적으로, 중국 송나라의 사마광이 편찬한 중국

역사책이다. 동국통감은 자치통감을 본보기(참고)로 하여 만든

책이다.

222 공전公田과 사전私田

① 관청(국가) 공, 개인 사.

② 수조권을 국가가 가지고 있으면 공전公田, 수조권을 개인(관리 등)

이 가지고 있으면 사전私田이다.

③ 수조권收租權은 조세租稅를 거둘收 수 있는 권한權限을 말한다.

④ 조세는 토지(땅)에서 생산한 것의 일부를 세금으로 국가에 납부

하는 것을 말한다. 따라서 조세의 부과 기준은 토지이다.

⑤ 토지의 소유권이 국가에 있으면 국유지이고, 개인에게 있으면 사

유지이다.

⑥ 국가는 관리들이 국가를 위해서 근무한 대가로 녹봉을 지급하거

나, 토지를 지급하였다. 녹봉은 대체로 곡식이나 옷감 등 현물現

物. 물자로 지급되었다.

① 지주地主는 땅土地의 주인主人, 토지의 소유권을 가진 사람으로, 실제적인 땅의 소유자이다.

② 전호佃戶. 소작인 전는 지주의 토지를 빌려 농사를 짓는 사람, 소작인小作人. 소작농을 말한다. 조선 후기의 풍속화가 김홍도의 〈타작도〉에서 양반지주와 소작인(소작농)의 대조적인 모습을 엿볼 수 있다. 조선시대에 대체로 양반은 지주가 농민은 소작인이 되는 경우가 많았다. 타작打作은 수확한 곡식의 이삭에서 알곡을 털어내는 일을 말한다.

③ 전주田主는 토지의 수조권을 가진 사람이다. 토지에 대한 수조권이 국가에 있으면 공전公田, 수조권이 개인(관리)에 있으면 사전私田이다.

④ 전객佃客은 전객은 토지의 소유권을 가진 사람이다. 국가에 세금을 내는 사람이다. 수조권이 행사되던 토지의 소유권을 가진 사람을 전객이라고 한다.

⑤ 조세租稅는 전객이 전주(국가 또는 관리)에게 내는 세금을 말한다. 대략 조세는 1/10을 냈다. 전주가 국가이든 관리이든 동일하다. 국가가 관리들에 지급하는 녹봉祿俸은 늘 부족하여, 토지를 지급했는데, 이때 관리는 토지의 소유권을 받는 것이 아니고, 수조권(세금을 거둘 수 있는 권리)만 받았다. 국가로부터 관직에 근무한 대가로 지급 받은 토지에서 관리는 국가를 대신하여 1/10

의 조(세)를 받아서 생활했다.

⑥ 지대地代 : 토지를 사용한 대가로, 보통 1/2(개인) 또는 1/4(국가)를 냈다. 소작인은 양반지주에게 수확량의 절반가량을 바쳐야 했다. 이를 지대地代라고 한다.

땅의 소유자가 국가에 내는 세금이 지세地稅이다. 지세地稅는 지주가 내는 것이 원칙이지만 지주는 지세를 소작농에게 떠넘기는 경우가 많았다.

⑦ 토지소유자가 수조권자에게 조세를 내는 것은 전주전객제이고, 토지를 빌린 자(소작농)가 지주에게 지대를 내는 것은 지주전호제이다.

⑧ 전주전객제에서 조세는 1/10을, 지주전호제에서 지대는 1/2(개인), 1/4(국가)을 보통 납부했다.

⑨ 왕토王土사상 : '천하의 토지는 왕의 토지가 아닌 것이 없고, 천하의 신하는 왕의 신하가 아닌 것이 없다' 라는 관념이다. 그 나라의 모든 땅은 왕의 것이라는 관념이다. 왕토사상은 명목상의 이야기일 뿐이고, 실제적으로 개개인은 땅을 소유할 수 있었다.

⑩ 땅 지, 주인 주, 밭(토지) 전, 사람 호戶, 소작할 전佃, 사람손. 나그네 객客.

⑪ 자영농自營農. 스스로 자, 지을 영 : 자신自身의 소유인 땅에서 농사를 지어서耕. 경작 생활하는 농민農民이다.

⑫ 소작농小作農. 적을 소, 지을 작 : 적은小 규모의 남의 땅을 빌려 경작耕作하여 사는 농민農民이다.

⑬ 직역職役. 부릴 역, 일을 시킬 역 : 직무職務· 업무· 구실(소임, 역할), 구
실아치(벼슬아치 밑에서 일하던 사람, 아전 등)

⑭ 통일신라시대에는 관리가 직역(직무)의 대가로 녹읍 또는 관료전
을 받았고, 고려시대에는 전시과를, 조선시대에는 과전을 국가가
지급하였다. 통일신라의 식읍은 직역의 대가로 지급된 땅이 아
니고, 진골 귀족이기 때문에 나라에 공을 세웠기 때문에 지급한
것이다.

⑮ 직역의 대가로 받은 토지에서 관리들이 행사할 수 있는 권리는
대부분, 수조권이다. 따라서 원칙적으로 관리가 관직에서 물러
나면退職 수조권을 국가에 반납해야 했다. 수조권은 세습하지 않
는 것이 원칙이었다. 그러나 실제로는 여러 가지 이유로 세습되
는 경우도 있었다.

⑯ 병작반수竝作半收. 모두 병, 지을 작, 반 반, 거둘 수 : 지주가 전호(소작인)에게
지대로 경작하여耕作 수확한 생산물의 절반折半을 부과하는徵收는.
收 것.

⑰ 조세는 토지를 소유한 지주가 국가나 관리에게 내는 것이고, 소
작농은 지주에게 지대(소작료)만 납부하면 되었다.

224 역役, 군역軍役과 요역徭役

① 부릴 역, 일 시킬 역, 군사 군, 구실 요.

② 조선시대에 일반백성들이 부담해야 했던 기본적인 의무가 조세

의 납부, 병역과 군역에 동원, 공납공물의 부담이었다.

③ 역役은 정남丁男. 16~60세의 양인남자을 대상으로 부과하였다.

④ 역役은 일반백성들이 국가에 노동으로써 봉사해야 하는 의무였다.

⑤ 역役에는 국방의 의무인 군역軍役과 토목공사 등에 강제로 동원되어 일을 해야 하는 부역賦役. 요역이 있었다.

⑥ 부역賦役. 부과할 부, 노동 역은 국가가 백성들에게 의무적으로 부담시켰던 노역勞役. 노동이었다. 부역은 성곽의 건축 등에 강제로 동원되어 일정한 기간 일을 해야 했다. 물론 임금은 지급되지 않았다.

⑦ 호구조사(인구조사)와 그에 따른 호적戶籍의 작성은 조세의 부과와 역의 동원에 반드시 필요한 일이었다.

⑧ 호적은 백성들에게 세금을 매기거나 나라에서 필요한 노동력을 얻기 위해 호구(인구)를 조사하고 기록한 문서이다. 조선시대에 호구조사와 호적의 작성은 3년을 단위로 하였다.

⑨ 호구조사를 하고, 호적을 작성한 다음에 그것을 근거로 16세 이상의 남자들에게 호패號牌를 발급하게 한 것이 호패법號牌法이다.

⑩ 호패법은 조선 태종 때 처음 실시하였다.

⑪ 호패는 오늘날 주민등록증과 비슷한 역할을 하였다. 신분증의 일종이다. 조선시대에 16세 이상의 남자들이 가지고 다녔던 일종의 신분증이 호패이다. 신분에 관계없이 16세 이상의 남자는 호패를 가지고 다녀야 했다. 여자는 전혀 호패와 상관이 없다.

⑫ 호패법은 조세징수와 역(군역과 부역)의 부과에 활용하기 위해서

실시하였다. 잠시 중단된 때도 있었지만, 대체로 조선 후기까지
계속 실시하였다.

⑬ 16세기 이후, 군역(병역)은 군포軍布의 납부로 대신하였다.

⑭ 군포軍布는 조선시대에, 병역을 면제하여 주는 대신으로 받아들
이던 삼베, 무명(목화로 만든, 무명실로 짠 천)과 같은 옷감을 말
한다.

225 공납貢納 = 납공納貢, 잉류仍留

① 바칠 공, 받아들일 납.

② 백성이 바치고貢 국가가 받아들이는納 물건이 공납이다.

백성들이 바치는 물건貢物을 국가가 받아들임納을 뜻한다.

'공貢'자의 뜻은 '토산물을 바친다.' 또는 '지위가 낮은 사람이나 국
가가 지위가 높은 사람이나 국가에 바친다.'는 것으로, 공납은 백
성이 그 지방의 토산물을 조정朝廷에 바치는 행위를 말한다.

③ 공납貢納은 공물貢物을 받아들임納을 뜻한다.

④ 공납품貢納品은 공물貢物로 바치는納 물품物品을 말한다.

⑤ 백성들이 그 지방에서 나는, 특산물을 조정朝廷에 바치던 일. 또
는 그 세제稅制. 세금 제도를 말한다. 중앙정부와 궁중宮中의 수요(필
요한 물품)를 충당하기 위하여 지방에 부과하여 상납하게 한 물
품이 공납품이다.

⑥ 특산물特産物은 어떤 지역에서 특별特別히 생산되는 물건物件을 말

한다. 공납품은 대체로 특산물로 바쳤다.

⑦ 대표적인 특산물로는 충청도·전라도·경상도의 무명, 평안도·황해도의 명주, 함경도·강원도의 베, 강원도의 목재, 황해도의 철물, 전주·남원의 종이, 임천·한산의 생모시, 안동의 돗자리, 강계의 인삼, 제주도의 말 등이다.

⑧ 고려시대 이후에는 농산물·수산물·광산물 등 각종 토산물을 상공常貢과 별공別貢으로 구분하여 군현을 단위로 그 종류와 액수를 부과하였고, 각 군현郡에서는 다시 이것을 남자 장정 수를 기준으로 하여 백성에게 분담시켰다.

⑨ 상공常貢은 지방의 생산물 가운데 품목과 수량을 정해놓고 해마다 그대로 상납하도록 하는 것이고, 별공別貢은 임시적인 특별 과세의 성격을 띠는 것으로서 특산물을 지정해서 필요할 때마다 내게 한 것이다.

⑩ 전세의 부과기준은 토지이고, 군역役의 부과기준은 정남16~60세의 양인남자이다. 그리고 공납의 부과기준은 호戶. 가정. 집집마다이다.

⑪ 양전사업量田. 헤아릴 량. 밭 전은 고려· 조선시대에 토지의 실제 경작 상황(현황)을 파악하기 위해 실시한 토지측량 및 조사사업이다. 일종의 토지조사사업이라고 할 수 있다. 이것을 근거로 작성한 장부를 양안量案. 토지대장이라고 한다.

⑫ 조세부과의 근거가 되는 토지대장을 양안量案이라고 한다.

⑬ 농토에서 생산한 곡식에 1/10의 조세를 부과하기 위해서 필요했던 장부가 양안이다.

⑭ 양안은 통일신라의 장적帳籍. 민정문서의 일종으로서, 양안에는 토지에 대한 정보가 주로 기록되었으나, 장적은 인적사항도 기록되어 있어서 양안과 호적을 합친 성격을 지닌다.

⑮ 잉류仍留. 말미암을 잉. 이에 잉. 인할 잉. 머물 류는 중국 사신(외교관)의 접대와 군사적인 이유, 쌀의 생산이 많지 않고 운반하기 어렵기 때문에 잉. 仍, 조세를 거두어서 서울로 운반하는 것을 만류挽留. 어떤 일을 하지 못하게 붙들고 말리는 것하여, 그 지역에 두고 사용하게 하던 제도이다.

⑯ 조선시대에 조세를 걷을 때 중앙의 경창京倉. 서울의 창고으로 조세미를 운반하지 않고, 현지現地. 그곳에서 군사비용이나 사신 접대비용 등으로 쓰도록 한 제도이다.

조선시대에는 지방에서 거둔 조세미租稅米. 조세로 거둔 곡식를 서울의 중앙으로 옮길 때 조운漕運. 조세를 배로 실어서 운반하는 것을 이용하였다. 각 지방 관청에서 거둔 조세의 일부는 관청의 운영비로 쓰고, 일부는 지방의 조창漕倉. 조세미를 일시적으로 보관하던 창고에 모아 두었다가, 중앙서울의 경창京倉으로 옮겼다. 이때 전라도·충청도·황해도는 바닷길로, 강원도는 한강으로, 경상도는 낙동강과 남한강을 이용해 경창으로 운송하였다.

그러나 평안도·함경도·제주도는 조세미를 경창으로 운송하지 않았다. 평안도와 함경도는 국경에 가깝고, 명나라와 청나라의 사신(외교관) 왕래가 잦은 곳이어서 조세를 현지에서 사신(외교관. 사절) 접대비와 군사비로 사용하게 하고, 제주도는 논이 별로 없어서 쌀의 생산이 많지 않고, 바닷길도 험한데다 운송 거리까지

멀어 조운에서 제외하였다. 이러한 제도를 잉류라 하고, 잉류가
적용된 지역을 잉류지역이라고 한다. 따라서 함경도·평안도·제
주도는 잉류지역이었다.

226 결부법結負法과 전분田分6등법, 연분年分9등법

① 맺을 결, 질 부, 부담할 부, 반 전, 해 년, 나눌 분.

② 결부법結負法, 결부제은 삼국시대부터 조선시대 말기까지 국가의 토
지파악과 조세부과의 기준이 되어온 토지제도로서, 結결·부負·
속束·파把의 단위로 수확량에 따라 토지의 등급을 매기고 면적
을 측량하여 그 결과에 따라 조세의 액수를 결정하던 제도法이
다. 10파가 1속, 10속이 1부, 100부가 1결이다.

조세가 구체적으로 부과될 때에는 '결結과 부負'만이 사용되었기
때문에 결부법結負法이라는 명칭이 붙었다.

조선시대 토지면적의 기본단위인 결結은, 절대 면적이 아니라 미
米 300두斗라는 생산량을 단위로 한 것이다. 쌀 300말이 생산되
는 땅을 1결結이라고 한다. 따라서 토지의 비옥(기름짐)과 척박
(메마름)에 따라 토지 면적이 다르게 되는 것이다.

③ 전분6등법田分六等法은 조선시대 전세 징수의 편의를 위해 토지田
를 '비옥한 정도 기준으로 여섯六 등급等級으로 나누어分 세금을

징수하던 제도法이다. 토지의 등급을 비옥 정도에 따라 1~6등전等田으로 나눈 것이 '전분6등법'이다.

④ 연분9등법年分九等法은 조선시대에 전세 징수의 편의를 위해 1년年 농사의 '풍흉豐凶. 풍년과 흉년의 정도'를 아홉九등급等級으로 구분區分하여 세금을 징수하던 제도法이다.

즉, 1년 농사의 풍흉을 상상년上上年 · 상중년上中年 · 상하년上下年 · 중상년中上年 · 중중년中中年 · 중하년中下年 · 하 상년下上年 · 하중년下中年 · 하하년下下年의 9등으로 나누어 조세 징수를 결정하던 방식이다.

전분6등법과 연분9등법은 세종 때 실시되었다.

⑤ 답험손실법踏驗損失法은 관리나 토지 주인이 직접踏. 밟을 답 농작의 상황을 조사하여驗. 조사할 험 보고하면 작황의 손실損失. 손해에 따라 일정한 세금을 감면하던 세율 규정法이다. 고려 말 공양왕 때에 과전법 실시1391 이후부터 조선 세종 때1444 공법貢法을 제정할 때까지 시행하였다. 그러나 폐단이 많아 세종 때 전분6등법田分六等法과 연분구등법年分九等法에 따라 세금을 부과하였다.

답험손실법 시행에 따라 답험관踏驗官인 향리 · 토호의 중간 부정이 극심해지자 이를 근절시키고, 일률적인 조세제도 운영을 통해 국가재정수입을 늘이기 위해, 세종이 제정한 새로운 공법貢法이 '전분6등법과 연분9등법'이다. 공법貢法이란 세금貢을 부과하는(매기는) 방법方法이라는 의미이다.

227 의창義倉, 상평창常平倉

① 옳을 의, 창고 창.

② 의창義倉은 옳은義 일에 쓸 물건을 보관하던 창고倉庫라는 의미이
다. 고려시대에 가난한 백성(농민)들을 위하여 창고에 보관하고
있던 곡식을 빌려주고, 가을에 추수를 한 후 일정한 이자를 붙
여서 갚게 하던 빈민구제제도가 의창이다. 곡식을 저장하여 두
었다가 흉년이 들면 그것으로 빈민을 구제하던 기관 또는 곡식
을 저장해두는 창고를 의창이라고 한다. 태조 왕건이 만든 흑창
黑倉을 계승한 것이다. 조선 중종 때 진휼청이 설치되면서 의창은
폐지되었다. 의창은 조선 후기 환곡還穀 제도로 계승되었다.

③ 항상 상, 고를 평, 창고 창.

④ 상평창常平倉은 항상常 물가가 고르게平 유지되도록 하기 위해서
물자를 보관하고 있던 창고倉庫 또는 기관이다. 상평창常平倉은 고
려시대와 조선시대의 곡물의 가격을 조절하던 기관이다. 상평창
은 흉년에는 백성들을 구하고, 풍년에는 농민들이 손해를 입지
않도록 한다는 정책에서 나온 것으로서, 풍년에 곡가(곡식의 가
격)가 떨어지면 관청에서 시가市價. 시장의 가격 보다 비싸게 미곡米穀.
곡식을 사 두었다가 흉년에 곡식의 가격이 오르면 싸게 방출放出. 내
보냄함으로써 곡가穀價를 조절하여, 생활을 돕고자 한 것이었다.

① 배로 실어 나를 조, 운반할 운, 역참 역, 집 원.

② 조운漕運은 조선시대에 지방에서 거두어들인 조세租稅. 세금를 서울의 경창京倉으로 배로 실어漕 운반運搬. 옮김하던 제도를 말한다.

③ 각 지방에서 거둔 조세인 현물現物. 세납물. 세금으로 낸 물자. 곡식 등을 수도인 중앙(서울)으로 배로 운송하던 제도이다. 지방에서 거두어들인 세납물稅納物을 수로水路. 강길 또는 해로海路. 바닷길를 이용하여 서울(중앙)로 수송하던 제도이다.

④ 잉류仍留. 말미암을 잉, 이에 잉, 인할 잉, 머물 류는 중국사신(외교관)의 접대 때문에, 군사적인 이유 때문에, 쌀의 생산이 많지 않고 운반하기 어렵기 때문에잉.仍 조세를 거두어서 서울로 운반하는 것을 만류挽留. 어떤 일을 하지 못하게 붙들고 말리는 것하여, 그 지역에 두고 사용하게 하던 제도이다.

⑤ 거둔 조세를 일시적으로 보관하던 창고를 조창漕倉이라 하고, 조창에서 다시 서울의 경창京倉. 마포와 용산까지 운반하여야 했다. 바닷가에는 아산의 공진창이, 강가에는 충주의 가흥창이 가장 대표적인 조창이었다.

⑥ 조운에는 출발지점, 기항지점, 도착지점이 있는데, 이 3개의 지점을 맺은 선이 조운항로이며, 출발지점과 도착지점에 있던 창고가 조창이었다. 조창 가운데 강가에 있으면 강창江倉, 바닷가에 있으면 해창海倉이라고 한다.

조선시대에는 해안에는 포浦, 강이나 하천에는 진津·나루터이 있어 교통을 원활히 하였다. 포와 진 가운데서 가장 대표적인 곳이 부산포동래와 노량진을 들 수 있다. 노량진은 한강 상류의 한강진과 하류의 양화진과 함께 한강의 나루터 가운데서 가장 중요한 길목이었다.

⑦ 역驛 : 공문公文의 전달과 공물公物의 수송을 목적으로 전국에 30리 간격으로 역을 설치하였다. 역에는 역장, 역리, 역졸과 여러 역을 관리하는 찰방이 있었다. 조선 초기 전국(8도)에는 40개의 역도와 535개의 역에 5380필의 말이 마련되어 있었다.

역참驛站·역마를 참은 역驛이 있는 마을站을 말하는데, 역驛이라고도 한다. 지친 말과 사람이 쉬었다 가는 곳이 역驛있다. 그리고 역의 근무자들이 주로 하는 일은 말을 관리하는 것이었다. 오늘날에도 기차와 사람들이 쉬었다(머물렀다) 가는 곳을 동일하게 역驛이라고 부르고 있다.

창덕궁의 돈화문을 기점起點·출발점으로 해서 숭례문南과 흥인문東을 통하여 전국이 연결되도록 도로망이 마련되어 있었다.

⑧ 원院 : 역과 역 사이에 설치된 국립여관으로 출장관리의 편의를 목적으로 설치되었다. 원은 출장 나온 관리의 편의를 위하여 역참에 둔 숙식宿食·자고 먹고 시설이다. 원의 이름에서 유래된 지명으로는, 이태원·조치원·사리원·장호원·퇴계원 등이 있다.

⑨ 원院은 양난(왜란과 호란)이후 거의 폐지되었다.

⑩ 마패馬牌는 조선시대에, 공사公事·공적인 일로 지방에 출장 나가는 관

리에게 역마驛馬를 징발할 수 있는 표로서 주던 패牌이다. 지름 10cm가량의 둥근 구리판으로 앞면에는 마필馬匹의 숫자(수효), 뒷면에는 발행 번호와 날짜 따위를 새겼다.

암행어사는 이를 인장印章. 관인. 도장으로도 썼고, 어사가 출두 할 때는 역졸이 이를 들고 '암행어사 출두요'를 외쳤다. 앞면에 새겨진 마필馬匹. 말 몇 마리의 수는 1에서 최고 10마리로, 역에서는 그 수에 따라 말을 내주었다.

⑪ 조선시대에 조운과 역·원 제도를 실시한 근본적인 목적은 중앙 집권적 국가경영에 있었다.

229 봉수烽燧제도

① 횃불 봉, 연기 수.
② 고려와 조선시대에 변방(국경)이나 지방에서 발생한 군사적 긴급 사태를 중앙(왕)에 신속하게 알리기 위한 통신제도로, 밤에는 횃불봉. 烽과 낮에는 연기수. 燧로 신호를 보냈다.

봉수는 횃불과 연기로 정보를 전달하는 방식이기에 자세한 사항을 전하기 어려웠다. 따라서 그저 미리 약속한 것을 일정한 방법으로 알려 줄 뿐이었다. 주로 군사적인(국방상) 긴급사항과 관련된 것들이 많았다.

③ 봉수의 루트(통로)는 다섯 개였다. 함경도 1개, 경상도 1개, 전라도 1개, 평안도 2개였다. 이 다섯 개의 통로에 620여(전국. 8도)

개의 봉수대가 있었고, 모두 목멱산(남산)으로 집결(모이게)되어 있었다. 서울 남산에 있던 5개의 봉수대는, 올라오는 곳에 따라서 횃불이 타오르기 때문에 어느 방면으로 적이 쳐들어오는지 짐작할 수 있었다. 남산 봉수대는 전국 각지에서 올라오는 정보를 병조兵曹. 국방부에 종합 보고하는 종점이 되었다. 병조에서는 매일새벽 승정원承政院. 국왕비서기관에 보고하여 임금에게 알리고, 변란變亂이 있으면 밤중이라도 즉시 승정원에 보고하였다.

230 직파법과 모내기법 그리고 이모작二毛作

① 옮길 이, 모 앙, 바로 직, 파종할 파.

② 이앙법移秧法. 모내기법은 벼농사에서 못자리(볍씨를 뿌려 모를 기르는 땅)에서 모秧. 벼의 싹를 어느 정도 키운 다음에 그 모를 본 논으로 옮겨(移)심는 재배방법方法을 말한다. 고려시대 때부터 시행된 농법이기는 하지만, 수리시설의 미비로 조선 전기까지는 삼남三南. 경상도, 전라도, 충청도 지방 일부와 강원도 일부지역에서 시행되었을 뿐이었다. 모내기법(이앙법)이 전국적으로 널리 보급된 것은 임진왜란 이후인 17세기였다.

③ 조선 후기에 이르러 모내기법(이앙법)이 전국적으로 확대 보급된 것은 직파법보다 제초작업이 간소하여 노동력을 절약하면서도 더 많은 수확을 올릴 수 있기 때문이었다. 또한 이모작을 가능하게 하는 것은 물론 볍씨(벼의 씨)를 절약할 수 있는 장점이 있었

다. 모내기법과 이모작의 실시로 농업생산력이 증가하고 광작廣
作이 가능하게 되었다. 광작으로 농민의 계층분화가 발생하였다.
즉 농민의 빈부격차가 심해졌고, 부농富農. 부자농민이 양반으로 신
분상승하는 경우가 많았다. 그러나 빈농貧農. 가난한 농민은 광산이나
수공업촌, 농촌의 날품팔이가 되었다.

④ 직파법直播法. 바로 직, 뿌릴 파, 법 법은 바로 뿌림, 모내기를 아니하고 논
밭에 직접 씨(볍씨)를 뿌리는 농법이다.

⑤ 시비법施肥法. 베풀 시, 살찔 비, 법 법은 거름 주는 일이다. 토양이나 작물
에 비료성분을 공급하여 농작물의 생육을 촉진시키는 농사 기
술(방법)로써, 인분人糞 · 우마분牛馬糞 · 녹비綠肥. 풀이나 나무로 만든 비료 등
이 사용되었다.

⑥ 광작廣作. 넓을 광, 지을 작은 조선 후기에 농민들이 경작지耕土를 늘려서
廣 넓은 토지를 경작耕作하려던 현상을 말한다. 벼농사에 이앙법
(모내기법)이 널리 보급되면서 같은 양의 노동력으로 더 넓은 토지
를 경작할 수 있게 되자 경작지를 늘려 농사짓기(광작)를 하려는 농
민들이 점차 늘기 시작하였다. 모내기 법은 조선 초기부터 남부지
방의 일부 지역을 중심으로 행해지고 있었지만, 직파법 대신에 모
내기법으로 널리 농사를 짓게 된 것 은 조선 후기에 들어서였다. 이
때부터 광작도 비교적 활발하게 이루어지기 시작하였다.

광작의 확대는 농민의 빈부의 격차를 심화시켰다. 흥부전의 놀
부는 경영형 부농의 모습이고, 흥부는 빈농의 모습이라고 할 수
있다. 부농은 양반으로 신분상승 해갔고, 빈농 도시빈민층을 형

성하거나 품팔이 등으로 전락했다.

⑦ 이(2)모작二毛作. 차례 모 은 한 해에 같은 땅에 두二 차례モ 농사를 짓는 것을 말한다. 같은 땅에서 한 해에 종류가 다른 농작물을 두 번 심어 거두거나, 또는 그런 방식의 농사기술을 말한다. 벼와 보리, 또는 벼와 밀 등의 방식이다. 그루갈이라고도 한다. 그루(나무나 곡식 같은 것의 밑동)를 갈아엎고 다시 짓는다는 뜻에서 온 말로, 이를테면 벼를 거둔 뒤에 보리나 밀을 가는 따위를 말한다.

⑧ 농본주의農本主義는 농업과 관련된 일에 매우 높은 가치를 부여하고, 국가 존립存立의 기본으로 하는 사상을 말한다. 조선은 농본주의 국가였다. 농업은 조선 경제의 기본이었다. '농자천하지대본야也農者天下之大本也' 즉, 농업은 천하(세상)의 가장 큰 근본이다.'라는 사상을 바탕으로 농업의 발전과 농업 생산량의 증가는 국가와 백성이 동시에 공존할 수 있는 지름길이라 여겼다.

⑨ 윤작법輪作法. 돌 윤, 지을 작 은 돌려짓기, 작물(곡식)을 일정한 순서에 따라서 주기적으로 교대하여 재배하는 방법이다. 한 경작지에 여러 가지의 다른 농작물을 돌려가며 재배하는 경작법이다. 2년3작법 등이 있다. 유럽에서는 토지를 3등분하여 번갈아 농사짓는 '3포식三圃式. 밭 포'농법을 사용하기도 했다. 윤작법은 이어짓기로 오는 지력地力을 회복시키는 방법으로 사용되었다.

이어짓기연작. 連作. 이을 연 는 같은 작물을 해마다 동일한 곳에서 재배하는 것을 말한다. 대체로 이어짓기를 계속하면 인위적으로 지력을 보강하지 않는 한, 지력이 저하되어 병충해가 오는 등으로 수확량이 감소한다.

⑩ 상품작물^{商品作物}은 시장에 내다 팔아 돈벌이를 목적으로 재배하는 작물로서, 조선 후기에 특용작물로 인삼·담배·약재, 의류 작물로는 목화·삼·모시 등의 상품작물을 재배하기 시작하였다. 이로써 시장이 활기를 띠게 되었다.

18세기경부터 상품 유통이 활발해지면서 농업분야에서도 상품화를 전제로 하는 상업적 농업이 발달하기 시작하였다.

⑪ 논농사에 모내기법에 의한 2(이)모작이 가능해지고, 밭농사에서의 견종법(골뿌림법. 밭고랑에 파종)으로 농사를 지음으로써, 노동력은 감소하고 생산량은 증가하면서 논밭 모두에 광작이 가능해졌다. 광작은 결국 농민의 계층을 분화시켜 부농^{富農. 잘사는 농민}과 빈농^{貧農. 가난한 농민}의 발생을 초래하였고, 부농은 양반으로의 신분상승이 가능해졌지만, 빈농^{貧農}은 경작할 농토를 얻기 어려워져 점차 상공업자나 광산 등의 임노동자로 전환되어 갔다.

231 김육, 대동법^{大同法}

① 큰 대, 같을 동, 법 법.

② 대동법^{大同法}은 하나로 크게^大 합쳐서 동일^{同一}하게 한 제도^法라는 의미이다. 조선 중기 이후 공물^{貢物}을 미곡^{米穀. 쌀}으로 통일하여 바치게 하던 세금 제도이다. 1608년(광해군)경기도에서 처음 시

행되기 시작하여, 1708년숙종에 완성되었다.

③ 지방의 공납貢納. 특산물을 현물現物 대신에, 쌀로 납부하게 한 제도 이다. 여러 종류의 특산물을 쌀로 동일하게 납부하게 한 제도로, 이때 납부하던 쌀을 대동미大同米. 쌀 미라고 한다. 쌀이 부족한 지역에서는 돈이나 옷감을 납부하면 되었다. 이때 내는 돈을 대동전大同錢, 옷감을 대동포大同布라고 한다. 대동미의 부과는 농토 1결에 2말이었다. 이로써 공납의 부과 기준이 '호戶. 가정'에서 '토지田'로 바뀌었다. 이를 공납貢納의 전세화田稅化라고 한다.

대동법은 지방의 특산물을 납부하는 공납貢納을 토지세로 대체한 법이다. 따라서 대동법의 실시에 양반지주들의 반대와 반발이 심했고, 함경도와 평안도, 제주도를 제외하고 전국적으로 실시하는데 100년이 걸렸던 것이다. 대동법의 실시에 반대한 대표적인 인물이 송시열 등이다.

④ 조세(전세), 역(부역, 군역), 공납(특산물)은 일반백성들이 국가에 부담해야 하는 가장 대표적인 의무였다.

⑤ 그 가운데 공납 부과의 기준은 '호戶. 가정'였다.

⑥ 공납貢納은 '공물세납貢物稅納'의 줄인 말로서, 국가는 1년 동안 필요로 하는 전체 물품특산물을 가정을 단위로 나누어서, 그 숫자나 양만큼 납부하게 했다. 공납은 생활이 어려운 농민들에게 전세보다 그 부담이 더 컸다.

⑦ 공납은 세금으로 특별特別히 국가에 바치는 물건산물. 産物인데, 그 종류는 다양하고 또한 그 지방에서 생산되지 않는 것까지 있어

서 큰 문제였다. 이에 특정한 사람이 먼저 일정한 공물을 국가에 바치고, 나중에 백성들로부터 거두게 했는데, 이를 '방납防納'이라고 한다. 방납防納은 조선시대에, 하급관리나 상인들이 공물을 백성을 대신하여 나라에 바치고 백성에게서 높은 대가를 받아 내던 것이었다.

방납防納. 막을 방, 바칠 납은 백성들이 직접 나라에 공물貢物을 납부納付하던 것을 하급관리나 상인들이 막던防 일을 말한다. 방납防納에 '놓을 방放'자가 아니라 '막을 방防'자를 쓰는 이유는 공납업자들이 관리들과 짜고 농민들이 마련한 공물을 퇴짜 놓고 자신들의 물건을 사서 납품하게 만들었기 때문이다.

⑧ 하급관리나 상인공인. 貢人들이 대신 납품하고代納. 대납, 납품한 물건의 수량보다 더 많은 것을 백성들로부터 거두어들이는防納 과정에서 백성들이 손해弊를 입었는데, 이를 '방납의 폐단弊端'이라고 한다.

⑨ 이러한 방납의 폐단을 바로잡아 국가의 수입을 늘이고 백성들의 피해를 줄이고자 실시한 제도가 대동법이다. 또한 지역별로 부담이 불공평한 점과 현물 수송의 불편함을 해소하기 위한 의도도 있었다.

⑩ 대동법은 광해군 때1608, 이원익의 주장에 따라 방납으로 인한 폐단이 가장 심했던 경기도부터 처음으로 실시하였다. 그 후 100년이 지난 숙종 때1708에, 잉류 지역인 함경도·평안도·제주도를 제외하고 전국적으로 실시되었다.

⑪ 대동법의 실시로 국가의 수입은 증가하였고, 토지를 갖지 않은 백성들은 대동미의 납부에서 해방됨으로써 생활 안정에도 어느 정도 기여하였다.

⑫ 대동법의 실시로 공물 대신에 대동미가 납부되었기 때문에, 국가는 대동미로 다시 필요로 하는 물자를 사서 충당해야 했다. 그 과정에 국가에 필요한 물자를 공급하여 주는 상인이 등장하였다. 이를 공인貢人이라고 한다. 공인은 국가로부터 대동미를 지급받고, 그 대가로 국가에 필요한 물품을 공급해주던 상인을 말한다. 공납품貢納品을 국가에 공급하던 상인商人이다.

⑬ 공인의 활동은 조선 후기 상공업의 발달을 초래하였다.

⑭ 대동법의 실시를 처음 주장한 사람은 광해군 때1608 이원익이다. 그의 주장에 따라 경기도 지역에 처음 대동법을 실시하였다. 그 후 인조 때 대동법의 확대 실시에 자신의 정치 인생을 일관되게 걸었던 사람이 김육이다. 김육은 백성들을 편안하게 해주는 것이 정치가 최고의 정치이고, 그 방법이 대동법의 실시라고 생각했던 인물이었다.

⑮ 대동미, 대동전, 대동포의 출납出納은 선혜청에서 담당하였다. 그 후 선혜청의 업무는 균역청으로 통합되었다.

⑯ 영정법·균역법·대동법은 조세제도에 대한 개혁이고, 5군영·속오군의 설치는 군사제도에 대한 개혁이며, 비변사의 기능 확대는 정치제도의 개혁이다.

⑰ 조선 후기에 농업에서 부농富農이 출현하고 수공업에서 선대제가

이루어질 정도로 생산이 활발해지고 상업에서 허생전의 허생과 같은 도고都賈. 대상인의 출현은 자본주의 새싹이 자라고 있었음을 증명하는 것들이다. 도고都賈는 조선 후기에 도거리(따로따로 나누지 않고 한데 합쳐서 몰아치는 일. 한꺼번에 많이)를 하는 독점상업의 행위 또는 기관, 상인을 말한다. 도고는 물건을 도거리로 맡아서 팔던 도매상인都賣商人이다.

232 시전市廛상인, 보부상褓負商, 난전亂廛

① 시장 시, 가게 전, 질 보, 일 부, 장사 상.

② 시전市廛은 시장(市) 거리에 있던 큰 가게廛로, 나라에서 필요로 하는 물품을 조달 받기(공급 받기) 위하여 설치한 상설 점포이다. 시전은 삼국시대부터 있었다. 신라에서는 소지왕 때, 동시·서시·남시 등 시전을 두었고, 그 시전市廛을 감독하는 관청으로 시전市典을 두었다. 동시전東市典 등이 그것이다.

고려시대에도 태조 때, 개경(개성·송악·송도)에 시전을 설치하고, 이를 보호 감독하는 기관으로 경시서京市署를 설치하여, 물가를 조절하고 상품의 종류도 통제하여 관청에서 허가된 상품 외에는 자유로이 매매할 수 없도록 하였다.

③ 삼국, 고려, 조선 전기에는 자급자족적인 경제구조와 국가의 상업 활동 통제로 상업이 그리 발달하지 못하였다.

④ 조선 전기에는 수도(한양)의 궁궐 안에 시전을 설치하고, 장사할

수 있게 했다. 따라서 시전은 조선시대에 지금의 종로를 중심으로 설치한 상설시장이었다. 상설시장 ^{常設市場} 이란, 일 년 내내 상업 활동을 하는 시장을 말한다. 시골에는 상설시장이 없었고, 대신 정기적으로 5일장이 대체로 열렸다. 장날에 맞추어 5일장에서 장사를 하는 행상 ^{行商. 여기저기 다니며 장사를 하는 일} 을 보부상 ^{褓負商} 이라고 한다. 조선 전기에는 여전히 중요한 교환수 단이 '포 ^{布. 옷감} '였다.

⑤ 시전에서 장사하는 상인을 시전상인이라고 한다.

⑥ 국가는 시전상인들에게 시전(점포. 가게)을 임대하여(빌려)주고, 그들에게 자신들이 판매하는 상품에 대한 독점 판매권과 난전의 활동을 금지할 수 있는 특권(금난전권)을 주는 대신에, 국가에서 필요로 하는 물품의 일정한 수량을 바치게 하였다.

⑦ 육의전 ^{六矣廛. 여섯 육, 어조사의. 가게 전} 은, 조선시대에 서울의 종로(종루. 보신각 부근)에 있었던, 여섯六 가지 품목(종류의 상품)을 판매하던 가게廛를 말한다. 육주비전六注比廛 이라고도 하며, 선전(비단), 면포전(무명), 면주전(명주), 지전(종이), 저포전(모시), 어물전(생선)이 그것이다. 나라에서 더 큰 비중을 두고, 특별히 관리하던 시전(상점)이 육의전이다.

⑧ 금난전권禁難廛權. 금지할 금, 어지러울 난, 가게 전, 권한 권은 육의전의 상인을 포함하여 시전의 상인들이 난전亂廛의 활동을 금지禁止하고, 판매에 있어서 나라로부터 독점적 권한權限을 부여 받은 것을 말한다. 금난전권은 시전상인들이 나라에 일정한 품목品目의 수량 납품하는 대가로 부여 받은 권리이다. 이 권리는 도성한양 안에서만

적용되었다. 그러나 대동법이 실시된 이후 상업 발달과 남대문 밖의 칠패, 종로의 이현 등에 사상私商. 자유상인의 활동이 활발해지 자, 18세기에는 육의전을 제외하고 나머지 시전상인이 갖고 있던 금난전권을 폐지하였다. 이를 '신해통공'이라고 한다.

⑨ 신해통공은 1791년에 육의전을 제외한 시전 상인의 금난전권禁亂 廛權을 폐지시킨 조치이다. 삼국시대, 고려시대, 조선시대 전기는 자급자족 경제 구조와 국가의 통제로 인해 상업이 발달하지 못 하였다. 그러나 조선 후기 대동법 실시로 화폐사용의 필요성이 널리 인식되었고 조세의 금납화金納化가 실시되면서 상업이 발달 하였다. 이에 난전의 사상私商.자유상인들이 성장하여 시전의 시전상 인과 대립하였다. 국가에서는 더 이상의 난전 활동을 막기 어려 워지자 육의전을 제외한 시전 상인의 금난전권을 폐지하였다. 이 를 신해통공이라고 한다.

⑩ 조세租稅의 금납화金納化는 조선 후기 현물現物. 곡식. 옷감 등로 받던 각 종 조세租稅를 화폐현금. 現金로 납부納付하게 한化 것을 말한다. 17 세기 이래 상품화폐경제의 확대를 배경으로 실시되기 시작하였 으며, 갑오개혁1894 때에 근대적인 재정개혁의 일환으로서 제도 화되었다.

⑪ 결국 활발한 상업 활동으로 난전을 중심으로 사상私商들이 성장 하면서, 사상들의 활동을 막기 위하여 시전상인들은 지나치게 금난전권을 사용하게 되었고, 그로 인하여 시전상인과 사상의 대립이 심해지는 것을 물론 물가가 상승하여 도시빈민층, 중소상

인, 소규모 생산자의 생계를 곤란하게 하였다.

이에 정조는 신해통공1791을 선포하여, 육의전을 제외하고 나머지 시전상인들이 갖고 있던 판매독점권인 금난전권을 폐지하였던 것이다.

⑫ 신해통공으로 사상들은 종루, 이현(동대문 부근), 칠패(남대문 밖)를 중심으로 활발한 상업 활동을 하게 되었다. 또한 한양, 평양, 개성, 대구 등지에 상설시장이 개설되고 대상인들이 출현하였다. 대표적인 대상인이 서울의 경강상인(경상), 개성의 송상, 평양의 만성, 의주의 만상, 동래의 내상 등이다.

⑬ 경강京江은 예전에, 서울의 뚝섬에서 양화 나루에 이르는 한강 일대를 이르던 말이다. 경강상인京江商人 경강한강. 京江을 무대로 장사하던 상인商人을 말한다. 경강상인京江商人은 강상江商이라고도 한다.

⑭ 관허상인官許商人 상인은 국가官의 허가許可를 받고 장사하던 상인이다. 시전상인과 보부상은 관허상인이다. 시전市廛에서 장사하던 상인이 시전상인이고, 장시場市.시장에서 국가의 허가를 받고 장사하던 상인이 보부상褓負商이다. 보부상은 지방의 장시에서 이 시장에서 저 시장으로 또는 이 집에서 저 집으로 떠돌아다니 장사한다고 '장돌뱅이'라고 부르기도 했다.

⑮ 사상私商은 자유상인으로서, 난전亂廛에서 장사하던 상인이다. 난전은 국가의 허가를 받지 않은, 일종의 노점상이라고 할 수 있다. 자유상인은 주로 4대문 밖에서 장사하던 상인이다.

233 관영^{官營}수공업과 민영^{民營}수공업

① 수공업^{手工業}은 돌이나 나무, 광석^{鑛石}과 같은 자연물을 가공하여 쓸모 있는 것으로 만들어 내는 일이다. 손^{手·손 수}과 간단한 도구를 사용하여 생산하는 작은 규모의 공업^{工業}이다.

② 관영수공업은 국가^官가 경영^{經營. 운영}하던 수공업^{手工業}을 말한다. 관장수공업^{官匠手工業}이라고도 한다. 관장^{官匠}이란 관청에 소속된 장인^{匠人. 工匠. 수공업자. 장이}이라는 뜻이다. 관청^{국가}의 주도로 관청에 소속된 장인들은 관청에서 마련해준 시설과 원료^{재료}로 관청에서 요구하는 물자를 만들어 납품해야 했다. 이러한 형태가 관영수공업이다. 관장^{官匠}은 관공장^{官工匠}이라고도 부른다.

③ 민영수공업은 민간^{民間. 관청이나 정부 기관에 속하지 않은}이 중심이 되어 경영^{經營}하던 수공업^{手工業}을 말한다. 사장수공업^{私匠手工業}이라고도 한다. 사장^{私匠}은 관청에 소속되지 않은 장인을 말한다. 사공장^{私工匠}이라고도 부른다. 사공장은 본인 스스로 시설과 원료를 마련하여, 물자를 만들어 판매하고, 판매한 만큼의 세금을 나라(관청. 국가)에 납부하면 되었다.

이때 납부하는 세금을 장인세^{匠人稅}라고 한다. 장인이 납부하는 세금이라는 뜻이다. 국가에 세금을 납부하는 장인을 납포장^{納布匠}이라고 한다. 그리고 장인들의 명단이 등록된 장부를 공장안^{工匠案}이라고 한다. 조선 후기 정조 때, 공장안이 폐지되고 장인세를 징수하는 방향으로 국가의 수공업정책이 바뀌었다.

④ 조선 전기에는 국가가 수공업과 상업에 대해 일정한 규제(통제)를 했다. 그렇기 때문에 조선 전기의 수공업은 관청에서 주도하는 관영수공업 체제가 중심이었습니다. 수공업자인 공장工匠은 수공업자들의 명부인 공장안工匠案에 등록되어 관청에 소속되었다. 공장들은 관청에 필요한 물품을 만들어 납품했다. 조선 전기의 공장들이 주로 만든 물자는 옷·활자·무기·문방구·그릇·화약 등이었다. 관장의 수는 서울의 경공장京工匠이 2,800명, 지방의 외공장外工匠이 3,500명 정도였다. 이들 관장은 일정 기간 동안의 의무를 끝내면 자유 활동이 허용되어 여러 가지 생활필수품을 제조하여 판매하였다.

⑤ 그러나 조선 후기에는 관장 중심의 관영수공업이 점차 쇠퇴하고, 국가에 장인세를 바치는 납포장納布匠, 즉 사장私匠의 활동이 증가하였다. 조선 후기에 사장들이 만들어 판매했던 대표적인 품목은 안성과 납청의 유기(놋그릇), 통영의 칠기漆器. 옻칠한 그릇, 해주의 먹, 전주의 부채, 나주의 종이, 원주의 목기, 영암의 빗 등으로 전국적으로 인기가 있었다.

민영수공업자들을 사장私匠 또는 '옷감으로 세금을 납부하는 수공업자'란 뜻으로 납포장納布匠. 들일 납, 옷 포, 장인 장 이라 부른다. 민영수공업자들은 대체로 양반의 사치품을 비롯하여 농민들의 농기구 등을 많이 생산했다. 16세기 이후, 관영수공업 쇠퇴하고 민영수공업이 발달하였다.

⑥ 장인정신匠人精神은 장인匠人. 수공업자의 정신이라는 뜻이다. 즉, 장인은 '장이(쟁이)'라고도 부르는데, 장인처럼 자기가 하고 있는 일에 전념하거나 한 가지 기술을 익혀서 그 일에 정통하려고 하는 철저한 직업정신을 말한다. '장이'는 순수한우리말로, '전문가'를 뜻한다고 할 수 있다. 따라서 장인정신의 '장인匠人'은 아내의 아버지인 장인丈人과는 전혀 다른 개념이다.

⑦ 한편 대동법 실시로 등장한, 공인貢人의 활발한 활동은 조선 후기 수공업의 발달에 기여하였다. 공인貢人은 국가로부터 대동미를 지급받고, 그 대가로 국가에 필요한 물품을 공급해주던 상인을 말한다. 공납품貢納品을 국가에 공급하던 상인商人이다.

⑧ 대동법이 실시됨으로써 조정은 과거 공납으로 충당하던 물품을 조달하기 위한 새로운 물자공급 체제를 수립해야 했는데, 이런 필요성에 따라 생겨난 직업이 공인貢人이었다. 관청國가에 물품을 납품하는 공인들은 관청에 선불先拂. 값을 치를 불로 받은 물품값으로 수공업자에게 자본을 대주고 제작하게 하는 선대제先貸制. 먼저 선. 줄대를 실시했다. 이는 상업자본의 수공업 지배 형태로서 자본주의 발달사 초기에 나타나는 상업자본 주의의 모습이었다. 선대제는 돈이 않은 상인이 가난한 수공업자에게 원료나 자금을 미리 대주는 제도이다. 그러나 18세기 후반 이 되면 상업자본으로부터 벗어난 독립자영수공업자가 등장했다.

즉 수공업자 가운데서 자신의 자본을 가지고 장이나 노동자를 고용하여 생산한 제품을 판매하는 사람들도 생겨났다. 대표적인

사람들이 안성의 유기(놋그릇)로 시장이 서는 날 생산품을 상인
들에게 판매하였다.

대동법이 촉발한 이런 변화는 조선사회 내부에서 자본주의, 즉
근대화를 지향하는 씨앗이 생성되고 있음을 보여주는 것이었다.
이것을 자본주의 맹아萌芽. 쌀 맹. 쌀 아라고도 한다.

⑨ 점촌店村은 조선시대에, 광산·자기·유기鍮器. 놋그릇 따위의 수공업
장을 중심으로 하여 이루어진 마을을 말한다. 금점·은점·옹기
점·사기점·유기점 따위가 있다. 점店이 형성된 촌村. 마을이라는 뜻
이다. 그래서 '점마을, 점마'라고도 부른다.

⑩ 덕대德大는 광산임자(소유자)와 계약을 맺고 임대료나 채굴한 광
물의 일부를 지급하기로 하고, 광산의 일부를 떼어 맡아(채굴권
을 얻어) 광부를 데리고 광물을 캐는 사람(광산을 운영하던 사
람)을 말한다. 덕대제는 우리나라 고유의 광산운영 방식으로 언
제부터 시작되었는지는 정확하게 알 수 없으나, 상품화폐경제가
발달하면서 조선의 광산정책이 설점수제로 바뀐 조선 후기에 나
타난 것으로 보인다. 덕대제의 실시는 조선 후기에 광업의 자본
주의 발전모습을 엿볼 수 있다.

⑪ 설점수세設店收稅는 조선시대에, 개인에게 금·은·동·납 따위를
캐는 것을민영 광산을. 店 허가인정. 設 하고 그 대신에 그들로부터 세금
稅金을 받던收 광산 경영 방법을 말한다. 정부가 민간에 점포店鋪.
金店. 銀店. 銅店 등의 설립設立을 허가하고 그 대신에 세금稅金을 받던
收수 광산정책을 말한다. 이러한 광산의 민영화 정책은 농민들이

광산으로 몰려들어 농업 노동력의 부족현상을 초래하였다. 이에 정부가 개인의 광산을 채굴을 금하자 몰래^潛 광산을 채굴^{採掘}하는 잠채^{潛採·몰래캠}가 성행했다.

234 개시무역^{開市貿易}, 후시^{後市貿易}

① 열 개, 뒤 후, 시장 시.

② 개시무역은 개시에서 열린 무역이라는 뜻으로, 정부의 허가를 받은 합법적인 공무역이다.

③ 개시는 조선 후기 청나라, 일본을 상대로 열었던 대외 교역시장으로, 압록강 하류의 중강개시와 두만강의 회령개시, 경원개시, 부산 동래의 왜관개시 등이 있었다. 이러한 개시에서 조선과 청, 일본 사이에 이루어진 거래를 개시무역이라 한다. 개시무역은 나라와 나라끼리 정해진 장소와 날짜에 만나 관리가 지켜보는 가운데 필요한 물자를 사고파는 것을 말한다. 두만강의 함경도 지역에서 열린 회령개시·경원개시는 쌍시^{雙市} 또는 북관개시라고도 한다. 북관^{北關}은 함경도 지방을 말한다.

④ 후시무역 후시^{後市}에서 열린 무역을 말한다. 후시^{後市, 뒷장}는 조선 후기, 국경 부근에서 상인들에 의해 사적(사사로이)으로 행해지던 무역시장이다. 상인들끼리 나라의 허가를 받지 않고 몰래 하였던 일종의 밀무역이다. 대표적인 후시는 책문후시였으며, 그 밖에 중강후시, 북관후시, 왜관후시 등이 있었다.

⑤ 송상松商은 '송도松都. 개성. 개경의 상인商人'을 말한다.

⑥ 만상灣商은 평안북도 의주의 '용만龍灣'을 근거로 하여 중국(청)과
의 무역을 하던 상인商人을 말한다.

⑦ 내상萊商은 부산 '동래東萊의 상인商人'을 말한다.

⑧ 유상柳商은 평양의 또 다른 이름이 유경柳京이다. 따라서 '유경柳京
의 상인商人'은 평양상인을 말한다.

235 상평통보常平通寶, 전황錢荒

① 항상 상, 고를 평, 통할 통, 보배 보.

② 상평통보常平通寶는 물가를 항상常 고르게일정하게. 平 유지할 목적으
로 통용通用. 유통. 두루 쓰임 시켰던 보배로운寶 돈이라는 의미이다.

③ 통보通寶는 '통화通貨. 화폐'라는 뜻이다.

④ 상평청常平廳. 관청 청은 조선시대에 상평통보를 발행하던 관청이다.

⑤ 조선 후기 상업이 발달하면서 물물교환이나 물품화폐(옛날 물물
교환경제에서 화폐로 사용되었던 곡물·옷감·가축 등을 가리킨
다)의 사용이 어려워졌다. 또한 대동법이 실시 이후 조세의 금납
화金納化. 대동전가 요구되면서 화폐의 유통이 절실히 필요해졌다.

⑥ 조세의 금납화金納化란, 세금(조세)을 곡식이나 옷감 대신에 화폐
현금. 現金로 납부納付하게 한化 것을 말한다. 조세의 금납金納. 현금 납부.
세금이나 소작료 따위를 돈으로 바침은 갑오개혁1894 이후에 정착되었다.

⑦ 추포 麤布. 거칠 추, 베 포는 발(실의 가닥)이 굵고 바탕이 거친 베로서, 고려·조선시대에 화폐 대신으로 사용되었다. 상평통보가 유통되기 이전에는, 은이나 추포 등이 화폐 대신에 사용되기도 하였다.

⑧ 포布. 베 포는 삼실, 무명실, 명주실 따위로 짠 피륙천. 옷감을 말한다. 삼실은 삼 껍질에서 뽑은 실을 말하며, 삼실로 짠 옷감천이 삼베이다. 삼베는 마포 麻布. 삼 마라고도 부른다. 무명실은 목화솜에서 뽑은 실이고, 무명실로 짠 옷감이 무명이다. 명주실은 누에고치에서 뽑은 가늘고 고운 실을 말한다. 명주 실로 무늬를 넣지 않고 짠 옷감은 명주이고 무늬를 넣으면 비단(실크)이 된다.

⑨ 인조 때 처음 발행된 상평통보는 17세기 말 숙종 때 전국적으로 유통되었다. 이제 품삯(임금), 세금, 소작료 등이 돈으로 지불되었고, 이로써 상품화폐경제가 발달하였다.

⑩ 상품화폐경제란, 자급자족경제와 대비對比. 비교되는 말로서, 물건상품을 생산하여 자기가 소비하는 것이 목적이 아니라, 팔아서 돈화폐을 벌기 위해 상품(물건)을 생산하는 경제를 말한다. 한마디로 말하면 상품(물건)의 생산이 개인적인 소비가 목적이 아니라, 돈벌이가 목적이 되는 경제를 말한다. 상품화폐경제는 시장경제의 기본적인 바탕을 이룬다. 조선 전기 이전에는 농업 중심의 자급자족적 경제구조 때문에 상품화폐경제가 발달하지 못했다.

상품화폐경제의 발전은 봉건주의적 사회체제를 해체시키고 자본주의적 관계를 발전시키는 결정적인 요인이 되었다. 상품화폐경제의 발전은 신분보다 돈(화폐)을 중시하는 풍조를 낳았고, 이로써 돈에 의해 사회적 지위를 평가하는 세상이 되어가면서 점차 봉건적인 신분제도도 해체되어 갔다.

⑪ 화폐동전. 銅錢. 구리 동가 전국적으로 유통되면서 동전의 주조에 필요한 구리를 얻기 위하여 구리를 캐는 광산 즉, 동광銅鑛의 개발이 활발해졌다. 이처럼 화폐의 사용은 광업의 발달과 함께 제련업 등의 수공업의 발달을 동반하였다. 제련製鍊이란, 광석을 용광로에 넣고 녹여서 함유한 금속을 분리·추출하고 불순물을 제거하는 일이다.

⑫ 그러나 부작용도 있었으니 그것이 전황錢荒이다.

⑬ 전황錢荒. 돈 전. 모자랄 황이란, 돈이 치부의 수단으로 이용되면서 돈을 가진 자들이 돈을 잘 유통시키지 않거나, 상공업의 발전으로 상품생산이 발전하여 화폐유통량보다 상품유통량이 많아지는 등의 원인 때문에, 돈錢이 모자라게荒. 부족된 상황을 말한다. 돈을 융통融通. 돌려씀시키지 않아서 돈이 귀하게 됨을 말한다. 일종의 동전 유통량 부족현상이다. 전황은 18세기 초부터 19세기 초까지 거의 만성적으로 계속되었다. 치부致富는 부자가 되려고 재산이나 돈을 모으는 것을 말한다.

⑭ 이익 등의 실학자는 전황으로 인하여 사회, 경제적으로 문제가 발생하자, 화폐錢를 폐지廢止해야 한다는 폐전론廢錢論을 주장하기도 하였다.

⑮ 상평창常平倉. 창고 창은 곡물의 가격이, 항상常 일정하게平 유지시킬 목적으로 두었던 창고倉庫로서, 물가를 조절하던 기관이다.

⑯ 당오전當五錢은 조선 고종 때 유통되었던 화폐로서, 법정法定. 명목 가치로 상평통보의 5배로 쳐주게 하였다. 따라서 당오전 한 푼이 상평통보의 다섯 푼에 해당하였지만, 실제로는 2~3배에 불과하였다. 당오전은 주로 전환국에서 발행하였다. 당오전의 발행은 결과적으로는 물가폭등을 초래하였고 나아가 상품화폐 경제의 온전한 발전을 저해는 요인이 되었다. 당오전當五錢. 바로 당은, 당오전 한 푼을 상평통보의 다섯五 푼과 당장當場 맞바꿀 수 있는 돈錢이라는 의미이다. 당장當場은 '바로 그곳, 즉시'라는 뜻이다.

⑰ 당백전當百錢은 당장當場 상평통보의 백百 푼과 맞바꿀 수 있는 돈錢. 그런 명목적 가치를 지닌 돈이라는 의미이다. 명목名目은 겉으로 내세우는 이름, 이유, 구실을 뜻한다.

⑱ 당백전은 당시 통용되던 상평통보의 5~6배에 지나지 않았으나, 상평통보 보다 100배의 명목적 가치로 통용시키기 위해 주조되었다. 당백전은 조선 고종 때, 흥선대원군이 국가의 부족한 재정을 모아서 왕실의 권위를 높이는데 필요한 경복궁의 중건 경비로 사용하기 위해서 발행했던 화폐이다. 당백전의 발행으로 화폐의 가치가 하락하고, 반면에 물가는 폭등하였다.

타조법打租法 **, 도조법**賭租法

① 칠(타작) 타, 걸(내기, 도박) 도, 세금 조.

② 타조법은 지주와 소작인이 땅을 빌린 대가租. 세를를, 타작打作한 결과에 따라내기로 한 계약, 규정法이다. 타작打作이란, 곡식의 이삭을 떨어서 낟알을 거두는 일, 곡식을 수확하는 일이다.

③ 타조법은 추수기에 수확량(생산량)을 기준으로 지대땅을 빌린 대가. 地代를 내기로 한 약속이다.

④ 타조법은 조선 전기까지 했던 일종의 병작반수였다.

⑤ 병작반수竝作半收. 모두 병, 지을 작, 반 반, 거둘 수는 지주가 전호(소작인)에게, 지대로 경작하여耕作 수확한 생산물의 절반折半을 부과하는거 두는. 收 것이다. 병작竝作은 지주가 소작인에게 소작료를 수확량의 절반으로 매기는 일을 말한다. '배메기'라고도 하며, 비슷한 말로 반작半作 · 반타작半打作 · 병작반수竝作半收 등이 있다.

⑥ 따라서 타조법은 수확량(생산량)의 많고 적음에 상관없이 일정一定한 비율比率로 소작인인 지주에게 내는 세금으로서, 정률제定率制이다. 조선 전기까지는 타조법이 지대의 대세大勢. 형편, 추세. 큰 흐름였다.

⑦ 그러나 농업기술의 발달로 모내기법(이앙법)과 2모작 등이 실시되면서 생산량이 증가하게 되었고, 그에 따라 농민의 입장에서는 매우 도발적인(도전적인) 지대를 지주에게 제시했는데, 그것이 도조법이다. 조선 후기에는 소작인들과 지주에게 도조법이 대세였다.

⑧ 도조법賭租法. 내기 도, 도박 도은 수확량(생산량, 소출)과는 상관없이 농민이 지주에게 일정一定한 액수額數에 해당하는 지대租. 세금를 지불하겠다고 미리 도박賭博처럼 약속法하는 것이다.

⑨ 타조법 아래서는 농토를 경작할 때, 지주는 여러모로 소작인에게 간섭하였다. 그러나 도조법 아래서는 매년 일정한 액수의 지대만 납부하면 되었기 때문에, 지주가 그다지 소작인에게 간섭할 필요성이 줄어들었다.

237 이순신, 임진왜란 壬辰倭亂

① 임진왜란壬辰倭亂은 임진년壬辰年에 왜인倭人. 일본인들이 일으킨 난리亂離를 말한다. 도요토미 히데요시가 1592년부터 1598년까지 두 차례에 걸쳐 군대를 동원하여 조선에 침략함으로써, 조선과 일본 사이에 있었던 전쟁이다. 나중에 명나라도 참전參戰하여 조선을 도왔다. 임진왜란1592은 조선이 건국1392되고 200년 만에 일어났다.

② 임진왜란壬辰倭亂은 1592년壬辰年에 일본왜. 倭이 조선을 침략亂離하면서 시작되어 1598년까지 이어진 전쟁이다. 임진왜란은 조선시대 최대의 국난國難. 나라가 존립하기 어려울 정도로 위태로운 나라 전체의 어려움이었고 정치·경제·사회·문화·제도와 일반 백성의 생활·언어·풍속까지 거의 모든 면에 막대한 영향을 끼친 전쟁이었다. 따라서 일반적으로 임진왜란을 기점으로 조선을 전기와 후기로 구분한다.

일본은 전쟁 초반에 한성(서울. 한양의 행정상 명칭)을 포함하여 한반도의 상당 부분을 점령하였으나 명나라 군대의 도움을 비롯하여 이순신 등 조선군(관군)의 저항과 곽재우 등 의병의 활약으로 왜군을 한반도에서 물리칠 수 있었다.

③ 일본군은 정명가도征明假道. 칠 정. 빌릴 가, 즉 '명나라를 정복하려고 하니 길을 빌려 달라'는 구실로 침략하였다.

④ 부산진과 동래성을 점령한 일본군은, 육군은 세 갈래로 나누어 북상北上하고 해군(수군)은 남해안을 돌아 서해안으로 따라 올라가면서 군수품을 공급하는 전략으로 공격하였다.

⑤ 북상하는 일본군을 신립이 남한강 유역의 충주 탄금대 부근에서 배수진背水陣. 강이나 바다를 등지고 치는 진을 쳤으나, 크게 대패大敗하였다. 충주성 함락 소식을 듣고 선조는 의주로 몽진蒙塵. 피난을 떠났다. 왕이 도성을 떠났다는 소식에 노비들은 노비문서가 보관된 장예원掌隸院과 형조를 불태웠고, 경복궁·창덕궁·창경궁도 성난 백성들에 의해 모두 불탔다. 침략 1개월여 만에 호남지역을 제외한 조선의 전지역이 일본군의 수중手中. 손아귀에 들어가고 말았다.

⑥ 임진왜란 초기에 관군(조선군)의 연이은 패배로 나라가 바람 앞의 등불처럼 큰 위기에 놓였을 때, 전투에 활력을 불어넣은 것은 의병이었다. 의병義兵은 정의正義를 지키기 위해 자발적으로 조직된 민병民兵을 뜻하는 말이다. 즉 임진왜란, 병자호란과 같은 외적의 침략에 맞서 자발적으로 구성된 민간 무장조직을 의병이라 한다.

⑦ 임진왜란 때 최초로 의병을 일으킨 사람은 경남 의령의 곽재우였다. 조선의 정규군(관군, 육군)은 주로 성城을 지키는 싸움을 했지만(김시민의 진주대첩·권율의 행주대첩), 의병들은 전략적 요충지를 설정한 뒤 소규모의 병력이 적의 배후背後. 뒤쪽나 측면(옆면)을 기습적으로 공격하는 유격전을(게릴라전) 전개하였다.

대표적인 의병장은 곽재우, 고경명, 조헌, 김천일, 휴정 등이다. 의병의 주축은 농민들이었고, 의병장은 전직관리 또는 유생선비과 승려 등이었다. 의병의 활약은 왜군의 움직임을 둔화시켜 관군조선군이 전투태세를 다시 갖출 시간을 갖게 했다는 점에서 큰 의미를 찾을 수 있다.

곽재우의 정암진 전투는 부산에서 진주를 거쳐 호남(전라도)으로 진출하려던 왜군을 정암진 나루에서 격퇴함으로써, 김시민의 진주대첩과 함께 호남의 곡창지대 보호는 물론 이순신의 수군(해군)의 원활한 보급과 승리에 크게 기여하였다고 할 수 있다. 반면에 왜군은 호남 곡창穀倉. 곡식이 많이 생산되는 지방을 점령하여 군량미軍糧米. 군수미. 군대의 식량로 충당하려던 계획은 물거품이 되어 작전에 큰 차질蹉跌. 일이 틀어짐을 빚게 되었다.

⑧ 임진왜란 도중에, 명과 협상이 추진되면서 일본군은 전쟁을 잠시 중단하고 일부 병력을 철수시켰지만, 명나라와의 협상이 결렬되면서 정유년1597. 丁酉年에 다시再 조선에 침략亂하였다. 이를 정유재란丁酉再亂이라고 한다.

⑨ 임진왜란이 일어날 당시에 이순신의 벼슬은 전라좌수사였다.

전라좌수사란 '전라좌도 수군절도사'를 줄여서 부르는 말이다.

조선 전기에는 지방군으로 병영과 수영이 있었다. 병영은 육군이고, 수영은 해군을 말한다. 대체로 병영의 우두머리를 병마절도사兵使라고 하며, 수영의 우두머리를 수군절도사(수사)라고 한다. 조선시대에는 각 도마다 원칙적으로 병영 1개와 수영 1개를 두었는데, 필요에 따라서 병영만 두거나 병영과 수영을 각각 2개씩 두기도 하였다. 또한 지금은 전라남북도, 경상남북도, 충청남북도로 나누지만 조선시대에는 전라좌우도, 경상좌우도 등으로 구분하기도 하였다. 따라서 이순신은 전라좌수영의 책임자인, 전라좌수사였다. 전라좌수영은 지금의 전라남도 여수시에 있었다.

한편 조선의 육군이 육지에서 왜군들에게 연이어 참패한 것과는 달리, 수군水軍. 해군은 이순신을 중심으로 연합 작전을 전개하여, 크게 승리하였다. 옥포해전에서 최초의 승리를 시작으로, 사천전투에서 거북선 처음 사용하여 승리하였고, 당포·당항포·한산도 해전에서 승리함으로써, 남해의 제해권制海權. 해상권을 장악하고 적의 보급로 차단함은 물론 호남 곡창을 지킴으로써 전세戰勢를 역전시키는데 크게 기여하였다.

⑩ 통신사通信使는 일본에 파견된 사신使臣. 외교관을 말한다.

조선시대에 일본으로 보내던 사신을 말한다. 통신사는 조선 태종 때부터 일본에 파견되었으며, 임진왜란으로 잠시 중단되었다가 왜란이 끝난 후, 일본의 요청으로 다시 파견하였다. 통신사의 파견은 원래 왜구의 조선 침략을 방지하기 위함이었으나, 왜란 이후에는 전쟁포로의 송환이나, 일본 정세의 파악, 막부幕府. 일본의 군사정부의 장군(쇼군) 임명을 축하하기 위해서였다.

통신사는 일본에 학문과 기술·문화를 전하는 역할을 했기 때문에 일본은 통신사 일행을 성대히 접대하였다. 통신사는 일본에선 신문물을 전하는 문화 사절(사신. 외교관)의 역할을 하였다. 통신사는 고종 때1876에 그 명칭을 수신사修信使로 고쳤다. 통신사는 조선의 선진문화를 일본에 전하는 역할을 하였지만, 수신사는 일본의 선진문화를 살펴보고 배워오는 역할을 하였다.

'신사信使'는 사절使節. 사신과 같은 뜻이다.

⑪ 징비록懲毖錄. 혼날 징. 삼갈 비. 기록할 록은 지난 잘못을 되풀이하지 않기 위해 뉘우치고懲. 혼날 징 삼간다毖. 삼갈 비는 뜻으로 지은 책錄이다. 임진왜란을 겪은 후 유성룡은 후세에 길이 남길 쓰라린 반성의 기록으로 이 책을 저술하게 된다. 이 책의 내용에는 임진왜란의 원인과 경과 그리고 자신의 잘못과 조정朝廷. 정부의 실책失策, 백성들의 임금과 조정에 대한 원망 등을 담고 있다.

⑫ 임진왜란의 결과 중국에서는 명나라에서 청나라로 국가가 교체되는 변화가 있었고, 일본에서는 도요토미에서 도쿠가와로 정권이 바뀌는 변화가 있었지만, 조선에는 별다른 변화 없이 오히려 통치 체제를 강화하기 위하여 노력하였다. 그러나 납속책과 공명첩의 시행 등으로 양반중심의 신분제도가 동요動搖. 흔들림하고 양반의 권위(지위)가 추락하는 현상이 나타났다.

238 납속책納粟策과 공명첩空名帖

① 바칠 납, 곡식 속, 계책 책, 빌 공, 이름 명, 문서 첩

② 납속책納粟策은 곡식粟이나 돈을 나라에 납부納付한 사람에게, 그 대가로 여러 가지 혜택을 주었던 정책政策이다. 납속책은 조선 전기에도 있었지만, 제도화된 것은 임진왜란 때부터이다. 임진왜란 때 부족한 군량미軍糧米. 군인들의 식량를 모으면서 본격적으로 시행되었다.

③ 따라서 납속책은 부족한 국가의 재정을 보충하거나 또는 흉년이나 기근饑饉. 굶주림이 들었을 때 굶주린 백성을 구제할 목적으로, 백성들로부터 곡물粟과 돈을 받고納 납부한 사람들에게 일정한 혜택을 부여하던 정책이다. 그 혜택은 신분의 해방 또는 상승, 군역(병역)의 면제, 관직(벼슬)의 수여 등이다.

④ 공명첩空名帖은 조선 후기에 부족한 국가 재정(돈)을 채우기 위하여 이름名을 적는 칸을 비워두고空 발행한 임명장帖이다. 이름名을 기재하지 않은 백지空 임명장帖이다. 물론 공명첩을 받은 사람은 실제로 관직에 근무할 수 있는 것이 아니고, 명예직에 불과한 것이었다.

⑤ 공명첩 제도는 임진왜란 중에 생겼는데, 군공軍功. 전쟁에서 세운 공로을 세운 사람이나 납속에 응한 사람들에게 그 대가로서 주어졌다.

⑥ 납속이나 공명첩에 응한 사람들은 대체로 부농富農. 잘사는 농민들이 많았다. 이 제도들의 시행으로 부족한 국가의 재정을 일시적으로

채울 수는 있었지만, 전체적으로 양반의 숫자가 증가하고 상민(평민)과 천민의 숫자는 줄어들어 신분제도의 동요를 초래하였다. 또한 상민과 노비의 감소로 국가의 재정수입이 다시 감소하는 부작용이 나타났다.

⑦ 납속과 공명첩과 같은 합법적인 신분상승 이외에, 호적이나 족보를 위조하거나 매입하는 등의 불법적인 방법으로 신분상승을 시도하면서 양반의 숫자는 증가하고 상민(평민)과 노비의 숫자는 감소하였다. 양반 숫자의 증가와 상민과 노비 숫자의 감소는 조선 후기 국가재정수입의 감소와 군사력의 약화로 직결되었다.

⑧ 이에 순조 때¹⁸⁰¹에는 공노비를 해방시켰고, 갑오개혁 때¹⁸⁹⁴ 사노비마저 해방시킴으로써 노비제도는 우리나라 역사의 무대에서 사라지게 되었다.

⑨ 신분제도의 폐지는 우리나라가 백성들이 다 같이 평등한 사회인, 근대사회로의 발전을 의미하는 것이다.

239 영조, 균역법均役法

① 고를 균, 맡을 역, 법 법.

② 균역법均役法은 군역軍役의 부담을 백성들에게 골고루均 나누어 맡게 한 제도法이다. 균등均等하게 군역軍役을 나누어 부담하게 한 제도法이다.

③ 균역법은 영조 때¹⁷⁵⁰, 양인장정¹⁶세~⁶⁰세 사이의 양인 남자 들이 1년에 2필

의 군포 부담을 지던 것을, 1년에 1필로 줄여서 받았던 제도이다.

④ 군역軍役은 국방의 의무로서, 16세~60세 사이의 양인 남자들은 군역(병역. 국방)의 의무를 져야 했다.

⑤ 양인良人은 천인(노비 등의 천민)을 제외한 나머지 신분으로, 양반·중인·상민(평민) 등을 말한다.

⑥ 장정壯丁은 대체로 16세 이상에서 60세 이하의 남자로서, 흔히 양인장정을 '정남丁男'이라고 한다. 모든 양인장정은 원칙적으로 군역(병역, 국방)의 의무가 있었다. 그것을 양인개병良人皆兵. 모두 개 이라고 한다. 그 가운데 가장 많은 수를 차지하는 신분이 상민이고, 상민 중에서 농민이었다.

그래서 '농민이 곧 군인'인, 병농일치農兵一致의 군사제도를 대체로 채택하고 있었다. 물론 양반과 중인은 여러 이유로 군역을 면제받는 경우가 많았다. 그러나 균역법이 실시되면서 군역을 면제받았던 양반관료(관리)나 중인(서리·향리·남반 등), 양반 유생(선비)들도 군역의 의무를 부담해야 했다.

⑦ 조선 전기15세기의 군역(병역)제도는 양인개병良人皆兵과 병농일치兵農一致가 원칙이었다. 모든 양인들은 군역의 의무를 져야 했지만, 15세기 말 무렵에 한양의 중앙군을 중심으로 다른 사람을 돈으로 사서 자신의 병역의무를 대신하게 하는 대역제代役. 대립제. 代立. 대신 세움가 음성적陰性的. 몰래몰래으로 유행하였다. 지방에서는 방군수포제가 유행하였다. 이러한 대립제代立制. 대역제와 방군수포제放軍收布制는 점차 일반화一般化. 보편화. 널리 퍼짐되었다.

⑧ 방군수포제放軍收布制. 놓을 방, 받을 수는 군역軍役의 의무가 있는 남자에게서 나라가 군포軍布를 받고收 군역의 의무에서 벗어나게放 한 제도制度이다. 이 제도는 부득이 하게 병역 의무를 직접 부담할 수 없었던 사람들에게 필요한 부분이 있어서 합법적으로 실시되기도 했다.

그러나 사리사욕私利私慾. 사사로운 이익과 욕심에 눈이 먼 관리(군사지휘관)들의 불법적 행위로 인하여, 군포를 받고는 대역자를 세우지 않아 실제로 정해진 숫자만큼의 병력이 존재하지 않는 경우가 많았다.

⑨ 한양의 중앙군을 중심으로 이루어졌던 대립제와 지방의 지방군을 중심으로 이루어졌던 방군수포제의 일반화는 농민들의 군역 부담을 가중加重시켰다. 또한 군포를 받고 그 받은 군포로 대체병력을 사서 투입하지 않아, 국방상 큰 허점이 노출되었다. 그 과정에서 발생한 역사적 사건이 임진왜란이다.

⑩ 결국 중앙의 대립제, 지방의 방군수포제는 한마디로 농민들의 병역 부담을 가중시켜서 농민들의 삶을 어렵게 하고 국가적으로 국방력을 약화시키는 골치 덩어리였던 것이다.

⑪ 대립제나 방군수포제로 인한 그 폐해(폐단)가 커지자 대립·대역의 대가로 납부해야 할 군포의 수량을 국가가 정해 주기에 이르렀는데, 이것이 군적수포제軍籍收布制이다.

⑫ 군적軍籍. 군인의 소속과 인적사항을 기록한 장부에 등록되어 있는 자에게 군포軍布를 거두던收. 거둘 수. 받을 수 제도制度가 군적수포제이다.

⑬ 조선 전기 농병일치의 군역제도가 16세기 이후 대립代立과 방군수포의 횡행橫行. 제멋대로 이루어짐으로 무너지고 그 폐해가 커지자, 정부가 대역代役의 대가로 납부해야 할 군포의 수량數量을 정해 준 것이 군적수포제이다. 즉, 지방의 수령守令이 관할 지역의 장정으로부터 1년 동안에 군포 2필을 징수하여 중앙에 올리면, 병조(국방부)에서 이것을 다시 군사력이 필요한 지방에 보내어 군포로 군인을 고용하게 한 제도였다. 군포는 군대에 가는 대신에 납부하던 옷감으로 현금이나 마찬가지였다. 이로써 일종의 용병제傭兵制. 돈을 주고 고용한 군인가 실시 된 것이다.

그러나 장정 1인에게 연간 군포 2필은, 쌀 12말에 해당하여, 당시 전세田稅의 약 3배에 가까운 무거운 것이었다.

⑭ 군역은 원래 양인개병의 원칙에 따라 모든 양인장정에게 부담된 것이었지만, 군적수포제의 실시로 양반은 군포 부담에서 제외되었고, 이제 군역은 상민常民. 평민들이 주로 지는 것으로 변질되었다. 이로써 군포의 부담 여부與否는 양반과 상민(상놈. 쌍놈)의 신분을 구별 짓는 기준이 됨은 물론이고, 양반들이 져야 할 군역의 의무까지 농민들이 부담함으로써 농민들의 군포 부담은 더욱 가중되었다.

이에 이농자離農者. 농촌을 떠나는 농민들이 증가하였다. 농민의 붕괴崩壞. 무너짐는 국가체제의 붕괴로 이어짐은 분명한 사실이었고, 국가는 이에 대한 신속한 제도의 개편이 절실히 요청되었다. 그 과정에 실시된 것이 균역법이다.

양반들은 상민들과 동일하게 군포 부담을 지는 것을 창피하게 여겼다. 또한 양반이 되면 군포 부담으로부터 벗어날 수 있었기에, 백성들은 여러 방법으로 애써 양반이 되고자 하였다.

⑮ 양인장정 1명이 1년에 2필의 군포를 납부하던 것이 군적수포제이고, 그것을 1필로 줄여서 납부하게 한 제도가 균역법이다. 균역법이 실시되면서 절반으로 군포 수입이 감소하게 되었다. 그 부족한 부분을 보충하려고 선무군관들에게도 1필을 부과하였고, 지주들에게는 결작을 그리고 왕족 등의 권세가들이 받았던 어장세漁場稅 · 염세鹽稅. 염전. 소금 · 선세船稅. 선박 등을 국가의 수입으로 들이게 하였다.

⑯ 선무군관포選武軍官布은 선무군관(무술시험으로 뽑힌 군관)들에게 납부하게 한 군포軍布로서, 부유한 상민 가운데 군역을 교묘히 피하던 사람들에게 선무군관이라는 감투를 씌우고, 그 대가로 군포를 납부하게 하였다. 선무군관은 조선 후기 지방의 부유한 상민(평민)으로 조직되어 평상시에는 군관포軍官布를 1년에 1필을 내면서 무예를 익히다가 유사시有事時. 비상시에는 소집되어 군졸을 지휘한 군관이다.

⑰ 결작結作은 균역법이 시행되면서 그에 따른 군포 수입의 감소를 보충하기 위하여 전결田結. 농토에 부과하던作 세금이다.

부가세附加稅는 쌀이나 돈으로 납부하게 했는데 쌀을 결작미結作米, 돈은 결전結錢이라고 한다. 보통 1결의 토지에 쌀 2말을 징수하였다.

⑱ 조선 후기 양난兩亂. 둘 량, 어지러울 란. 왜란과 호란을 겪으면서 붕당정치로 인한 폐단은 더욱 심해지고 백성들의 삶은 피폐 해지고, 국가의 수입은 감소하여 국가체제의 붕괴 조짐이 나타나기 시작하였다. 이에 조선정부는 정치의 안정과 왕권강화를 위하 여탕평책을 실시하고, 농업생산량을 늘려서 민생을 안정시키고 국가의 수입을 증가시켜야 할 필요성이 절실히 요청되었다. 그러기 위해서 여러 가지 제도의 개혁이 불가피하였다. 영정법·대동법·균역법은 그러한 과정의 산물産物이라고 할 수 있다.

⑲ 호포제戶布制는 군포의 징수를 인정시. 양인장정 단위로 하지 않고 가호家戶. 가정. 집 호 단위로 하여 양반에게도 포布를 거두었던 제도制度이다. 신분에 관계없이 호戶. 가정를 단위로 군포軍布를 부과하던 제도制度이다.

고종 때1871 흥선대원군이 군정軍政의 폐단을 고치기 위하여 실시한 제도이다. 군역의 의무 대신 호戶 단위로 포布. 옷감를 거두는 제도로서, 동포제洞布制. 마을 동라고도 한다. 종래從來. 이전부터 당시까지에 상민平民에게만 부과한 군포를 양반에게도 부과하여 상민과 양반의 구별없이 호당戶當 2필씩 징수하였다. 물론 이 제도는 양반들은 강력히 반발하였지만 일반 백성들은 환영하였다.

⑳ 군정軍政의 폐단으로는 족징·인징·백골징포·황구첨정 등이 있었다.

㉑ 조선 후기의 군사제도는 중앙군은 5위제에서 5군영(훈련도감·총융청·어영청·수어청·금위영)으로 개편하였다. 지방군은 조선

초기 영진군(병영·수영)에서, 세조 이후로 영진군에 바탕을 둔 진관체제로 그 후 다시 제승방략체제로 바꾸었지만 임진왜란을 겪으면서 제승방략체제가 제대로 기능을 못하자, 속오군에 바탕을 둔 진관체제로 방어시스템을 다시 전환하였다.

240 인조, 영정법永定法

① 영원할 영, 정할 정, 법 법, 부과할 과, 비율 율.

② 영원永遠히 정定한 법法, 영정과율법永定課率法의 준말이다. 과세課稅. 세금을 매김, 부과함의 비율比率을 영원永遠히 '1결당 4말'로 고정固定한 제도法이다.

③ 조선 인조 때1635에, 전세田稅를 풍흉豊凶. 풍년과 흉년에 관계없이 1결당 미곡米穀 4두斗로 고정固定한 법法이다.

④ 수확량에 따라 토지의 면적을 산출하는 방법이 결부법結負法인데, 그 결부법에 따르면 곡식의 단(묶음) 한 줌을 1파(줌), 10파를 1속(뭇), 10속을 1부(짐), 100부를 1결(먹)이라 하였다.

수확량 가운데서, '결結과 부負'를 중심으로 토지의 면적을 계산하던 제도가 결부법結負法이다. 결부제結負制라고도 한다.

⑤ 1두斗. 말두 = 1말은 한 되의 열 배로 약 18리터 정도에 해당한다.

⑥ 수등이척법隨等異尺法. 따를 수, 등급 등, 다를 이, 자 척은 토지의 비옥한 정도等에 따라隨 길이가 다른異 자尺를 사용하여 토지를 측량하던 법法이다.

⑦ 전분육등법田分六等法. 밭 전. 나눌 분. 등급 등은 토지田의 비옥한 정도를 기준으로 여섯六 등급等級으로 나누어分 세금을 징수하던 제도法이다. 따라서 전분6등법은 수등이척법의 일종이다.

⑧ 연분구등법年分九等法. 해 년은 토지의 풍년豊年과 흉년凶年을 기준으로 아홉九 등급等級으로 나누어分 세금을 징수하던 제도法이다. 연분은 작황作況. 농사의 잘되고 못되고의 정도에 따라 상상년上上年 1결 20두에서 상중년上中年 18두, 이하 차례로 체감遞減. 차츰 줄여하여 하하년下下年에는 4두로 하고, 그 이하는 세금을 면제하였다. 전분육등법, 연분9등법은 세종 때 실시되었다.

⑨ 양척동일법量尺同一法은 효종 때, 작황作況에 관계없이 측량測量. 잴 측. 헤아릴 량하는 자尺를 같게同一 하여 전세를 1결당 4두斗로 통일하였다.

⑩ 왜란과 호란 이후 백성들의 삶이 어려워지면서, 백성을 살려야 양반도 살고 왕도 산다는 절박감에서 수등이척(전분6등법, 연분9등법 등)을 포기하고, 수등이척법에서 최저세율인 1결당 4두(말)로 고정하여 징수하였던 전세田稅 제도가 인조 때 실시한 영정법이고, 효종 때의 양척동일법이다.

⑪ 그러나 실제로 이러한 영정법은 소작인들보다 자영농이나 지주들에게 유리한 제도였다.

① 정체성正體性은 '본모습'이라는 뜻이다.

② 대한민국의 정체성은 '대한민국은 민주공화국이다.'

③ 조선의 정체성은 '조선은 성리학의 나라다.' 즉 조선을 성리학을 국가의 통치이념으로 삼았던 것이다. 따라서 성리학을 모르면 조선의 왕·선비·백성들의 삶을 이해하기 어렵다. 반면에 성리학을 알면 조선시대의 사람들이 왜 그렇게 살았는지를 이해할 수 있다. 그 사람을 잘 파악하는 방법이 그 사람의 생각을 아는 것처럼, 그 나라를 이해하는 지름길은 그 나라의 통치이념을 아는 것이다.

④ 성리학(주자학)은 인간의 성품性品과 우주(자연)의 이치理致.原理를 알아서, 그것을 국가 경영과 백성 삶의 원리로 적용하고자 했던 학문學文이자 유교 철학이다.

주자가 강조한 격물치지格物致知의 정신이 조선의 선비들의 학문의 기본자세였다. 격물치지格物致知란, 인격人格을 수양하기 위해서는 먼저 사물事物을 연구하여 세상 만물의 이치理致를 깨달아知, 그 것을 국가 통치와 백성의 삶의 원리로 적용하고자 했다. 성리학을 받아들인 신진사대부나, 그 정신을 이어받은 조선의 선비(유생)들은 권력은 지식(학문)에서 나온다고 생각하여 끊임없이 공부해야 한다고 생각했다. 왕도 예외가 될 수 없었다.

⑤ 그러나 지나친 학문연구와 인격수양의 강조는 실리實利. 실익. 실제로 도움이 되는 것나 실무實務. 실제의 업무보다 명분을 특별히 중요시하는 부

작용을 낳았다. 성리학의 수많은 명분名分. 도리. 이유. 구실은 권력투쟁 (정치적 싸움)의 수단이 되었다. 몸이 굳으면 생존이 어렵듯이, 생각과 사상의 경직硬直. 굳음은, 성리학의 경직화는 결과적으로 당사자인 양반은 물론 공동체인 조선의 생명력을 소진消盡. 점점 줄어들어 다 없어짐시켜갔다.

조선은 성리학 이외의 다른 사상을 이단異端. 자기가 믿는 종교의 교리에 어긋나는 이론이나 행동으로 여기고 철저히 배격하였다. 그것은 실용적인 학문의 발달을 가로막는 원인이 되었다.

⑩ 성리학이란, 우주의 질서와 인간의 심성의 문제를 깊이 연구하는 학문이다. '우주 만물은 어떻게 형성되었는가?', '인간은 본래 착한 존재인가?, 아니면 악한 존재인가?' 등과 같은 철학적인 문제를 다루면서 그 원리나 법칙을 찾아서, 현실정치에 적용하고자 하였다.

중국 송나라의 주희(주자)가 완성하였으며, 우리나라에는 고려 때 안향이 원나라를 통하여 받아들였다. 그 후, 신진사대부들이 중심이 되어 불교를 대신하여 조선사회를 이끌어 가는 중심이념(통치이념)으로 수용하였고, 이황·이이에 의해 크게 발전하였다.

242 향鄕~

① 시골(지방) 향, 마을 향.
② 향약鄕約 : 향촌鄕村 교화를 위한 지방 양반들의 자치 규약規約이

다. 권선징악勸善懲惡과 상부상조相扶相助를 기본정신으로 하여, 향촌(지방)을 교화(가르치어 바르게 이끎)를 시킬 목적으로 양반이 중심이 되어 조직한 자치 규약(규칙. 규정)이다. 향약의 4대 절목節目. 조항. 항목은 덕업상권德業相勸. 좋은 행실은 서로 권장 · 과실상규過失相規. 나쁜 행실은 서로 규제 · 예속상교禮俗相交. 서로 사귐에 예의를 지킴 · 환난상휼患難相恤. 걱정거리나 어려운 일이 생겼을 때 서로 도와줌이다. 향약은 중종 때 조광조에 의해 도입되었으며, 기묘사화 이후 폐지되었다가 선조 때 이황과 이이의 노력 널리 보급되었다. 향약은 유교적 예속을 정착시키는데 기여하였지만, 사림이 향촌(지방)에서 그들의 영향력을 강화시키는 계기가 되었으며 때로는 지방 양반들이 농민들을 수탈하는 도구가 되기도 하였다. 조선 후기의 실학자 정약용은 '향약의 폐단이 도적보다 심하'고 할 정도였다. 향약은 양반중심의 자치규약이기 때문에 향약의 중심에는 서민이 있었던 것이 아니라 지방의 양반들이 있었다.

③ 향교鄕校. 학교 교 : 고려와 조선시대의 지방鄕 교육기관校이다. 서울의 학당에 해당한다. 오늘날의 중고등학교 기능을 하였다. 향교에 해당하는 서울의 학당은 동서남북으로 4개가 있어서 '4부 학당'이라고 한다.

④ 향청鄕廳. 관청 청 : 조선시대 지방鄕 양반들의 자치기관廳이다. 향리를 감찰하고 풍속을 교정하며 백성을 교화하고 수령을 감시 또는 보좌하는 기능을 하였다. 유향소라고도 한다.

조선시대의 지방행정제도는 수령의 책임 아래 수령과 향리, 지방 양반들이 협력하여 지방을 다스리도록 조직되어 있었다. 이는 지방 세력의 성장을 막아 중앙집권체제를 강화하기 위함이다.

⑤ 향리鄕吏. 관리 리 : 지방 고을鄕의 하급 행정실무관리官吏이다. 저마다 6방(이방·호방·예방·병방·형방·공방)에 소속되어, 수령을 보좌하였다. 또한 왕권의 대행자인 수령(사또. 원님)과 지방 양반들의 집단인 향청을 연결하는 역할을 하였다. 조선시대의 향리는 보수가 없어서 그로 인한 폐단이 심했으며 신분은 세습되었다. (외)아전이라고도 한다. 아전에는 경아전(서리)과 외아전(향리)으로 구분하였다.

⑥ 향안鄕案. 장부 안 : 향원鄕員. 향청을 구성하는 구성원의 명단이 기록되어 있는 장부案. 좌수와 별감 등과 같은 향청 구성원의 명단이 등록된 장부이다.

⑦ 향반鄕班 : 지방고을. 鄕의 양반兩班이다. 조선시대에 여러 대에 걸쳐 지방鄕에 거주하면서 벼슬길에 오르지 못한 양반兩班을 말한다.

⑧ 향악鄕樂 : 중국 음악인 당악唐樂에 상대相對하는 개념으로, 우리나라鄕 고유의 음악音樂을 일컫는 말이다. 삼국시대부터 지금까지 전해 내려오는 우리나라 고유의 음악이다. 속악俗樂이라고도 한다. 동동, 한림별곡, 대동강 등이 있다.

⑨ 향약구급방鄕藥救急方 : 우리나라鄕의 약재藥材로써 위급危急한 병자를 구제救濟하는 처방處方이라는 의미이다.

⑩ 향찰鄕札 : 향가에 활용된 표기법으로, 한자의 음(소리)과 훈(뜻)을 빌어서 우리말을 나타내는 방식이다. 삼국유사와 균여전에 실

린 향가는 모두 향찰로 쓰여 있다.

⑪ 향가鄕歌 : 우리나라鄕 고유의 시가詩歌. 삼국시대에 생겨나 통일 신라시대 때 성행하다가 말부터 쇠퇴하기 시작하여, 고려 초까지 존재하였던 우리나라 고유의 시가詩歌이다. 우리의 글로 표현되지 못하고, 한자의 음과 훈을 빌려서 표기하는 향찰鄕札 및 이두吏讀로 쓰여졌다.

훈민정음이 창제되기 이전에는 우리말을 우리의 글(문자)로 표현할 수 없었다. 한자는 중국말을 표기하기 위해서 만들어진 것이다. 따라서 우리말을 글로 적는 데는 어려움이 있었고, 그 어려움을 해소解消. 풀기하기 위해 여러 가지 방법을 생각해 냈다. 그 가운데 하나가 이두吏讀다. 결국 이두, 향찰, 구결 등은 한자를 빌려서 우리말을 적는 방법들이다. 일반적으로는 한문 문장에서 실질형태소는 한문 그대로 쓰고 형식형태소 부분만을 우리말의 방식으로 쓰는 방법을 일컫는다. 형태소形態素란 최소의 의미를 가진 최소의 단위를 말한다. '산이 높다'에서 '산과 높은 실질형태소이고 '이와 다'는 형식형태소이다.

243 이황의 주리론, 이이의 주기론

① 주장할 주, 이치 리, 기운 기.

② 주리론主理論은 이기이원론理氣二元論의 입장에서 이理. 본질과 기氣. 현상는 서로 다른 것이면서도 의지하는 관계에 있지만 어디까지나

이가 기를 움직인다는 주장主張이다. 따라서 주리론은 현실보다 원칙과 도리와 명분을 중요시했다. 이언적이 시작하였고, 대표자는 이황(퇴계)이며, 유성룡, 김성일 등의 영남학파로 이어졌다.

③ 주기론主氣論은 우주의 근원적 존재를 추상적인 '리理'보다는 실체적인(물질적인) '기氣'에서 구해야 한다는 주장主張으로, 조선시대 성리학의 2대 흐름의 하나이다. 서경덕이 시작하였고 기대승이 발전된 것을 이이에 의해 집대성되었다. 주기론은 기일원론氣一元論의 입장에서 우주만물의 기원을 '기氣'에 두고 모든 현상들을 기氣의 변화, 운동으로 보는 것이다.

이理는 기氣를 움직이는 법칙에 불과하다고 생각하였다. 경험적 세계를 중시하고, 정치·경제적인 현실 인식에 적극적인 자세를 취하고 참여하는 의지를 보였다.

④ 16세기, 이황의 주리론과 이이의 주기론이라는 학문적인 견해(관점. 생각. 시각) 차이는 동인과 서인으로 붕당이 나누어지게 하였다. 이황을 추종하는 자들을 흔히 동인이라 하고, 이이를 추종하는 자들을 흔히 서인이라고 한다.

⑤ 15세기 말에서 16세기 중반의 조선은 훈구세력과 사림세력의 주도권 다툼으로 네 차례에 걸친 사화士禍가 있었다.

⑥ 16세기 중반 이후, 이황과 이이의 성리학적인 견해 차이는 학문적·정치적으로 입장이 다른 동인과 서인이라는 붕당을 형성하게 하였다.

⑦ 퇴계 이황이 죽고 2년 뒤인 1572년, 율곡 이이가 퇴계를 비판하
면서 시작된 '이기논쟁理氣論爭'은 조선이 망할 때까지 300년 이상
이어졌고 끝내 합의에 이르지 못했다. 처음에는 학술논쟁이었으
나 나중에는 분당分黨. 당파를 나눔. 동인과 서인에 따른 대립과 정치적 이
해관계利害關係. 이익과 손해가 맞물리면서 퇴계와 율곡, 두 학파가 서
로를 원수 보듯 하여 반목反目. 서로 미워함과 대립, 갈등이 극極. 막다른
지경에 달했다.

성리학의 핵심 개념인 '리理와 기氣', 두 글자를 둘러싼 이 논쟁은
아직도 해결되지 않고 진행 중에 있다.

244 이황, 소수서원紹修書院

① 글 서, 집 원.
② 서원書院은 글공부書를 하던 집院. 조선시대에 선비(유생)들이 모
여, 선현先賢. 옛날에 어질고 사리에 밝았던 사람에게 제사를 지내고 성리학을
공부하고 가르치던 사립학교이다.
③ 우리나라 최초의 서원은 풍기 군수였던 주세붕이 세운 백운동서
원이다. 백운동서원에서는 안향을 선현으로 모시고 제사지내며
그의 뜻을 기리고 이어 받고자 하였다. 안향은 고려시대의 성리
학자로, 우리나라에 처음으로 성리학을 전파한 분이다.
④ 백운동서원은 이황의 노력으로 소수서원이라는 사액賜額을 받았
다. 따라서 우리나라 최초의 사액서원은 소수서원이지만, 명칭

이 백운동서원에서 소수서원으로 바뀐 것이다.

⑤ 사액서원賜額書院. 내려줄 사. 현판 액 은 왕이 서원의 이름(명칭)을 짓고, 나무판현판. 편액. 額에 새겨 내려 준下賜 서원書院을 말한다. 사액서 원은 명칭이 새겨진 현판과 함께 서원의 운영에 필요한 책, 토지, 노비 등도 함께 지급되었다. 조선 명종 때 이황에게 백운동서원 에 '소수서원'이라 사액한 것이 최초이다. 정부가 공인公認한 서원 이 사액서원이다. 서원이라고 모두 정부의 공인을 받았던 것은 아니었다. 따라서 사림들은 국가의 공인을 받기위해 애를 썼다.

⑥ 서원은 성리학의 발달에 크게 기여하였다. 그러나 점차 사액을 받는 서원이 증가하면서 국가재정수입이 감소하여, 경제적 부담 이 되었고, 사림세력의 지위를 향상시키는 결과를 초래하였다. 또한 붕당 싸움의 온상(바탕. 근거지)이 되었다.

⑦ 고종 때, 흥선대원군은 국가재정에 압박을 가하고 붕당 싸움의 온상溫床이 되어버린 서원을 철폐하는 정책을 실시하였다. 서원 의 철폐는 왕실의 권위를 높이고 국가의 재정수입을 늘리는 큰 방편이었다. 흥선대원군의 서원철폐 정책은 사림세력의 거센 저 항에 부딪쳤다. 그러나 흥선대원군은 '백성을 해치는 자는 공자 가 다시 살아난다 해도 내가 용서하지 않겠다.'고 하면서 전국의 600여 개의 서원 가운데서 47개만 남기고 철폐해 버렸다.

① 저울질할 전, 벗 붕, 무리 당.

② 붕당朋黨은 벗친구.朋처럼 생각과 뜻이 비슷한 사람들의 무리집단.黨
   이라는 뜻이다.

③ 조선시대에, 학문적인 경향(동향. 추세)과 정치적 이념을 같이朋
   하는, 뜻이 비슷한 사림의 무리黨가 붕당朋黨이다. 붕당은 오늘날
   정당과 비슷한 성격을 갖고 있다.

④ 붕당은 이념觀. 정치관 등과 이해利害. 이익과 손해에 따라 이루어진 사림
   의 무리로서, 초기에는 상대방 붕당의 존재와 학문적 경향이나
   견해 차이를 인정하는 등 상호 우호적인友好的. 서로 사이가 좋은 관계였
   다. 그러나 차츰 가치관과 이해利害. 이익과 손해의 차이 등으로 인하
   여 대립적인 관계가 되어갔다.

   붕당은 조선시대에 이념과 이해에 따라 이루어진 사림의 집단으
   로, '붕朋'은 같은 스승 밑에서 공부한 무리를, '당黨'은 이해관계를
   중심으로 모인 집단을 가리킨다.

⑤ 훈구세력과 사림세력의 권력 다툼이 사화士禍라고 한다면, 붕당
   은 사림세력끼리의 권력 다툼이라고 할 수 있다. 사림파끼리의
   정치적 주도권 다툼이 붕당이라고 할 수 있다.

⑥ 다툼의 가장 큰 원인은 양반의 수는 증가하는데, 차지할 수 있는
   관직(벼슬)과 토지는 한정되어 있었기 때문이다.

   학문·정치·경제적인 견해(관점) 차이를 기준으로, 견해(뜻)를 같

이하는 사람들끼리 붕당을 형성하고, 한정된 관직과 토지를 놓고 다툼을 벌인 것이다. 그 첫 출발이 '이조전랑' 자리를 두고 동인과 서인으로 붕당이 형성되었다.

⑦ 이조전랑은 이조정랑(정5품)과 이조좌랑(정6품)을 합쳐서 일컫는 말이다. 이조전랑은 관리를 천거(추천)하고 전형(시험하여 골라 뽑음)하는데 가장 많은 권리를 갖고 있었기에 '전형銓衡'의 전銓. 저울질할 전에서 따와 이조전랑이라는 별칭別稱. 별명을 갖게 되었다. 이조전랑은 정5품, 정6품의 낮은 자리였지만, 삼사三司의 하나인 홍문관 출신의 엘리트 관료가 임명되는 것이 관례로서, 삼사의 공론公論. 여론을 수렴收斂. 거두어들임하여 대신들을 견제하고, 또 물러날 때 후임자를 스스로 천거할 뿐만 아니라 이 자리를 거치면 재상으로 쉽게 오를 수 있는 요직(로열 코스)이었다. 따라서 이조전랑 자리를 누가 차지하느냐는 권력 경쟁에서 승패의 핵심 과제였다. 이러한 상황에서 붕당이 생겼고, 동인과 서인으로 분당分黨된 것이다. 조선 선조 때1575 심의겸을 추종하는 기존 사림을 서인西人, 김효원을 우두머리로 하는 신진사림을 동인東人이라 불렀다.

이조전랑吏曹銓郞은 전형銓衡. 시험을 봐서 가려 뽑음을 담당하던 이조吏曹의 정랑正郞과 좌랑佐郞을 합쳐서 부르던 말이다.

⑧ 붕당이 동인과 서인으로 분당分黨. 당이 나누어 짐된 이후, 정국의 주도권은 동인이 먼저 잡았다. 그러나 기축옥사정여립 모 반 사건. 1589로 다수의 동인들이 처형되면서 동인세력은 크게 위축되었다. 그 후, 서인이었던 정철이 선조에게 왕세자 책봉(선임. 임명. 뽑음)을 건

의견저의사건. 1591했다가 쫓겨나면서 동인에게로 권력이 넘어갔다. 동인은 쫓겨난 서인에 대한 처리문제를 놓고 강경파인 북인과 온건파인 남인으로 다시 분당되었다. 광해군을 지지했던 북인이 광해군이 왕위에 오르면서 집권했다. 그러나 인조반정[1623]으로 북인은 몰락하고, 반정을 주도한 서인이 집권했다. 남인도 반정에 동참했기 때문에 서인이 권력의 중심에 있고 남인은 권력의 주변을 서성이는 모습이었다.

그리고 인조에서 숙종 때의 갑술환국[1694] 이전까지는 예송논쟁과 환국을 거치면서 서로 엎치락뒤치락하였지만, 대체로 서인과 남인이 공존하는 모양새를 하고 있었다. 그러나 갑술환국 이후 붕당은 변질되어 이제 공존보다 생존을 위한 치열한 싸움이 되고 말았다. 갑술환국 이후 서인이 집권하고, 남인에 대한 철저한 정치적 보복을 하면서, 서로를 불신하고 상대를 부정하려는 경향이 더욱 심해졌다. 한편 갑술환국 이후, 남인에 대한 처벌 문제와 왕위계승문제로 서인은 노론과 소론으로 분열되었다. 그러나 갑술환국 이후 조선의 정국 주도권은 대체로 서인과 서인에서 분당한 노론에 있었다. 간혹 남인과 소론이 집권한 시기도 있었지만 전체적으로는 노론이 권력의 중심에 있었다.

⑨ 탕평책은 이러한 상황에서 붕당정치로 인한 폐단을 바로 잡고 왕권을 강화하기 정책이었다. 왕권을 강화해 붕당을 억제하려는 정책이 탕평책이다.

⑤ 탕평책의 핵심은, 어떻게 노론을 견제하여 노론과 나머지 붕당

의 공존의 틀을 마련하느냐 하는 것이었다. 그래서 영조 때에는 소론의 참여를, 정조 때에는 남인의 참여를 이끌어 내려고 애썼다.

⑩ 영·정조 때의 탕평책으로 붕당정치의 폐단은 일시적으로 진정되었지만, 정조가 죽고 순조가 왕위에 오르면서 노론의 1당 독재는 극에 달하였다. 그것이 순조에서 철종 사이의 60여 년간에 걸친 세도정치이다. 세도정치는 붕당정치의 변질된 모습이다.

⑪ 4차례의 사화士禍로 사림세력은 큰 피해를 입었지만, 서원과 향약을 기반으로 생존하여 훈구세력을 물리치고 정권을 잡았다. 그러나 사림세력은 선조 때1575 훈구세력에 대한 처리와 이조 전랑 자리를 놓고 동인과 서인, 두 파로 나뉘어 다투면서 붕당정치가 시작되었다. 따라서 탕평책을 실시했던 영조는 붕당의 원인(문제)이 되었던 이조전랑의 후임자 추천권을 폐지하여1741, 근원적인 문제의 뿌리를 뽑고자 했다.

⑫ 붕당은 상대 붕당의 비판과 학문적 차이를 인정하면서 바른 정치를 위해 노력하였으나, 17세기 말 숙종 때부터 변질되면서 자기 붕당의 이익만을 추구하는 집단이 되고 말았다. 그로써 붕당

246 송시열, 예송禮訟 논쟁論爭

① 예절 예, 다툴 송, 말할 론, 다툴 쟁.
② 예절禮節, 예법禮法, 예도禮度에 관한 논란과 다툼訟이 예송禮訟이

다. 예법은 예로서 지켜야 할 도리를 말한다. 예도는 예의와 예절로 지켜야 할 법도(규범, 기준)를 말한다.

왕이나 왕족에 대하여 어느 정도로 예의를 갖추는 것이 옳은 것인가를 놓고 붕당 간의 의견의 차이가 있어서 서로 싸운 것이 예송 논쟁이다. 왕실王室. 임금의 집안 식구에 대한 의례儀禮. 형식을 갖춘 예의는 그와 연관이 있는 임금의 권위와 관련된 문제였다. '예송禮訟'은 궁중의례의 적용문제, 특히 상복을 입는 기간을 둘러싸고 서인과 남인 사이에 크게 논란이 벌어진 두 차례의 사건을 말한다.

③ 예송禮訟은 왕실의 의례儀禮 문제訟였다. 즉 임금의 집안 식구가 사망한 뒤에 상복喪服. 장례 동안에 입는 옷을 입는 기간 문제를 놓고 다툰, 겉으로는 학문적 논쟁이지만 실제적으로는 정치적인 권력다툼이었다. 따라서 이 논쟁의 승리자는 그 당시에 집권執權. 권력을 집을하기 마련이다. 따라서 예송논쟁은 서인과 남인 사이에 벌인 정치적인 싸움으로서, 1차에서는 서인이 2차에서는 남인이 이겼고 집권했다.

④ 예송은 왕실의 의례 문제, 특히 상복 입는 기간을 문제 삼았지만, 이는 효종의 왕위 정통성을 둘러싼 정치적 논쟁이었다. 인조의 맏아들은 소현세자였지만, 갑자기 죽음으로써 둘째 아들인 봉림대군이 왕위에 올랐는데 그가 효종이다. 봉림대군(효종)을 맏아들로 볼 것인가, 아니면 둘째 아들로 볼 것인가 하는 것과 그에 상응하는 예를 갖추어야 한다는 것이다.

1차 예송은 1659년 효종이 죽자, 효종의 어머니였던 조대비가 상복을 몇 년 입어야 하는가를 놓고 논의를 했는데, 서인들이 기년朞年.돌기.만 1년으로 정했는데, 이에 대해 허목·윤휴 등의 남인들이 이의를 제기하면서 일어났다. 남인들은 효종은 왕위를 계승했기 때문에 장자長子.맏아들나 다름없으므로 3년(만 2년)으로 해야 한다는 논리를 폈지만, 송시열 등의 서인들은 효종은 인조의 둘째 아들이므로 장자의 예로 할 수 없다고 반박했고, 결국 서인의 주장이 받아들여져서 서인이 집권하였다.

다시 말해, 효종이 죽은 후 서인은 효종이 둘째 아들로서 왕위를 이었기 때문에 상복을 1년 입어야 한다고 주장하였지만, 남인은 3년 입어야 한다고 주장하였다. 이 논쟁에서 서인이 승리하여 계속 정권이 유지되었다.기해예송. 1659

그러나 효종의 비妃.왕비가 죽었을 때에도 같은 논쟁이 벌어져, 이번에는 상복을 9개월 입어야 한다는 서인과 1년 입어야 한다는 남인 다투어 남인이 이겨서 정권을 잡았다.갑인예송.1674

2차 예송은 1674년 현종 때, 효종의 비가 죽자, 다시 효종의 어머니였던, 조대비의 상복 입는 기간을 몇 년으로 할 것인가를 놓고 다툼이 일어났다. 당시 집권층인 남인은 기년朞年.만 1년으로 정했는데, 이에 대해 서인은 대공大功.8개월설을 주장했으나 이번에는 남인의 주장이 받아들여졌다.

⑤ 결국 예송논쟁은 조선 현종 때에, 인조의 계비繼妃.임금이 다시 장가를 가서 맞은 아내.후궁과는 다른 개념이다이자 효종의 어머니였던 조대비가 상복을 얼마 동안 입어야 하는가의 문제를 둘러싸고 남인과 서인이

두 차례에 걸쳐 대립한 사건이다. 1차는 효종이 죽었을 때이고, 2차는 효종의 부인이 죽었을 때였는데, 효종의 어머니였던 조대비는 그때까지 살아 있었기 때문에 아들과 며느리가 죽은 뒤에, 슬퍼할 겨를도 없이 장례의 기간과 그때 입는 옷 문제 때문에 붕당끼리 싸운 것이다.

⑥ 예송논쟁은 서인과 남인에게는 중요한 정치적인 문제였지만, 백성들의 눈에는 한심한 장면이 아닐 수 없었다. 붕당 간의 다툼은 계속되었다. 이러한 논쟁은 단순히 상복 문제를 둘러싼 당파의 대립이 아니라, 왕의 권위를 어떻게 위치 지을 것인가에 대한 정치적 입장의 근본적인 차이에서 비롯되었다.

⑦ 예송논쟁은 환국을 거쳐 호락논쟁으로 이어졌다.

⑧ 호락논쟁湖洛論爭은 인간과 사물의 본성本性. 본디부터 가지고 있는 성질이 같은가 다른가 하는 점이었다. 조선 후기 성리학에서 인성人性. 사람의 성품과 물성物性. 사물의 성질이 같은가 혹은 다른가에 대한 논쟁이다.

⑨ 호락논쟁은 18세기 초에 송시열의 직계 제자들 사이에 전개된 논쟁으로, 사람과 사물의 성질이 같다고 하는 것을 인물성동론人物性同論 또는 낙론洛論이라고 한다. '낙론洛論'의 '낙洛'이란, 중국의 대표적인 수도였던, '낙양洛陽'에서 붙여진 명칭으로, 서울주변 학자들洛陽의 주장論이라는 뜻이다.

반면에 사람과 사물의 성질은 다르다 하는 것을 인물성이론人物性異論. 다를 이 또는 호론湖論이라고 한다. 호론湖論의 '호湖'는 호서湖西. 충청도 지방 학자들의 주장論이라는 뜻이다. 인물성이론을 주장하는 학자들은 충청도지방에 많이 살고 있었기 때문이다.

금강을 다른 말로 '호강'이라고도 한다. 호강 서쪽이 호서湖西 지방이고 호강 남쪽이 호남湖南이다.

⑩ 이렇게 서울과 충청도 사람들 사이에 벌어진, 인물성동이론人物性同異論의 논쟁을 호락논쟁이라고 한다.

인성人性. 조선. 소중화. 小中華과 물성物性. 청. 이. 夷은 다르다는 것이 인물성이론異. 다를 이이고, 같다는 것이 인물성동론同. 같을 동이다.

결국 소중화小中華. 인간를 자처한 조선과 오랑캐(짐승)의 나라인 청나라가 같을 수 없다는 것이 인물성이론이고, 호론이다. 반면 조선이나 청은 다 같은 인간(사람)이라는 것이 인물성동론이고, 낙론이다.

따라서 호론의 입장에서는 청의 선진문물 도입에 부정적일 수밖에 없고, 낙론의 입장에서는 청나라도 다 같은 사람이 사는 곳이니 그 나라의 앞선 문물을 받아들이는 것은 문제가 없다는 입장이다.

호론은 중농학파(남인계열이 많음)로, 낙론은 중상학파(북학파. 노론계열이 많음)로 연결되었다.

개항1876을 전후하여 호론은 이항로, 기정진, 최익현 등의 위정척사 사상으로 낙론은 박규수(중상학파 박지원의 손자), 오경석, 유대치(유홍기) 등의 개국론자들의 개화사상으로 연결되었다.

이들의 영향을 받은 개화파가 김옥균, 박영효, 유길준, 홍영식, 서광범, 서재필 등이다. 남인은 근기남인과 영남남인으로 나눌 수 있는데, 영남남인은 퇴계 이황의 영향을 받은 사람들이고, 근기남인은 조식과 서경덕北人系의 영향을 받은 서울과 경기도 지역에 살았던 남인을 말한다. 유형원, 이익, 정약용 등은 근기남인이라고 할 수 있다.

⑪ 17세기의 조선은, 남인과 서인 간에 소모적인 예송논쟁이 있었다. 그리고 18세기에는 붕당싸움의 최종 승리자라고 할 수 있는 노론 자기네들끼리의 호락논쟁이 있었다.

⑫ 유교사회의 기본규범으로 강조된 것이, '예禮와 악樂'이다. 어두운 유년기를 보냈던 니체, 바그너의 음악은 니체에게 세상의 독毒을 정화시키는 구원의 빛이었다고 한다. 조선의 선비들은 '약藥'이 육신肉身을 다스리는 것이라고 한다면, '악樂음악'은 영혼을 다스리는 것으로 생각하여, 음악을 중요하게 생각하였던 것이다. 조선의 선비들은 '예禮' 못지않게 '악樂' 또한 소중하게 여겼다.

247 숙종, 환국換局

① 바꿀 환, 판 국, 형편 국.

② 환국換局은 판局을 바꿈換, 판이 바뀜, 형편局이 바뀜換, 시국時局. 대세이 바뀜換, 정국政局. 정치적인 상황이 바뀜換을 의미한다.

③ 환국換局은 붕당정치가 변질되어 가는 과정에서 나타난 현상으로 집권세력(정권)이 급격하게 교체된 것을 말한다.

④ 조선 역사에서 환국은 3차례 있었는데 모두 숙종 때에 있었다.

숙종은 서인과 남인의 대립을 적절히 이용하여, 왕에 대한 충성을 유도하고 왕권을 강화시키는 방안으로 환국을 활용하였다.

어느 붕당이든 조금이라도 세력이 강해져서 왕권에 대한 도전이 있을 것 같으면, 그때마다 집권세력을 급격히 교체시켜서 왕권의 강화를 도모하였던 것이다. 이것이 환국이다. 따라서 환국의 중심에는 숙종이 있었다.

⑤ 1680년에 경신환국으로 서인이 집권했고, 1689년에 기사환국으로 남인이 집권했다. 그리고 1694년 갑술환국으로 서인이 집권하게 된다. 그러나 3차례의 환국을 겪는 과정에 많은 이들이 목숨을 잃어, 결국 붕당정치는 서로를 인정하지 않는 격심한 싸움으로 변질되고 말았다.

특히 갑술환국 이후에 서인들은 남인들이 재기再起. 다시 일어남 하기 어려울 정도로 철저히 탄압함으로써 경쟁적인 정치 동반자가 아닌 원수가 되고 말았다. 이제 남인과 서인의 공존의 틀은 붕괴되고, 내가 살기 위해서 상대의 존재를 무시하고 제거해야 하는 상황에 도달하고 말았던 것이다. 강자强者 생존의 세상이 된 것이다.

248 영조, 탕평책蕩平策

① 넓고 클 탕, 가지런할 평, 정책 책.

② 당파黨派 의 어느 편 어느 당에도 치우침이 없는 것이, 왕도王道. 임금으로서 마땅히 지켜야 할 도리 이고, 그렇게 되면, 임금의 다스림이 넓고 커지며蕩

蕩 매우 가지런하게ᵖᵖ 된다는 취지(의도) 추진되었던 정책政策이 탕
평책蕩平策이다.

③ 탕평책은 숙종 때에 거론擧論.논의 되었지만, 영조 때부터 적극적
으로 실시하였으며 그 정신은 손자인 정조에게로 계승되었다. 탕
평책은 영·정조 때 고르게 인재를 등용하여 붕당정치의 폐단을
시정하고 왕권을 강화하기 위하여 실시한 정책이다.

④ 탕평책의 실시 목적은 붕당정치로 인한 폐단을 바로 잡고 왕권
을 강화하기 위해서였다. 갑술환국(숙종) 이후로 붕당은 공존의
틀이 무너졌다. 인조 이후로 공존하던 서인과 남인이 3차례의
환국을 겪으면서 서로를 불신하고 상대를 부정하려는 경향이 더
욱 심해졌다. 남인에 대한 처벌문제와 왕위계승문제로 서인은 노
론과 소론으로 분열되었다.

갑술환국 이후 조선의 정국 주도권은 대체로 서인과 서인에서 분
당한 노론에 있었다. 간혹 남인과 소론이 집권한 시기도 있었지
만 전체적으로는 노론이 권력의 중심에 있었다.

⑤ 결국 탕평책의 핵심은, 어떻게 노론을 견제하여 노론과 나머지 붕
당의 공존의 틀을 마련하느냐 하는 것이었다. 그래서 영조 때에는
소론의 참여를, 정조 때에는 남인의 참여를 유도하려고 애썼다.

⑥ 그러나 이러한 탕평책도 영·정조 때에 주로 이루어졌고, 정조가
죽고 순조가 왕위에 오르면서 권력의 무게 중심은 다시 노론에
게로 복원되어, 노론에 의한 일당一黨 전제專制가 되고 말았다. 그
것이 바로 19세기의 세도정치이다. 세도정치는 고종이 왕위에 오

르기 전까지 계속되었다. 전제專制는 다른 사람(붕당)의 의사(의
견)는 존중하지 않고, 제 생각대로만 일을 결정하고 처리하는 것
을 말한다.

⑦ 견제와 균형이 없는 권력이나 정권은 지속되기 어렵기 마련이다.
조선 후기 노론의 권력 독점은 조선사회의 급속한 붕괴로 이어
졌다.

249 안동김씨, 세도勢道정치

① 권세 세, 다스릴 도.

② 세도가勢道家. 권력을 행사하던 사람 또는 집안가 권세權勢. 권력를 잡고 국정國政.
나랏일을 마음대로 좌우하던다스리던.道 정치政治 형태를, 세도정치勢道
政治라고 한다.

③ 국왕의 위임이나 신임을 받아 권력을 잡은 특정인과 그 추종세
력들이 나랏일을 마음대로 다스리던(전횡) 정치 형태를 말한다.
전횡專橫이란 권세를 혼자 쥐고 제 마음대로 함을 의미한다.

④ 특정한 가문이나 인물(세도가. 왕의 외척)이, 국왕의 위임을 받
아 국정을 맡아 왕권을 대행代行. 대신 하는 하던 비정상적인 정치가
세도정치이다.

⑤ 세도정치는 주로 왕의 외척外戚들에 의해서 이루어졌다. 여기서
외척外戚은 외가(어머니) 쪽의 친척을 주로 말한다.

⑥ 세도정치는 순조·헌종·철종 3대 60여 년간 이루어졌다. 순조

때는 순조의 장인이었던 안동김씨 집안의 김조순을 중심으로, 헌종 때에는 헌종의 어머니(순조의 아들인 효명세자의 부인) 풍양 조씨 집안의 조인영과 조만영을 중심으로, 철종 때에는 철종의 장인이었던 안동김씨 집안의 김문근 등이 세도(권세)를 부렸다.

⑦ 세도정치는 왕권의 약화와 정치기강의 문란을 초래하였다. 세도정치로 인한, 정치기강의 문란으로 관직을 사고파는 매관매직賣官賣職과 탐관오리貪官汚吏. 백성의 재물을 탐내어 빼앗는, 행실이 깨끗하지 못한 관리의 횡포로 국가재정수입의 근본인 삼정三政. 전정·군정·환정이 문란해졌다. 삼정의 문란은 국가재정수입의 감소는 물론 백성들의 삶을 곤란하게 하였다.

⑧ 백성(민중)의 삶이 어려워지면서, 농촌을 떠나거나 납세를 거부하는 집단적 항거가 곳곳에서 발생하였다. 또한 홍경래의 난1811이나 진주민란1862과 같은 중앙정부에 대한 조직적인 저항(항쟁)이 일어나기도 하였다.

⑨ 삼정三政은 조선 후기 국가재정수입의 근본인, 전정田政·군정軍政·환정還政을 말한다. 삼정은 국가의 세금 제도였다. 전정은 전세 행정이고, 군정은 군사행정이며, 환정은 환곡행정이다.

⑩ 전정田政은 토지에 부과하는 세금(전세)이고, 군정軍政은 양인장정 1인이 군역병역의 대가로 납부하는 1년에 1필의 군포를 말한다. 환정還政은 국가가 춘궁기(식량이 궁핍한 봄철)에 곡식을 빌려주었다가 추수 후에 갚게 하던 곡식(원래의 곡식에, 1/10의 이

자를 포함하여)을 환곡還穀이라 하였고, 그 행정을 환정還政이라 한다.

원래 환곡은 생활이 궁핍한 백성을 구제하기 위한 제도였는데, 이것이 일종의 세금으로 변질된 것이다. 따라서 곡식을 필요한 사람들에게만 지급해야 하는데, 필요치 않은 사람들에게도 강제로 지급하고 이자를 받아 국가나 탐관오리들이 사용한 것이다. 임진왜란 등의 전쟁을 겪으면서 이러한 현상은 계속 증가했고 갈수록 그 폐해가 본격화되어, 19세기에 일어난 민란民亂. 민중항쟁의 중요한 원인이 되었다.

⑪ 진결·은결·도결·백지징세 등은 전정의 문란 상황이고, 황구첨정·백골징포·강년채·족징·인징 등은 군정의 문란 상황이다. 그리고 늑대·분석·가분·반작 등은 대표적인 환정의 문란 상황이었다.

⑫ 황구첨정黃口簽丁은 황구黃口, 즉 부리가口. 입 구 누른黃. 누를 황 아기새 같은 어린아이에게 군포를 부담시키던 것을 말한다. 백골징포白骨徵布은 백골白骨. 죽은 사람에게도 군포軍布를 징수徵收하던 것을 말한다. 강년채降年債. 내릴 강은 군역軍役의 의무가 끝난 60세 이상의 남자들의 나이를 문서상으로 실제보다 낮추 군포를 징수하던 것을 말한다. 족징族徵은 도망간 친척들族에게 군포를 거둔徵 것을 말한다. 인징隣徵은 도망한 사람의 이웃隣에게 군포를 부과하던徵 일이다.

⑬ 세도정치와 탐관오리의 횡포로 인한 삼정의 문란으로 생활이 궁

핍해지고 흉년과 전염병(염병) 등으로 극한極限. 한계. 최후의 단계의 상황으로 내몰린 백성민중들은 화전민火田民이나 도적盜賊이 되기도 하였다. 또한 납세를 거부하거나 탐관오리를 비방하고 관청을 습격하기도 하였다.

⑭ 이에 정부는 암행어사를 파견하거나 삼정이정청을 설치하여 이러한 문제를 해결하려 하였지만 별로 성과를 거두지 못하였다.

삼정이정청三政釐整廳은 삼정三政의 폐단을 바로가지런하게. 整 고치기개정. 釐 위하여, 철종 때 설치한 임시 관청官廳을 말한다.

⑮ 애절양哀絶陽. 슬플 애. 끊을 절. 양기 양은 정약용이 지은 한시漢詩로서, 죽은 시아버지와 갓 낳은 자식이 군적軍籍. 군대 장부에 올라 있어 군포를 납부해야 할 처지에 있자, 군포의 부담을 감당할 수 없었던 사람이 아이를 낳지 않겠다며 자신의 생식기를 자른 기막힌 현실을 두고 노래한 것이다. 군정의 문란한 상황을 엿볼 수 있다.

⑯ 실학자 정약용은 관청의 기강을 바로잡기 위하여 목민심서牧民心書를 지었다. 목민심서는 백성을 다스리는牧民 사람들官이 지켜야 할 마음가짐心에 관하여 쓴 책書이다. 목민관牧民官. 수령. 사또. 원님이 지켜야 할 사항을 기록한 책이다.

⑰ 마과회통麻科會通은 정약용이 마진麻疹. 홍역의 예방과 치료법을 다룬 책이다. 회통會通은 언뜻 보기에 서로 어긋나는 뜻이나 주장을 해석하여 조화롭게 함을 의미한다.

250 비변사備邊司

① 대비할 비, 변방 변, 관청 사.

② 변방邊方에서 일어나는 난리亂離에 대비對備하여 설치한 관청司이다. 비변사備邊司는 조선시대에 남쪽의 바닷가와 북쪽의 변방邊方. 국경으로 침입해 오는 외적의 침입에 대비對備하여 설치한 관청司이다.

③ 16세기 이후 조선은 사화와 붕당정치로 정치가 혼란해지고 양난(왜란과 호란)을 겪으면서 지배체제(정치체제. 통치체제)의 동요動搖. 흔들림가 더욱 심해지자, 각종 제도를 개혁하는 한편 비변사의 기능도 강화하였다. 비변사의 기능 강화는 통치체제를 유지하고 강화하기 위한 목적이 있었다.

④ 중종 때 임시기구였던 비변사는 을묘왜변1555을 계기로 상설기구로 개편되었고, 임진왜란1592을 거치면서 그 기능이 더욱 강화되었다. 이로써 임진왜란 이전에 비상시 군사행정을 담당했던 비변사는 조선 후기 고위 문무관의 국방ㆍ행정 최고의결기구가 되었다. 고위 문무관의 합의로 국가의 중요한 의사를 결정하는 기관이 되었던 것이다. 왜란 이후 비변사는 의정부를 대신하여 국정 전반을 총괄하는 실질적인 최고의 관청이 된 것이다.

⑤ 비변사의 기능 강화로 의정부의 기능은 약화되고, 국가의 중요한 의사결정을 비변사에서 고위 문무관들이 함으로써 왕권도 약화되었다.

⑥ 고종 때, 홍선대원군은 왕권을 강화하기 위하여 비변사를 폐지하고 의정부의 기능을 일시적으로 회복하기도 했다.

⑦ 세도정치 시기에는 세도가(권세가. 주로 왕의 외척)들이 비변사를 통하여 국정을 장악하고 있었기 때문에 홍선대원군의 입장에서는 비변사를 폐지하는 것이, 세도정치로 실추된 왕실의 권위를 회복하는 지름길이었던 것이다. 이에 홍선대원군은 비변사를 폐지하고 의정부와 삼군부의 기능을 부활시켜 행정은 의정부가 군사는 삼군부가 나누어 맡게 했다.

251 효종의 북벌론北伐論, 박제가의 북학론北學論

① 북녘 북, 칠 벌, 배울 학, 말할 론.

② 북벌론北伐論은 북쪽北을 치자伐, 청나라北를 쳐서伐 원수를 갚자는 주장論이다. 청나라와 싸워 이겨 조선이 겪은 병자호란과 삼전도의 치욕의 갚자는 주장이다.

③ 삼전도의 치욕恥辱. 수치와 모욕은 조선 제16대 임금인 인조가 1637년에 병자호란을 일으킨 청나라에게 한강 연안의 강나루, 삼전도三田渡. 나루 도에서 굴욕적인 항복을 한 사건을 말한다. 삼전도는 지금의 서울 송파구 송파동 일대이다.

④ 17대 임금, 효종이 병자호란과 삼전도의 수모에 대한 원한을 씻고자 이완·송시열·송준길 등과 함께 청나라를 치려는 계획을 세웠다. 이것이 북벌계획이다. 그러나 북벌계획은 전쟁과 그로

인한 백성들의 고통에 대한 책임을 청나라에 돌림으로써, 왕과 왕실, 양반의 권위를 회복하고 집권세력으로서의 지위를 유지하고자 하는 의도가 포함되어 있었다.

⑤ 어영청은 북벌계획의 본영本營. 중심 군대이었다. 그리고 북벌계획의 중심인물은 효종·송시열·송준길·이완 등이다. 효종은 하멜의 조총 기술 도입하도록 하여 무기를 제조하고, 남한산성과 북한산성도 수리하게 하였다.

⑥ 그러나 그 후 청의 국력國力은 더욱 강성해지고 중국에 대한 지배가 명확해졌다. 또한 북벌계획의 중심에 있었던 효종이 승하(죽음)하면서 북벌계획은 실천에 옮겨지지 못하고 흐지부지되고 말았다. 오히려 이때 양성된 어영청 등의 군대는 서인과 노론의 권력 유지의 군사적인 기반이 되고 말았다.

⑦ 이후 조선과 청과의 경제, 문화적 교류가 빈번頻繁. 잦아해지면서 청과의 관계 개선改善은 물론, 청의 선진문물文物을 적극 받아들여야 한다는 주장이 점차 제기되었다.

⑧ 북벌론은 북학론으로 발전하였다. 영조와 정조 이후 청나라의 학술과 문물(문화)을 배우려한 조선 학자들의 학문적 경향을 북학론이라고 한다. 북학론北學論은 청의 선진문물을 수용하고, 청淸. 청나라. 北을 배워야學한다는 주장論이다. 18세기의 대세는 북벌이 아니라, 북학이 되었다.

⑨ 1778년 박제가는 자신의 저서 북학의北學議에서 청나라청의 선진문물과 생활양식을 배워야 한다고 주장하였다. 이후 북학은 청

나라에 남아 있는 중화中華의 선진문물을 배운다는 의미로 널리 사용되었다. 박제가는 홍대용, 박지원 등의 실학자들의 중상적 실학사상을 계승하여 북학의를 지어, 북학론을 정립定立. 바로 세움 시켰다. 대표적인 북학론자는 박지원, 홍대용, 박제가, 이덕무 등이다. 이들을 흔히 중상학파 또는 북학파北學派 라고 부른다. 영·정조 때에, 청의 앞선 문물제도와 생활양식을 배우는 것이 나라를 부강하게 할 수 있다고 주장한 실학의 한 학파學派 를 북학파라고 한다.

⑩ 한편, 러시아가 풍부한 자원을 탐내어 흑룡강(헤이룽 강) 방면으로 남하南下하자 청은 조선에 지원병을 요청하였다. 조선은 북벌계획의 일환一環. 한 부분으로 청의 군사력을 탐지探知. 찾아서 알아냄하고 실전實戰. 실제의 싸움 경험을 쌓기 위해, 2차례에 걸쳐 조총병을 중심으로 한 부대를 파병하여 러시아 군대의 격퇴에 크게 기여하였다. 이를 나선정벌羅禪征伐이라고 한다. 나선羅禪은 '러시안Russian'의 음역音譯. 한자로 외국어를 소리 나는 대로 적는 방식이다. 'Asia'를 '亞細亞아세아' 또는 'club'을 '俱樂部구락부'로 표기하는 것 따위이다. 가차假借라고도 한다. 가차란, 한자 육서六書의 하나로서, 어떤 뜻을 나타내는 한자가 없을 때 뜻은 다르나 음흄이 같은 글자를 빌려 쓰는 방법이다. 임시로 음흄. 소리을 빌려서 외국어를 적는 중국의 표기방식이다. '타이푼Typhoon'을 '태풍颱風'으로 부르는 것도 같은 이치이다. 육서六書란 한자를 만들고 실제로 응용하는 여섯 가지의 대원칙인, 지사指事 · 상형象 形 · 형성形聲 · 회의會意 · 전주轉注 · 가차假借 등을 가리킨다.

252 김육, 시헌력^{時憲曆}

① 때 시, 법 헌, 달력 력.

② 시헌력^{時憲曆}은 태음력에 태양력의 원리^{법칙. 憲}를 더하여, 24절기의 시각^{時刻}과 하루의 시간^{時間}을 정밀하게 계산하여 만든 역법^{曆法}이다.

③ 시헌력은 서양 선교사 아담 샬이, 서양 역법을 기초하여 만든 청나라의 역법이다.

④ 김육은 효종 때 청나라로부터 선교사 아담 샬의 도움을 얻어, 서양식 달력인 청의 시헌력을 우리나라의 실정에 맞게 정리하였다.

⑤ 효종 때¹⁶⁵³ 김육의 노력으로 채택된 시헌력은 1895년 을미개혁으로, 양력^{陽曆}을 사용할 때까지 조선이 사용했던 역법^{曆法}이다.

⑥ 역법^{曆法}은 천체 운행의 주기적이고 규칙적인 현상으로부터 시간의 흐름을 측정하는 방법이다. 천체의 운행 등을 바탕으로 한 해의 주기적 시기를 밝히는 방법이 역법이다. 책력^{册曆}은 1년의 절기와 그 날짜를 기록한 문서를 말하며, 흔히 달력이라고도 한다.

⑦ 한 달에서 5일을 1후^候, 3후인 15일을 1기^氣라 하여 이것이 기후^{氣候}를 나타내는 기초가 된다. 1년을 12절기^{節氣}와 12중기^{中氣}로 나누고 이를 보통 '24절기'라고 하는데, 절기는 한 달 중 월초^{月初}에 해당하며, 중기^{中氣}는 월중^{月中}에 해당한다. 절기는 달의 운행 주기에 따른 것이 아니라, 태양의 운행 주기에 따른 것이다. 옛날에도 달보다 태양의 운행 주기에 따라서 농사를 지었다. 24절기

는 먼저, 봄·여름·가을·겨울로 나누고 각 계절을 다시 6등분 하였다.

253 정조, 규장각奎章閣과 장용영壯勇營

① 정조의 정치적·학문적 기반이 된 것이 규장각이고, 군사적 기반이된 것이 장용영이다. 정조는 규장각과 장용영의 설치를 통해서 왕권을 강화하고자 하였다. 정조는 장용영壯勇營이라는 친위부대를 육성하여 왕권의 군사적 기반을 다지고, 규장각奎章閣이라는 국왕 직속의 정치기구이자 학술기관을 만들어 충성스런 두뇌집단을 결집시켜 왕권을 뒷받침하게 하였다.

② 규장각奎章閣은 중요한 문장文章이나 글奎을 보관하던 집閣. 도서관이다. 역대 임금들의 글이나 글씨, 임명장, 보감寶鑑. 본보기가 되는 책, 어진御眞. 왕의 초상화등을 보관하던 왕립 도서관이다. 규장각은 정조가 문화정치와 인재양성을 위해 창설한 기구이다. 규장각은 왕실도서관 및 학술연구기관으로 출발하였으나 국왕의 측근 기구(친위)로 기능하면서 정조 때의 문화정책을 뒷받침했다. 이를 위해서 젊고 똑똑한 정약용, 이덕무, 박제가, 유득공 등을 등용하여 왕권강화의 기반으로 활용하였다.

박제가, 유득공 등은 서얼庶孽 출신이었지만 등용했다. 서얼庶孽. 천할 서. 첩의 자손 얼은 양반의 자손 가운데 첩妾. 본부인이 아닌 아내과의 사이에서 나온 자손을 말하는 것으로, 양인(상민. 평민) 이상의 신분에 속하는 첩이 낳은 서자^{庶子}와 천인에 속하는 첩이 낳은 얼자^{孼子}를 함께 이르는 말이다. 또한, 서자와 얼자의 자손들도 서얼로 불렸다. 적자^{嫡子. 본부인의 자식}에 비해 서자^{庶子. 첩의 자식}는 사회적으로 차별대우를 받았다. 따라서 서자는 양반의 자손이라 하더라도 과거시험의 문과에 응시할 수 없었다. 다만 무과나 잡과의 응시는 허용되었다. 동의보감을 편찬한 허준은 서자 출신이었기에 잡과에 응시하여 의원이 되었다. 그러나 최초의 한글 소설인 홍길동전에서 홍길동은 친모^{親母}가 노비(계집종) 출신이어서 어머니의 신분에 따라 천민종이 될 수밖에 없었다. 그래서 호부호형^{呼父呼兄. 부를 호}을 하지 못하게 한 것이다. 이렇듯이 차별받던 서자 출신까지 정조는 능력만이 있으면(인재) 등용하여 왕권을 강화하려고 했다.

③ 장용영^{壯勇營}은 군세고^壯 용감한^{勇敢} 군인들이 모여 있는 진영^{陣營. 병영. 군사집단}이라는 의미이다. 장용영은 정조 때에, 왕권을 강화할 목적으로 두었던 국왕친위부대(국왕호위부대, 국왕금위부대)이다.

④ 정조가 국왕중심의 국가통치체제를 마련하기 위해 구상^{構想}하고 건설한 도시가 수원 화성^{水原 華城}이고, 그것을 정치적·학문적·군사적으로 뒷받침하는 역할을 하도록 두었던 기구가규장각과 장용영이다. 화성의 건설에 기여한 사람이 정약용이다. 정약용은 화성을 쌓는데 거중기^{擧重機. 복합 도르래. 기중기의 일종}를 만들어 사용하여 인건비를 절약하였다. 거중기는 정약용이 무거운 물건을

들어 올리기 위해 만든 기계이다.

⑤ 정조는 왕권강화의 경제적 기반을 마련하기 위하여, 농업을 진흥시키고, 신해통공을 실시하여 6의전을 제외한 시전상인들의 금난전권을 폐지하여 자유로운 상공업 활동이 어느 정도 가능하게 하였다. 또한 광산개발도 장려하였다.

정조는 경제적으로 민생안정과 국가수입을 증대시킬 수 있는 모든 방법을 강구講究. 연구. 대책을 세움하였던 것이다.

⑥ 또한 정조는 노론에 중심의 인적자원을 최소화하고, 왕권강화의 인적기반, 즉 왕에게 충성할 수 있는 유능한 관리를 확보할 목적으로 초계문신제도를 실시하였다. 초계문신抄啓. 뽑을 초. 여쭐 계에서 초계抄啓란 인재를 뽑아 임금에게 보고하던 일을 말한다. 초계문신은 정조 때에 당하관正 3품下 이하의 문신 가운데서 인재를 뽑고, 뽑힌 사람을 다시 교육한 뒤 시험을 보게 하여 그 성적에 따라 중용重用. 중요한 자리에 앉혀서 씀하였다.

⑦ 정조는 잘못된 글 쓰는 스타일문체. 文體을 돌이켜 바로잡는(반정)다는 의미의 문체반정文體反正을 통하여, 노론의 벽파를 견제하고자 하였다. 정조는 관리와 선비들에게 소설체패관소품체. 口語體의 문체 대신에 논리적인 글文語體을 쓸 것을 명하였다. 정조의 문체반정에 반발한 대표적인 사람이 박지원이다. 박지원은 양반전 등의 한문 소설을 쓴 사람이다. 문체반정은 일종의 언론(사상) 탄압이라고 할 수 있다. 개혁 군주인 정조가 갖는 역사적 한계성이라고 할 수 있다.

다시 말해 문체반정은 정조 입장에서 볼 때, 깨끗하고 올바르지
못한 구어체^{대화체}와 소품문^{小品文. 어떤 형식을 갖추지 아니하고 자유로운 필치로 일}
^{상생활에서 보고 느낀 것을 간단하게 적은 글}을 깨끗하고 올바른 고문^{古文}의 문체
로 바꾸도록 강제한 것으로, 연암 박지원의 열하일기가 대표적인
문체반정 대상으로 지목됐다.

254 양명학^{陽明學}

① 양명학^{陽明學}은 중국 명나라의 철학자 왕수인^{王守仁}의 호^號인, '양
명^{陽明}'에서 이름을 따서 붙인 유교철학^{儒敎哲學}의 한 학파로서, 주
관적 실천 철학에 속한다.

② 심즉리^{心卽理} · 치양지^{致良知} · 지행합일^{知行合一}은 양명학의 핵심 원리
이다.

③ 심즉리^{心卽理}는 사람의 마음이 곧 도리^{道理}이고, 사람이 저마다 태
어날 때부터 갖고 있는 본성인 양지^{良知}를 실천하는 것을 치양지^致
^{良知}라고 한다.

④ 사람의 마음이 곧 도리^{道理}, 사리^{事理. 이치}이다. 사리에 맞게 사는
것은, 사람이 태어날 때부터 갖고 있는 본성^{本性. 양지}은 물욕^{物慾}
을 추구하는 속성을 갖고 있기에, 사람이 물욕의 장애(방해)를
물리칠 때 비로소 지행합일^{知行合一. 앎과 행동이 일치함}에 이르게 된다는
학설이 양명학이다.

⑤ 조선 후기에 일부의 학자들을 중심으로, 성리학의 지나친 관념

성에 반발하여 실천성을 강조하는 양명학에 관심을 갖고 연구하는 경향이 나타났다.

⑥ 대표적인 사람들이 윤증, 정제두 등이다. 이들 가운데 일부는 '사문난적斯文亂賊'이라고 비판당하였다. 사문斯文. 유교의 교리·사상을 어지럽히는亂 도적盜賊과 같은 존재라는 뜻이다.

심지어 정통 유학자가 아닌, '이단異端'이라고 규탄하는데까지 이르렀다. 이들을 '강화학파'라고도 한다.

⑦ 정치적으로 노론에 비교하여 열세에 몰렸던 소론이 정계에서 축출되면서 정제두가 강화도로 낙향하여 인재교육에 몰두한데서 시작되었기 때문이다. 이건창도 강화학파이다. 강화학파는 당시 비주류였다. 강화학파의 사상은 박은식, 정인보 등으로 계승되었다.

255 시파時派 · 벽파僻派

① 때 시, 때를 맞출 시, 치우칠 벽, 간사할 벽, 갈래 파.

② 시파 ↔ 벽파

③ 시파는 시류時流. 시대의 흐름에 편승便乘. 붙어 탐한 파벌派閥이라는 뜻으로, 노론의 벽파들이 사용한 용어이다.

④ 시파는 정조의 아버지였던, 사도세자(장헌세자)의 죽음을 애도하고 동정하며, 정조의 입장에 있었던, 주로 남인계열의 붕당이다. 소론도 대체로 시파의 입장이었다.

⑤ 벽파는 지나칠 정도로 노론과 영조의 입장에 서서, 사도세자를

죽음으로 몰고 갔으며, 또한 사도세자의 죽음을 당연시하였던 노론계열의 붕당으로, 영조 때에 사도세자의 무고^{誣告. 거짓으로 꾸며서 말하는 것}와 비방에 적극성을 띠었던 붕당이다.

⑥ 벽파^{僻派}는 시파가 사용한 용어로서, 간사한^僻 파벌^{派閥}이라는 뜻이다.

⑦ 결국 시파와 벽파는 조선 영조 때 장헌세자(사도세자)의 폐위^{廢位. 지위를 없앰}와 사사^{賜死. 죄인을 죽임}를 둘러싸고 분열된 파당이다. 무고를 받아 뒤주 속에서 굶어 죽은 세자를 동정^{同情. 가엽게 여기는}하는 입장이었던 시파는 대부분 남인계통이었으며, 세자를 공격해 자신들의 무고를 합리화하려고 했던 벽파는 대부분 노론이었다.

⑧ 한편 정조가 죽고, 순조 즉위한 후 일어난 천주교 탄압인 신유박해의 경우, 천주교 전통적인 유교적 사회질서를 파괴할까 염려했던 측면도 있었지만, 서학(천주학. 천주교)을 연구하는 학자나 신자 중에 남인의 시파가 많았으므로 당시 정권을 잡은 안동김씨 등의 벽파가 시파를 탄압하기 위한 목적도 있었다.

256 진경산수화, 풍속화, 민화

① 참 진, 경치 경, 풍속 속, 백성 민, 그림 화.

② 진경산수화^{眞景山水畵}는 실경산수화^{實景山水畵}에서 더 발전한 것으로, 조선 후기에 유행한 우리나라의 산천^{山川}을 소재로 그린 산수화이다. 대표적인 작품으로는 정선의 금강전도, 인왕제색도, 강

희언의 인왕산도 등이 있다.

③ 풍속화風俗畵는 사람들이 살아가는 모습을風俗, 그린 그림畵이다. 조선 후기의 대표적인 풍속 화가로는 김홍도, 신윤복, 김득신 등이 있었다. 옛날에 사람들이 어떻게 살았는지 알려면, 그 시대의 사람들이 쓴 글이나 물건, 그림 등을 보면 된다. 따라서 풍속화는 조선 후기 백성들의 삶의 모습을 엿볼 수 있는 대표적인 문화재이다. 김홍도의 서당도, 씨름도와 신윤복의 선유도 등이 있다.

④ 민화民畵. 백성 민. 그림 화는 일반 백성들民 사이에서, 서민들 사이에서 유행하던 그림畵이다. 민화에는 호랑이가 많이 등장하는데, 그 이유는 호랑이는 산신령을 대신하는 동물로 여겨서, 나쁜 귀신을 막아주고, 착한 사람을 도와주는 동물로 여겼기 때문이라고 한다. 민화는 대체로 이름이 밝혀지지 않은 떠돌이 화가에 의해서 그려진 것들이 많다.

⑤ 조선 후기 농업생산력의 증대와 상공업의 발달과 서당의 보급으로 서민들의 경제, 사회적 지위가 향상되면서 서민문화가 발달하였다. 홍길동전과 같은 한글 소설이나 사설시조·판소리·민화·풍속화·가면극탈춤 등이 이에 해당한다.

⑥ 판소리, 탈춤, 산대놀이 등은 양반중심의 사회와 문화를 풍자諷刺하거나 비판하는 내용이 많다. 풍자諷刺. 빗댈 풍. 찌를 자는 무엇을 빗대어, 비유하여諷 핵심을 찌름, 꾸짖음刺을 뜻한다.

257 분청사기粉靑沙器, 청화백자靑化白磁

① 분바를 분, 푸를 청, 흙 사, 그릇 기

② 분청사기는 청자에 백토白土. 빛깔이 희고 고운 흙로 분粉을 발라 다시 구
워낸 자기를 말한다. 분장한 청자의 준말이다. 분청은 청자를 만
들 때 쓰는 흙으로 그릇을 빚고 거기에 흰색 분을 발랐다는 뜻
이다. '분粉을 바른 청자靑磁'라는 의미이다.

③ 조선시대의 사람들은 자기瓷器를 '사기沙器'라고도 불렀다.

10세기 후반부터 만들어진 청색의 고려청자는 14세기 중엽부터
회청색 또는 회백색의 분청사기를 거쳐서, 16세기 중엽 이후로
는 흰색의 백자가 만들어졌다. 청자나 백자의 제작은 중국에서
시작되었지만, 분청사기는 우리나라에만 있는 도자기이다. 분청
사기는 고려 말부터 조선의 16세기까지 만들어졌다.

④ 자기의 명칭은 자기의 빛깔(재질), 무늬를 넣는 기법, 무늬의 종
류, 그릇의 모양으로 보통 짓는다.

⑤ 푸를 청, 빛날 화, 흰 백, 자기 자.

⑥ 백자白磁는 흰색白을 띠는 자기磁器라는 뜻이다. 바탕색이 흰白 자
기磁器라는 뜻이다. 순백색純白色의 바탕흙 위에 투명한 유약을 발
라 구워 만든 자기磁器, 바탕색이 흰 자기를 백자白磁라고 한다.

⑦ 청화백자靑華白磁는 청화靑華. 중국에서 나는 푸른색 물감로 그림을 그려 구
운 바탕색이 흰白 자기磁器이다. 푸른색靑의 무늬를畵. 그림 넣은 백
자白磁가 청화백자이다.

조선시대의 선비들은 화려함보다 소박함을 좋아하여, 청자보다는 담백한 백자를 좋아했다. 귀족들이 주로 사용했던 고려의 청자와 달리, 백자는 양반(선비)들은 물론이고 일반백성들도 사용할 정도로 많이 만들어졌다.

백자는 무늬나 물감의 종류에 따라 순백자와 코발트(연한 푸른색을 띰) 안료(색소)로 무늬를 그린 다음 백색유약을 씌우는 청화백자, 산화철을 안료로 무늬를 그린 다음 백색유약을 씌우는 철사백자, 산화동을 채색 안료로 그린 후 백색유약을 입히는 진사백자 등으로 나눈다.

⑧ 푸른색 무늬(그림. 畵)를 넣은 백자는 청화백자, 산화철로 그려서 무늬가 갈색이나 흑갈색을 띠는 백자는 철화백자, 산화동으로 그려서 어두운 붉은색 무늬를 가진 백자는 동화백자라고 한다.

동화백자銅畵白磁는 백자는 산화구리CuO를 안료顔料. 색소로 하여 문양文樣. 무늬을 그린 조선 후기의 백자로서, 진사백자辰砂白磁라고도 한다. 철화백자鐵畵白磁는 산화철을 안료로 하여 문양을 그린 백자로서, 철사백자鐵砂白磁라고도 한다.

산화철은 철이 산화酸化. 산소와 결합한 것이고, 산화동은 구리銅가 산화한 것이다.

⑨ 백자철화운죽문호白瓷鐵畵雲竹文壺은 산화철酸化鐵로 구름雲과 대나무竹 무늬文를 그려畵넣어 만든, 백자白磁 항아리壺라는 뜻이다.

⑩ 백자청화매조죽문호靑華白瓷梅鳥竹文壺은 푸른색靑. 코발트 물감(안료)으로 매화梅花·새鳥·대나무竹 무늬文를 그려畵넣어 만든, 백자白磁

항아리壺라는 의미이다.

⑪ 이처럼 자기의 이름은 빛깔(재질)과 무늬를 만드는 기법, 무늬의 종류, 그릇 모양으로 짓는다. 도자기 이름의 첫 부분은 도자기의 종류를 나타내는데, 도자기의 빛깔(재질)에 따라서 청자, 분청사기, 백자 등으로 구분한다. 그리고 무늬를 만드는 기법은 양각, 음각, 상감 등이고, 무늬의 종류는 대나무, 매화, 새 등을 말하며, 마지막은 그릇의 모양(병, 항, 주자, 합, 호, 매병 등)을 나타낸다.

⑫ 도공陶工은 도자기 기술자를 말한다. 도자기陶磁器는 흙으로 모양을 빚어 불로 구운, 질그릇陶. 질그릇 도과 사기그릇磁. 사기그릇 자을 합쳐서 부르는 말이다.

258 양반·중인·상민·노비

① 양천제良賤制는 백성의 국역부담 여부에 따라서 양인良人과 천인賤人으로 나누던 신분제도身分制度이다. 국역國役은 백성으로서 국가를 위해서 부담하는, 납세와 병역, 부역(강제노동)과 같은 의무를 말한다. 신분身分은 개인의 사회적인 지위·위치·계급을 말한다. 대체로 신분은 세습되었고, 지위에 따라서 권리와 의무가 달랐다.

조선은 형식적으로는 양천제 사회였지만, 실제적으로는 반상제班常制. 양반과 상놈 사회였다.

그러나 조선 후기에 이르러 양반의 숫자가 증가하면서 양반의 계층분화分化. 복잡하게 갈라짐가 촉진되었다. 벌열양반, 향반, 잔반 등이 그것이다. 벌열閥閱 양반은 나라에 공로功와 실적績이 많은 집안의 양반을 말한다. 집권한 양반이라고 할 수 있다. 향반鄕班은 여러 대에 걸쳐 벼슬을 하지 못하고, 지방에서 겨우 행세하던 양반을 말한다. 잔반殘班. 허물어질 잔은 말 그대로 몰락한 양반을 말하며, 허생전의 허생과 같은 존재가 잔반이라고 할 수 있다.

② 양인良人은 선량善良한 사람人이라는 뜻으로, 자유인이며 국역부담의 의무를 지는 대신에 관직에 진출할 자격이 부여되었다. 조선시대에 양인으로는 양반·중인·상민(평민)이 있었다.

③ 천인賤人. 천민은 신분이 낮은 사람을 뜻하며, 대체로 천인의 다수는 노비였다. 천인은 양인의 대칭적 개념이며, 자유가 박탈된 사람들이었다. 천인은 원칙적으로 조세 납부의 의무와 교육과 관직 진출의 권리 없는 사람들이었다. 출세가 허용되지 않은 부자유인으로서, 개인이나 국가기관에 소속되어 천역賤役. 천한 일을 담당하던 사람들이다.

④ 양반兩班. 둘 량, 나눌 반은 '동반東班. 문반과 서반西班. 무반'을 일컫는 말이다. 양반은 고려시대, 조선시대에 지배층을 이루던 신분이다. 양반兩班은 문반과 무반 및 그 가족들을 말하는데, 이들은 과거시험 등을 통해서 관리가 되어 국가를 위해서 일한 대가로 '토지와 녹봉'을 지급받을 수 있었다.

양반은 원래 문관과 무관을 지칭하는 관료적인 의미였으나, 반상제班常制가 확립되면서 신분적인 의미로 변화하였다. 양반은 토지와 노비를 많이 소유하고 과거시험 등을 통하여 국가의 고위관직을 독점하였다. 양반은 경제적으로는 지주층이며 정치적으로는 관료층으로서, 생산에는 종사하지 않고 오직 관직에 진출하는 것이 개인과 가문의 목표가 되는 경우가 허다許多 매우 많음했다.

양반들은 기득권을 유지하기 위하여 양반의 숫자가 증가하는 것을 원치 않았다. 따라서 숫자의 증가를 막기 위하여 중인이나 서얼(첩의 자식)에게 과거시험에서 문과 응시자격을 제한하였다.

⑤ 중인中人은 양반兩班과 상민常民의 중간中間에 위치했던 신분층이다. 이들은 양반에서 도태되거나 상민에서 신분이 상승한 자들이었다. 중인은 주로 기술직이나 사무직에 종사하던 벼슬아치들이 많았다. 중인들은 주로 양반층이 하는 일을 실무적으로 보좌하는 경우가 많았다. 이들은 과거시험에서 문과의 응시는 제한되었으나, 무과 또는 잡과에는 응시가 가능하였다. 동의보감을 쓴 허준은 잡과 출신의 의관醫官이었다.

조선시대의 신분제도는 대체로 고려의 것을 계승한 것이어서 본질적 차이는 별로 없지만, 고려와는 달리 적서嫡庶의 차별이 매우 심하였다. 적서嫡庶란 적자嫡子와 서자庶子를 말한다. 적자嫡庶는 본부인의 자식을 말하며, 서자庶子는 첩妾의 자식을 말한다. 서자는 '서얼庶孽'이라고도 하는데, 양인(평민) 이상의 신분에 속하는 첩이 낳은 서자庶子와 천인에 속하는 첩이 낳은 얼자孽子를 함께 이르는 말이다.

다시 말해 아버지가 양반이고 어머니가 첩(본부인이 아님, 후처와는 다른 개념이다)인데, 어머니의 신분이 양인이상이면 그 자식은 서자가 되고 천인(노비 등)이면 얼자孽子가 되는 것이다.

따라서 허균이 쓴 홍길동전에서, 홍길동은 양반인 아버지와 계집종인 어머니 사이에서 태어났기에 일천즉천一賤則賤에 따라서 홍길동도 종놈이 되는 것이다. 법적으로는 홍길동이 '호부호형呼父呼兄'을 하지 못하는 것을 당연한 이치일 수 있다. 또한 홍길동은 '얼자孽子'에 해당하는 존재였다.

양반들이 주도했던 조선사회는 이렇듯이 양반이 되는 것을 최대한 막으려고 노력했다. 그것이 그들만의 특권을 오랫동안 유지하는 비결이자 방법이었을 것이다.

⑥ 상민常民은 천민 이외에, 지배를 받던 일반 백성들이다. 흔히 평민平民 또는 양민良民이라고도 하며, '상놈'은 여기서 유래한 것이다. 상민의 농업, 상업, 수공업에 종사하는 사람들이 대부분이었다. 이들은 법적으로는 교육을 받고 과거시험에 응시할 자격이 있었지만, 실제적으로는 그렇지 못했다.

⑦ 신량역천身良役賤은 고려와 조선시대에 신분身分은 양인良人. 평민이지만 천역賤役. 천한 일에 종사하던 사람을 일컫는 말이다. 신분상 양인이지만 사람들이 꺼리는 일을 했기 때문에 양인과 천인의 중간자中間子. 이쪽에도 저쪽에도 속하지 아니하고 양쪽의 사이에 있는 것적인 존재가 신량역천이다.

수군水軍. 해군, 봉수군, 나졸(하급병졸), 염간(소금 채취), 광부 등이 여기에 해당한다.

⑧ 천민은 최하층의 신분으로, 부자유민(不自由民)이었다. 노비, 백정, 재인, 진척, 역정, 무당, 기생 등이 여기에 해당하며, 천민의 대부분은 노비였다.

⑨ 노비는 공노비(관노비)와 사노비私奴婢가 있었다. 공노비(관노비)는 관청에 소속되어 일정 기간 일하거나, 몸값身貢을 지불해야 했다. 사노비는 주인과 살면서 집안일奴통을 하던 솔거노비와 떨어져 생활하면서 몸값으로 1/2세를 납부하던 외거노비가 있었다. 솔거노비率居奴婢는 주인이나 관청이 직접 거느리고率. 거느릴 솔 살면서居. 살 거 집안일이나 경작을 하던 노비奴婢이고, 외거노비外居奴婢는 주인이나 관청에 외따로外 떨어져 살면서居 몸값을 지불하던 노비奴婢를 말한다.

노비는 신분이 세습도 되지만, 전쟁이나 죄, 빚부채 등의 이유로 노비가 되기도 하였다. 그러나 노비의 숫자 증가는 양인들의 국역國役 부담을 가중시켜 국가적으로 문제가 되는 경우가 많았다. 노비종모법奴婢從母法은 노비奴婢 자녀의 신분이나 주인을 결정할 때 어머니母의 신분을 따르도록從 규정한 법法이다. 노비종부법奴婢從父法은 조선시대에 양인과 노비 사이에서 태어난 자녀(노비)의 신분이 아버지父의 신분을 따르게從 한법法. 규정이다. 노비종모법에 따르면, 어머니가 양민이면 아버지가 노비이더라도 그 자녀는 양민이 되었다.

⑩ 신공身貢은 조선시대에, 노비가 신역身役. 육체적인 의무 대신에 삼베(대

마)나 무명(솜), 모시(모시풀), 쌀, 돈 따위로 납부하던 것으로 일종의 '몸값'이라고 할 수 있다.

⑪ 노비는 매매賣買. 팔고 삼, 상속相續, 증여贈與. 선물의 대상이었지만, 백정·재인·진척·역정, 기생은 매매, 상속, 증여의 대상이 아니었다.

⑫ 기생妓生은 '기녀妓女'라고 하는데, 춤·노래·의술·바느질 따위를 배우고 익혀서 나라에서 필요한 때 봉사하는 관비官婢를 통틀어 이르던 말이다. 관기官妓는 관청에 소속된 기녀기생를 말한다. 관청에 소속된 계집종이 기녀였다.

⑬ 조선시대에 천민 중에서 유일하게 양반들의 주변에 머물며 어울릴 수 있었던 신분이 기녀들이었다. 기녀는 겉으로는 궁중 잔치 등에 동원되어 노래와 춤으로 흥을 돋우는 기능도 하였지만, 실제로는 왕족과 양반들의 성적 노리개로 봉사하는 경우가 많았다.

⑭ 수청守廳은 기생이 벼슬아치에게 몸을 바쳐 시중을 들던 일을 말한다. 춘향전에서 춘향이는 퇴기退妓. 은퇴한 기생의 딸이다.

춘향의 어머니 월매는 퇴기로서, 성 참판의 첩이었다. 엄밀히 말하면 춘향이는 기생의 딸이지만, 기생이 아니었기에 변 사또의 수청을 들어야할 법적인 의무는 없었다. 따라서 수청을 들라고 강요한 변 사또가 법을 어긴 것이다. 만약 춘향이 관기(기생)였다면 당시의 법으로 변 사또의 요구는 당연한 것이라고 할 수 있다.

① 참 실, 배울 학, 일 사, 구할 구, 옳을 시.

② 실학^{實學}은 실제^{實際}로 생활에 도움이 될 수 있는 학문^{學問}이라는 뜻이다.

③ 실사구시^{實事求是}는 실제로 있는 일에서, 사실^{事實}에 근거하여 학문(문제)을 연구하고 진리^{眞理}, 해답를 찾아^求 실생활에 적용하여 보다 더 나은 삶을 살도록 하자는 것이다.

사실에 입각^{立脚}하여 진리를 탐구하려는 태도로서, 실험과 연구고증를 거쳐 아무도 부정할 수 없는 객관적 사실을 통하여 정확한 판단과 해답을 얻고자 하는 것이다. 공리공론^{空理空論}, 실천이 따르지 아니하는, 헛된 이론이나 논의에 치우쳤던 양명학을 비판하며, 청나라 초기에 고증학자들이 고증학^{考證學}에서 처음 사용한 용어이다. 실사구시는, 청나라 고증학의 영향을 받은 조선 후기 실학의 개념을 한마디로 정의할 수 있는 말이다.

고증학^{考證學}은 예전에 있던 사물들의 시대·가치·내용 따위를, 일정한 증거^{證據}, 증거 증를 세워 이론적으로 밝혀^考, 밝힐 고 나가는 학문^{學問}을 말한다. 고증^{考證}은 문헌이나 물건에 기초하여 증거^{證據}를 세워 이론적으로 밝힌다^考는 뜻이다.

④ 실학이 생겨난 배경은 성리학의 배타적 성향(성리학만이 옳고 그 밖의 다른 학문은 모두 그르다 생각)이 중요한 원인이라고 할 수 있다. 성리학의 배타적 성향은 실용적인 학문의 발달을 어렵게

하였다. 또한 양난兩亂. 왜란과 호란을 겪으면서 발생한 조선 사회의 각종 문제점을 해결하는 해결책을 제대로 제시하지 못했다. 조선의 국가 통치이념(시대정신)이었던 성리학이 조선이 나아가야 할 방향과 대안을 선명하게 제시하지 못하면서, 그러한 성리학에 대한 비판과 함께 실학이 생겨나게 된 것이다.

양난이후 백성들의 삶이 궁핍해지고 국가체제가 붕괴되는 조짐이 나타나면서, 정부차원에서 했던 노력이 대동법, 균역법, 영정법, 탕평책 등과 같은 새로운 제도의 실시였다면, 민간차원에서 자발적으로 했던 대표적인 노력이 실학운동이라고 할 수 있다.

⑤ 따라서 실학을 연구한 사람들은, 대체로 당시 붕당 싸움에서 밀려 권력의 중심에 있지 못했던 근기남인 계열의 학자들이 많았다.

남인은 근기남인과 영남남인으로 나눌 수 있는데, 영남남인은 퇴계 이황의 영향을 받은 사람들이고, 근기남인은 조식과 서경덕의 영향을 받은 서울과 경기도 지역에 살았던 남인을 말한다. 이익, 정약용 등은 근기남인이라고 할 수 있다. 서경덕과 조식, 이원익의 영향을 받은 허목, 그리고 허목의 영향을 받은 이익, 유형원, 정약용 등이 중농학파를 형성하였다. 이들을 성호학파라고도 한다.

근기近畿. 가까울 근, 경기 기란, 서울에서 가까운 곳이라는 뜻으로 서울과 경기도 지역을 말한다. 경기京畿는 왕이 직접 다스리던 수도를 중심으로 인근의 500리 이내의 땅이라는 뜻이다.

이황의 영향을 받아 이황의 학설을 계승하여 성리학의 틀 속에서 학문의 방향을 설정하고 있었던 영남남인보다, 다양한 학술과 사상에 관심을 기울이고 적극적인 국가의 개혁을 구상했던 허목의 영향을 받은 근기남인들이 실학의 선구자라고 할 수 있다.

근기남인近畿南人은 경세치용經世致用의 학풍을 특색으로 하는 근기近畿 지방의 남인을 말한다. 이익의 학통을 계승하였다고 하여, 그의 '호號'를 따서 성호학파라고 부른다.

⑥ 실학의 선구적 역할을 한 사람은 이수광이었다. 이수광은 광해군 때1614에, 지봉유설芝峰類說이라는 우리나라 최초의 백과사전적인 책을 저술하였다. 지봉은 이수광의 호號이다. 지봉(이수광)이 쓴 유설類說. 관직 등 여러 가지에 대해 종류별로 해설 한 책이라는 뜻이다.

⑦ 실학은 중농학파와 중상학파로 나뉘는데, 중농학파는 경세치용학파 그리고 중상학파는 이용후생학파라고도 부른다. 중농학파重農學派는 농업農業을 중시重視. 중요하게 여김하는 학파이고, 중상학파重商學派는 상공업商工業을 중시重視하는 학파이다.

경세치용經世致用이란, 학문은 세상世上을 다스리고經. 경영. 운영 실생활에 활용活用하는데 힘써야致 한다는 주의主義. 주장. 이론이다. 학문은 세상을 다스리는데에 실질적인 이익을 줄 수 있어야 한다는 유교의 주장이다.

이용후생利用厚生이란 기구(도구)를 편리便利하게 쓰고用 먹을 것과 입을 것을 넉넉하게厚. 두터울 후 하여, 백성의 생활生活. 삶을 나아지게 한다는 뜻이다. 실학이 추구했던 최종의 목표가 경세치용과 이용후생이라고 할 수 있다.

⑧ 중농학파들은 토지제도를 개혁하여 자영농을 육성하는 것이 민생안정과 부국강병의 지름길이라고 생각하였다. 자영농 自營農 이란, 자신의 소유인 땅에서 농사를 짓고 직접 경영하는 농민을 말한다. 중농학파들의 주장의 핵심은 토지제도의 개혁이었다. 그러나 개혁의 방법에 있어서는 학자들마다 약간의 차이가 있었다. 유형원은 반계수록 磻溪隨錄 에서 균전론을 주장하였다. 반계는 유형원의 호이고 수록 隨錄 이란 책을 읽다가 수시 隨時 로 베껴 錄 둔 것이라는 뜻이다. 조선의 통치제도에 대한 개혁안을 담고 있는 책이다. 유형원이 생각했던 개혁 안의 핵심은 토지문제였다. 소수의 양반들이 전국의 토지를 차지해가는 현실을 보면서 그는 균등한 토지의 소유가 국가와 백성이 안정되는데 가장 중요한 요소라고 판단했다. 때문에 나라를 부강하게 하고 백성을 편안하게 하기 위해서는 제일 먼저 토지개혁이 필요하다고 주장했다. '토지는 골고루 정당하게 분배되어야 한다. 그러면 나라는 저절로 부강하게 된다.'는 것이 그의 생각이었다.

균전론 均田論, 고를 균, 토지 전과 땅을 경작자 耕作者. 농민에게 땅에 대한 권한이 있어야 한다는, 경자유전 耕者有田 은 토지개혁의 핵심원칙이었다. 농민에게 균등하게 토지를 주자고 하는 것이 균전론이다.

그러나 신분제 자체를 부정한 것은 아니어서, 양반에게는 보다 특별한 대우를 해주어야 한다고 하여 관리, 선비, 농민 등에게 차등적인 토지를 재분배할 것을 주장하였다. 결국 유형원의 균전론은 완전한 토지의 균등분배가 아니라, 신분에 따라 차등하여 나누되, 같은 신분 안에서는 동일하게 분배하자는 것이었다.

한편 유형원의 제자, 이익은 성호사설星湖僿說에서 한전론限田論을 주장하였다. 성호星湖는 이익의 호이며, 사설僿說.잘게 부술 사, 말씀 설은 여러 가지 상황을 상세하게僿 서술하다說는 뜻이다. 이익이 실학적 관점에서 당시의 문물제도를 상세하게 서술한 백과사전적인 책이라는 뜻이다.

이익의 한전론限田論은 토지논밭.田의 개인 소유를 한정限定. 규제. 제한하자는 주장論이다. 한전론은 영업전永業田과 비영업전으로 나누고, 비영업전은 토지의 매매가 가능하고, 영업전은 말 그대로 영구히永久 생업生業. 벌이. 먹고 삶이 가능한 토지田이니까 매매를 금지하게 하여 자영농을 육성하고, 농민의 몰락을 방지하자는 취지이다. 국가는 농민들에게 일정한 기준의 영업전을 가지게 하고 그 이상의 땅의 매매는 허용하되 제한된 토지 안에서는 매매를 금한다는 것이다.

조선 후기의 천재적인 실학자로서, 박학다식博學多識. 학식이 넓고 아는 것이 많음의 표상表象. 상징이라고 할 수 있는 사람이 다산 정약용이다. 우리의 역사 전체에 걸쳐서 정약용을 넘어설 정도로 아주 다양한 분야에 걸쳐 해박한 지식으로 엄청난 책을 쓴 사람을 찾기는 어렵다.

정약용은 전론田論에서 여전론閭田論을, 경세유표經世遺表에서 정전론井田論와 같은 토지개혁론을 주장하였다.

여전론은 여閭. 마을를 단위로 하여 토지田를 공동으로 소유, 경작하고 그 수확량은 노동량에 따라서 분배하자는 주장論이다. 여전론은 실현성이 떨어지는 이론이었다. 이에 경세유표에서 정전론井田論을 주장하였다. 정전론井田論은 토지田를 '정井. 우물 정'자 모양으로 9등분을 한 다음, 8등분은 개인에게 나누어 경작하게 하고 나머지 1등분은 농민들이 공동으로 경작하여 나라에 세금으로 납부하게 하자는 주장論이다.

이처럼 유형원, 이익, 정약용으로 대표되는 중농학파의 특징은 토지제도의 개혁이 모든 개혁의 기초가 되고, 농민들의 생활 안정에 핵심이라고 파악한 점이다. 중농학파의 관심은 토지의 재분배를 통한 자영농의 육성이었다.

⑨ 중상학파는 북학파 또는 이용후생학파라고도 한다. 중상학파는 기술을 혁신(개혁)하고 청의 선진문물을 적극 받아들여야 상공업이 성장, 발전할 수 있고 상공업商工業이 육성되어야 민생이 안정되고 부강한富强. 잘 살고 강한 나라가 될 수 있다고 주장 하였다.

이들은 청의 문물을 적극적으로 받아들이자고 주장하여 북학파北學派라고도 한다. 북학北學의 '북北'은 청나라를 의미하고, 학學은 '학문 또는 청의 문물'을 뜻한다. 결국 이들은 청나라의 학문과 선진문물을 배우고, 청나라와 적극적으로 교류 하여야 민생이 안정되고 부강한 나라가 될 수 있다고 주장하였던 것이다.

이들은 대체로 농촌에서 일생을 보낸 중농학파와는 달리, 한양서울의 도시적 분위기에서 성장한 사람들로, 상공업이 발전하여야 나라가 부강해지고 농민들의 생활도 나아진다고 생각했다. 이들은 또한 농촌에서 먹고 살기 힘든 사람들은 도시로 옮겨서 장사를 하면 잘 살 수 있다고도 생각했다. 중상학파는 대부분 당시 집권 세력이었던 노론계열 출신들이 많다. 따라서 이들은 관직에 종사하는 사람들이었거나 청나라에 가볼 기회가 많았던 사람들이다. 오늘날 미국에서 공부한 사람들이 미국을 배워야 한다고 주장하는 것처럼, 이들 또한 청나라의 현실을 보고 배운 사람들이었기에 청과 교류하며 청을 배워야 한다고 주장했다. 대표적인 인물로 유수원, 홍대용, 박지원, 박제가 등이 있다.

중상학파는 농업의 상업적인 경영과 농사기술의 개발을 통한 농업생산력의 증대에도 관심을 가졌다. 자급자족적인 농업에서 더 나아가, 돈벌이를 목적으로 하는 상업적 농업에 관심을 가졌던 것이다.

한편, 우서迂書는 조선 후기의 실학자 유수원이 부국안민富國 安民. 나라를 부유하게 하고 국민을 편안하게 함을 이루기 위한 사회개혁 방안(방법)을 제시한 책이다.

박지원은 청나라의 수도인, 북경(연경. 베이징) 기행문이라고 할 수 있는 열하일기熱河日記에서 수레나 선박의 이용과 함께 화폐의 사용이 상공업을 발전시킬 수 있다고 주장하였다. 박제가 또한 북학의에서 수레나 선박의 중요성을 강조하고, 상공업이 발전한 청나라와 교역을 확대하는 것이 부국강병의 지름길임을 주장했다. 그러면서 그는 소비와 생산의 관계를 우물물에 비유하여 '우물 속의 물은 계속 퍼내도 조금 있으면 다시 차지만, 퍼내지 않고 그대로 두면 썩기만 한다.'면서, 소비가 생산의 촉진제임을 강조했다.

이처럼 중상학파들은 민생안정과 부국강병의 지름길은 청과의 교류와 선진문물의 수용, 선박과 수레와 같은 물류物流 시스템의 확보, 화폐의 사용을 통한 성공업의 육성과 발전이라고 주장하였다.

⑩ 중농학파와 중상학파는 이처럼 그 실현 방법에서는 차이가 있었지만 모순된 현실사회에 대한 비판과 개혁, 민생을 안정시키고 부국강병한 나라를 만들어야 한다는 점에서는 생각이 같았다고 할 수 있다. 그리고 이러한 실학사상은, 특히 중상적 실학사상은 그 후 개화사상의 형성에 영향을 주었다.

그러나 안타까운 것은 실학자의 대부분이 정계政界에서 소외되어 있거나, 국가의 주요 정책결정에 영향을 미치기 어려운 위치의 관직에 있었기에 그들의 주장과 이론은 실제 국가정책에 제대로 반영되기 어려웠다.

⑪ 실학을 집대성한 정약용의 대표적인 저서가 목민심서, 경세유표, 흠흠신서이다. 목민심서牧民心書는 백성을 다스리는牧民 사람들이 지켜야 할 마음가짐心. 도리에 관하여 쓴 책書이다. 목민관牧民官. 수령. 원님. 사또이 지켜야 할 사항을 기록한 책으로서, 순조 때, 정약용이 지었다. 정약용은 이 책에서 지방 관리들의 폐해를 없애고 지방 행정의 쇄신刷新. 폐단을 고쳐서 새롭게 함을 위해 과거의 지방 관리들

의 잘못된 사례事例를 들어 백성들을 다스리는 도리道理를 설명하였다.

경세유표經世遺表는 세상을 다스리는經世. 나라를 경영하는 방법을 신하가 죽음에 임박하여(죽을 즈음에) 임금에게 올리는 글遺表이라는 뜻이다. 관제개혁과 부국강병의 방안(방법)을 적은 글이다.

흠흠신서欽欽新書. 조심할 흠는 형법에 관한 책으로서, 형벌을 맡은 관리가 유의해야 할 사항을 기록한 책이다. 살인사건 실무지 침서라고도 할 수 있다. 형벌을 담당하는 관리가 흠휼欽恤. 죄수를 신중하게 심의함의 정신으로 살인사건 등을 처리하는 지침을 담고 있다. 흠흠欽欽이란 걱정이 되어 잊지 못하는 모양을 말한다.

⑫ 실학자들은 당시 현실의 모순에 대한 개혁을 추구하던 사람들이다. 실제로現實 있는(존재하는) 일문제. 모순. 事에서 해결책(정답. 진리. 是)을 찾던求, 실사구시實事求是의 학문이 실학이다.

따라서 이들은 자연스럽게 중국에 대한 관심과 연구보다 우리의 것에 대한 관심이 더 많았다. 우리의 말, 역사, 문화, 땅 등등에 대한 것들을 제대로 알고자 노력하였다. 그것이 바로 국학國學 연구이다.

국학이란, 자기 나라의 고유固有. 본래부터 갖고 있는한 역사, 언어, 풍속, 신앙, 제도, 예술 따위를 연구하는 학문이다. 이제 중국 중심의 세계관에서 벗어나, 나와 우리를 제대로 아는 것이 문제에 대한 해결책이라고 여겼던 것이다. 남을 배우는 것은 매우 중요한 일이지만, 그보다 더 중요한 것은 나를 제대로 아는 것이다. 대체로 세상적인 것들의 출발점은 '나'로부터 이다.

조선의 정체성(본모습. 아이덴티티. 존재의 본질)을 아는 것이 정치·경제·사회적인 모순에 대한 해결의 실마리였던 것이다.

⑬ 따라서 우리 역사에 대한 연구가 먼저 이루어졌다. 안정복의 동사강목東史綱目은 우리나라동국. 東國. 고조선에서 고려 말까지의 역사歷史를 줄거리강. 綱와 구체적인 서술인 목目으로 나누어 구성한 편년체編年體. 연대 순서로의 역사책이다.

유득공의 발해고渤海考. 살펴볼 고는 발해渤海에 대한 역사책考으로서, 신라와 발해를 남북국으로 부른 최초의 역사책이고 현존하는 우리나라의 역사서 중 최초의 발해 전문 역사책이다. 고찰考察은 어떤 것을 깊이 생각하고 연구한다는 뜻이다. 발해 고는 발해渤海에 대한 고찰考察이라고 생각하면 될 것 같다.

한치윤의 해동역사海東繹史. 바꿀 역는 해동海東. 우리나라. 단군조선에서 고려까지의 역사繹史라는 뜻이다. 역사繹史는 청나라의 마속이 지은 역사책이다. 한치윤은 마속의 역사繹史를 참고(본보기)하여 지었다. 해동역사의 특징은 중국과 일본 등의 외국자료를 그대로 옮겨 적어서(인용) 역사의 객관성을 유지 하려고 했다는 점이다. 이긍익의 연려실기술練藜室記述이라는 역사책을 지었다. '연려실'은 이긍익의 호號이다. 기술記述이란 서술, 기록을 말한다. '연려실이 쓴 책'이라는 뜻이다. 연려실기술은 기사본말체紀事本末體 형식의 역사서로서, 조선 태조에서 현종까지 각 왕대의 주요 사건을 중심으로 기술한 역사서이다. 기사본말체紀事本末體란, 중요한紀. 실마리 기 사건事件. 일을 원인本. 근본 본부터 결말結末까지 연대순서로 기술體. 서체하는 역사서술의 방식을 말한다.

중국과 우리나라의 대표적인 역서서술 방식이 기전체, 편년체, 기사본말체이다. 기전체는 본기·열전·제도·연표 등 4가지 형식의 요소로 서술한 역사책으로, 고려시대 김부식의 삼국사기와 조선 초기의 고려사가 대표적이다. 그리고 편년체는 연·월·일의 연대순서로 기술하는 방식인데, 조선왕조실록이 대표적인 역사책이다.

이종휘의 동사東史는 동국東國. 우리나라의 역사歷史라는 의미로서, 부여와 발해를 우리 영토와 역사로 인식하였다. 우리나라 역사의 무대를 한반도에 한정하지 않고, 만주까지 시야를 확대하였다는 점에서 의미를 찾을 수 있다. 그 대표적인 역사책이 유득공의 발해고와 이종휘의 동사東史이다.

⑭ 국학연구의 중심에는 우리의 역사와 말(언어), 그리고 우리가 살고 있는 땅과 땅에 대한 정보를 얻기 위한 지리 연구가 있었다. 지리 연구와 지도의 제작은 부국강병과 중앙집권적 통치에 필요한 것이었다. 그러나 조선 후기에는 그보다 상인들의 활발한 상업 활동에 초점을 두고 많은 연구가 이루어졌다. 이중환의 택리지는 조선 후기의 대표적인 인문지리서이다.

택리지擇里志는 이중환이 전국을 답사踏査하고 쓴 책으로서, 전국의 지형과 풍토 등의 자연환경地理. 生利과 풍속 등의 인문환경山水. 心을 따져서, 살기 좋은 곳里. 마을 리. 고장 을 골라擇. 가릴 택 기록한志

책이다.

한편 고산자 김정호가 제작한철종, 1861 우리나라 지도가 대동여지도大東輿地圖이다. 대동여지도大東輿地圖는 대동大東, 우리나라의 땅輿地, 대지, 大地, 땅덩이을 그린 그림圖이라는 의미이다. 우리나라의 땅 전체를 그린 지도가 대동여지도이다.

동국지도東國地圖는 영조 때 정상기가 제작한 우리나라東國 최초의 축척縮尺이 표시된 지도地圖이다. 축척은 지도에서의 거리와 지표地表, 땅의 겉면에서의 실제 거리와의 비율을 말한다.

그 밖의 지리 서적으로 신경준의 강계고彊界考는 우리나라의彊, 나라 강 경계境界, 국경에 대하여 조사한 책考, 조사할 고과 정약용의 강역고彊域考가 있다. 강역고는 우리나라의彊 통치권이 미치는 지역地域에 대하여 조사한 책이다. 아방강역고我邦彊域考는 아방我邦, 우리나라의 통치권이 미치는 지역地域에 대하여 살펴보고 조사한 지리책이다.

지지地誌 또는 지리지地理誌는 땅에 대해서 기록한 책, 땅 위의 정보를 기록한 책을 말한다.

곤여만국전도坤輿萬國全圖는 지구坤輿, 땅 곤상의 세계 모든 나라萬國의 전체全體를 그린 지도地圖, 즉 세계지도를 말한다. 1602년에, 선교사로 명나라에 와있던 이탈리아의 예수회 수사修士 마테오리치가 제작하여 출판한 세계지도인데 선조 때 우리나라에 전래되어, 조선 후기 세계관의 변화에 큰 영향을 주었던 지도이다. 중국이 세계의 중심이라는 '중화사상'에서 벗어나 는 계기를 마련해 주었다고 할 수 있다.

세계관世界觀이란 세상世上. 世界을 보는 관점觀點. 시각. 눈이라고 할 수
있다.

⑮ 동의보감東醫寶鑑은 허준이 편찬한 의학서이다. 동의보감東醫寶鑑이
란, 중국과 동국東國. 우리나라의 의서醫書 가운데서 후세에 본보기鑑.
거울 감가 될 만큼 귀중한寶. 보배 보 자료(정보)를 모아 엮은 책이다.
한국인이 저술한 책 중에 중국인·일본인들에게 가장 널리 읽힌
책으로 꼽힌다. 예방의학에 중점을 두고, 우리 전통 약재를 사용
한 치료법을 제시하였다. 동의보감은 우리나라, 중국, 일본의 의
학 발전에 크게 기여하였다. 허준이 우리나라와 중국의 의학서적
을 모아 편찬한 의학백과사전이다. 유네스코에 세계 기록 유산
으로 등재되어 있다.

⑯ 우리말에 대한 연구자로는 신경준, 유희 등을 들 수 있다. 신경준
의 훈민정음운해訓民正音韻解는 훈민정음訓民正音의 음운音韻. 말의 뜻을 구
별해 주는 소리의 가장 작은 단위. 모음과 자음의 원리를 그림으로 그려서 해석한
解釋. 풀이 책이다.

유희의 언문지諺文志는 언문諺文. 한글을 속되게 이르는 말. 한자에 대하여 한글을 얕
잡아 부르던 말. 상말 언의 음운音韻. 자음과 모음을 연구하여 기록한誌. 기록할 지
책이다. 유희는 언문지를 통해 우리말(언문) 본래의 특징을 중심
으로 연구를 새롭게 정리해 냈다.

음운音韻은 '음音과 운韻'을 말하는데, 음音은 '소리'이고 운은 '울
림'이다. 예를 들어서 '나와 너'에서 'ㄴ'은 음音이고, 'ㅏ, ㅓ'은 운

韻이다.

언문諺文은 한문에 비하여 우리글을 낮추어 부르던 말로 서, 언서·언자·언해·암클·중글·아햇글·반절半切 등으로 불렸다. 상것(상놈)들諺이나 쓰는 글文이라 하여 언문諺文 또는 언서라고 했고, 아녀자들이 주로 쓰는 글이라 하여 암클, 반토막 글이라 하여 반절, 아이들이나 쓰는 글이라하여 아햇글이라고 했다.

260 동학東學

① 동학東學 ↔ 서학西學. 천주교. 천주학

동東은 궁弓. 활 궁을 상징하고, 서西는 을乙. 새 을을 상징한다. 궁은 활이요, 을은 새인데 활이 새를 잡는 것으로 비유하였다. 즉, 동학이 서학을 제압한다. 서학은 음陰이고 동학은 양陽으로서 양은 음을 제압한다는 뜻에서 동학東學이라고 불렀다고 한다. 서학에 반대하는 개념에서 동학이라는 말을 사용하게 된 것이다.

② 19세기 순조 이후로, 세도정치로 인한 사회혼란과 민심불안, 기성종교(유교·불교·도교 등)의 지도력 상실(새로운 사상 요청), 이양선異樣船의 출몰과 천주교의 유포로 인한 위기의식의 고조高調. 어떤 분위기나 감정 같은 것이 한창 무르익거나 높아 짐되었다. 이에 안으로 정치·사회적 혼란을 극복하고 밖으로 외세外勢. 서양세력에 대응할 수 있는 종교를 열망熱望. 간절히 바람하는 가운데, 경주의 잔반殘班. 몰락한 양반 출신의 최제우가 1860년에 동학을 창시하였다.

이양선異樣船은 우리의 전통적인 선박과는 '모양模樣이 다른異. 다를 이 배船'라는 의미로서, 다른 나라의 배, 서양의 철선鐵船을 말한 다. 18세기 이래 우리나라 근해에 나타나 백성들을 불안하게 하 였던 서양의 상선商船이나 군함軍艦을 말한다.

③ 동학은 밖으로 외세(서양세력)의 침략적 접근으로부터 우리 것을 지키고, 안으로는 세도정치로 인한 백성들의 고통을 구원하겠다 는 목적으로 창시되었다. 보국안민輔國安民은 나랏일國을 돕고輔 백성民을 편안便安하게 함을 의미하는데, 동학 창시의 기본정신이 라고 할 수 있다.

④ 동학의 중심사상은 '사람이 곧 하늘'이라는 '인내천人乃天'이다. 즉, '사인여천事人如天'사람人 섬기기事. 섬길 사를 하늘天처럼如. 같을 여해야 한다고 주장하였다. 동학의 인간 평등사상은 농민과 같은 하층 민들의 환영을 받았다.

서학(천주학)과 동학은 서로 다른 교리를 갖고 있었지만, 하늘 아래 모든 인간은 평등하다는 생각만큼은 동일하였다.

⑤ 동학의 교세가 확장되자, 정부는 동학을 '혹세무민惑世誣民' 즉, 세 상世上을 어지럽히고惑 백성들民을 속이는誣 종교로 규정하고, 탄 압하면서 교주 최제우를 그러한 죄목으로 처형하였다. 이후 동 학은 2대 교주 최시형을 중심으로 '동경대전'과 같은 교리를 만 들고, 한글로 된 '용담유사'와 같은 가사집(노래책)을 편찬하여 교 단을 정비하면서 꾸준히 교세를 확장시켰다.

⑥ 동학의 교세敎勢. 종교의 세력가 커지면서 동학교도들이 교조敎祖. 최제우

누명혹세무민의 죄명 벗겨 교조의 원冤. 원통 함을 풀어伸 주고, 종교적인 믿음의 자유를 얻기 위해 벌인 운동運動이, 교조신원운동教祖伸冤運動이다.

⑦ 동학은 3대 교주 손병희에 이르러 그 명칭을 천도교天道敎로 바꾸어, 오늘에 이르고 있다.

찾아보기

번호

6두품 · 101

8조법 · 48

ㄱ

가락바퀴 · 30

가묘 · 117

간빙기 · 20

간석기 · 26

간언 · 191

간의 · 279

간쟁 · 191

간지 · 249

갑술환국 · 250

갑신정변 · 203

갑오경장 · 251

갑자사화 · 251

강동 6주 · 209

개시무역 · 312

거란도 · 146

거푸집 · 41

건원중보 · 241

결부법 · 291

결작 · 328

경국대전 · 265

경세유표 · 383

경세치용 · 377

경신참변 · 251

경신환국 · 251

경재소 · 270

경저리 · 136

경창 · 290

계백료서 · 184

계절제 · 61

계축옥사 · 251

계해약조 · 251

고려대장경 · 214

고려양 · 224

고분벽화 · 110

고인돌 · 42

고조선 · 49

고증학 · 375

곤여만국전도 · 386

골품제도 · 101

공납 · 288

공명첩 · 323

공음전 · 187

공장안 · 308

공전 · 283

과거제도 · 184

과전법 · 237

관등 · 81

관료전 · 138

관영수공업 · 308

관위 · 81

관직 · 82

관품 · 81

광개토대왕 · 89

광작 · 298

교관겸수 · 240

교린정책 · 262

교정도감 · 205

교정별감 · 205

교조신원운동 · 390

교종 · 164

국학 · 383

군역 · 286

군정 · 352

군현제 · 51

굴식돌방무덤 · 110

궁예 · 170

권문세족 · 222

귀주대첩 · 209

규장각 · 360

균역법 · 324

균전론 · 378

금난전권 · 305

금동미륵반가상 · 128

금입택 · 150

기묘사화 · 251

기사본말체 · 384

기사환국 · 252

기인제도 · 136

기전체 · 242

기축옥사 · 253

기해사옥 · 253

김헌창 · 156

껴묻거리 · 60

ㄴ

나선정벌 · 358

나·제 동맹 · 99

난전 · 304

남북국시대 · 130

남인 · 250

납속책 · 323

납포장 · 308

널무덤 · 54

노론 · 250

노비안검법 · 184

녹읍 · 138

농본주의 · 299

농사직설 · 271

ㄷ

단군신화 · 45

단군왕검 · 46

단양적성비 · 103

답험손실법 · 292

당백전 · 316

당오전 · 316

당초문 · 174

대간 · 191

대공의 난 · 155

대대로 · 94

대동 · 143

대동법 · 300

대동여지도 · 386
대막리지 · 109
대승불교 · 123
대첩 · 108
도교 · 124
도독부 · 126
도병마사 · 190
도조법 · 317
도호부 · 126
독무덤 · 55
독서삼품과 · 163
돈오점수 · 241
돌무지덧널무덤 · 110
돌무지무덤 · 87
동국 · 219
동국지도 · 220
동국통감 · 282
동맹 · 61
동시전 · 100
동예 · 64
동의보감 · 387
동학 · 388

뗀석기 · 24

ㅁ

마애 · 111
마패 · 295
만권당 · 233
만주족 · 144
만파식적 · 133
말갈족 · 144
매매혼 · 64
맹주 · 67
명도전 · 45
모내기법 · 297
모전탑 · 115
목민심서 · 354
목탑 · 115
몽고풍 · 224
무격신앙 · 33
무구정광대다라니경 · 215
무리사회 · 25
무신정변 · 202
무오사화 · 258

무천 · 66
문명 · 35
문묘 · 118
문벌 · 187
문체반정 · 362
문치주의 · 195
문헌공도 · 243
물활론 · 32
미륵 · 170
미송리식 토기 · 51
민며느리제도 · 63
민무늬토기 · 40
민영수공업 · 308
민정문서 · 140
민화 · 366

ㅂ

박편석기 · 24
반달돌칼 · 46
발해관 · 147
발해도 · 146
방군수포제 · 326

방납 · 302

백리척 · 220

백운동서원 · 338

백잔 · 94

벌열양반 · 370

법흥왕 · 100

벽골제 · 70

벽란도 · 244

벽파 · 364

변한 · 67

별무반 · 212

병인양요 · 255

병자수호조약 · 255

병자호란 · 256

보부상 · 304

봉건제도 · 179

봉기 · 209

봉덕사종 · 173

봉박 · 191

봉수제도 · 296

부여 · 55

부족 · 30

북벌론 · 356

북인 · 251

북학론 · 356

북학파 · 358

분청사기 · 367

불상 · 116

불씨잡변 · 234

불화 · 245

붕당 · 278

비변사 · 355

비파형동검 · 40

빈공과 · 154

빗살무늬토기 · 28

빙하기 · 19

ㅅ

사대정책 · 213

사료 · 22

사리장엄구 · 114

사리장치 · 114

사림 · 276

사문난적 · 364

사성 · 182

사신도 · 125

사심관제도 · 184

사액서원 · 339

사전 · 283

사출도 · 56

사화 · 277

산림 · 278

산수무늬벽돌 · 124

삼국사기 · 242

삼국유사 · 243

삼대목 · 173

삼별초 · 207

삼사 · 191

삼정 · 352

삼정이정청 · 354

삼한 · 67

상감청자 · 221

상대등 · 95

상서성 · 190

상수리제도 · 136

상정고금예문 · 216

상좌평 · 95

상평창 · 293

상평통보 · 313

상품작물 · 300

샤머니즘 · 33

서경 · 180

서기 · 18

서기전 · 18

서산마애삼존불 · 111

서얼 · 360

서역 · 160

서옥제 · 62

서인 · 337

서학 · 388

석탑 · 115

선대제 · 310

선무군관포 · 328

선민사상 · 44

선사시대 · 17

선종 · 164

설점수세 · 311

성덕대왕 신종 · 173

성리학 · 232

세기 · 19

세도정치 · 351

세형동검 · 42

소격서 · 125

소도 · 68

소론 · 350

소수서원 · 338

소승불교 · 123

속대전 · 265

속오군 · 266

속오법 · 266

속장경 · 266

솔거노비 · 373

솟대 · 68

송악 · 180

수릿날 · 71

수신사 · 322

수조권 · 138

숙위학생 · 154

순수비 · 104

순장 · 57

습베 찌르게 · 28

시무책 · 152

시전상인 · 305

시정전시과 · 197

시중 · 82

시파 · 364

시헌력 · 359

시호 · 131

식읍 · 138

신라관 · 148

신라방 · 148

신라소 · 148

신라원 · 148

신라촌 · 148

신량역천 · 372

신미양요 · 259

신석기시대 · 26

신석기 혁명 · 26

신유사옥 · 254

신진사대부 · 230

신해통공 · 253

실사구시 · 375

씨족 · 31

○

암각화 · 44

양부일구 · 280

애니미즘 · 32

양명학 · 363

양현고 · 244

어사대 · 192

어영청 · 357

언문지 · 387

업설 · 122

여수장우중문시 · 109

여왕 · 175

여전론 · 380

여진족 · 144

역분전 · 197

역사 · 16

역사시대 · 17

역성혁명 · 231

역원제도 · 267

연맹왕국 · 53

연분9등법 · 292

연호 · 84

영고 · 58

영정과율법 · 330

영정법 · 330

영주도 · 146

영혼불멸사상 · 34

예송논쟁 · 344

옥저 · 63

왕건 · 180

왕오천축국전 · 159

왜구 · 227

외거노비 · 373

요령지방 · 50

요역 · 286

용비어천가 · 274

우경 · 99

우제점법 · 60

움집 · 27

원교근공책 · 169

원효 · 161

위화도 회군 · 235

유격전 · 320

유민 · 147

유향소 · 270

육의전 · 305

육조 직계제 · 263

윤작법 · 299

율령 · 83

을묘왜변 · 259

을미사변 · 254

을미의병 · 255

을사사화 · 254

을사의병 · 255

을사조약 · 255

을지문덕 · 109

음서제도 · 186

의병 · 319

의상 · 162

의정부 서사제 · 263

의창 · 293

이모작 · 297

이벌찬 · 81

이양선 · 389

이용후생 · 377

이음도구 · 29

이조전랑 · 340

인내천 · 389

인류 · 20

인지의 · 281

일책십이법 · 61

임나일본부설 · 112

임신서기석 · 106

임오군란 · 259

임진왜란 · 259

잉류 · 290

ㅈ

자격루 · 280

자연신 숭배 · 32

잔석기 · 29

잠채 · 312

잡색군 · 268

장군총 · 88

장보고 · 158

장수왕 · 90

장용영 · 361

장인 · 310

장인세 · 308

장적 · 140

재신 · 192

재추회의 · 192

적고적 · 151

전민변정도감 · 226

전분6등법 · 291

전시과 · 196

전정 · 352

전제왕권 · 162

전주전객제 · 284

전탑 · 115

전황 · 313

점촌 · 311

정계 · 184

정도전 · 230

정동행성 · 224

정령신앙 · 32

정림사지 5층 석탑 · 115

정묘호란 · 257

정미7조약 · 257

정미의병 · 257

정사암 · 97

정유재란 · 258

정전 · 141

정전론 · 380

정토종 · 160

정혜쌍수 · 241

제가회의 · 96

제승방략체제 · 269

제정분리 사회 · 39

제정일치 사회 · 39

조개더미 · 34

조계종 · 239

조공 · 86

조공도 · 146

조선왕조실록 · 281

조용조 · 139

조운 · 294

조창 · 294

족외혼 · 66

종묘 · 118

주기론 · 337

주리론 · 336

주작대로 · 145

중개무역 · 50

중계무역 · 50

중농학파 · 377

중상학파 · 377

중서문하성 · 189

중시 · 82

중앙집권국가 · 77

중원고구려비 · 91

중추원 · 190

중화사상 · 261

지석 · 112

지주전호제 · 284

직립보행 · 20

직전법 · 238

직지심경 · 216

직파법 · 298

진경산수화 · 365

진골 귀족 · 149

진관체제 · 267

진대법 · 80

진포대첩 · 229

집사부 · 135

집사성 · 135

징비록 · 322

ㅊ

책화 · 65

천군 · 69

천도 · 86

천리장성 · 125

천마총 · 113

천상열차분야지도 · 280

천태종 · 239

철기시대 · 52

청구 · 143

청동기시대 · 37

청해진 · 159

청화백자 · 367

초계문신제 · 362

초적 · 151

초제 · 125

초조대장경 · 214

촌주 · 150

촌주위답 · 150

최승로 · 188

추신 · 192

취민유도 · 181

측우기 · 280

칠정산 · 281

칠지도 · 111

칭제건원 · 186

ㅌ

타조법 · 317

탄현 · 169

탑 · 114

탑파 · 114

탕평책 · 349

태학 · 80

택리지 · 385

토우 · 58

토테미즘 · 33

통신사 · 321

ㅍ

팔만대장경 · 214

편년체 · 385

폐전론 · 315

풍속화 · 366

풍수지리설 · 166

ㅎ

한군현 · 72

한반도 · 22

한전론 · 379

해동 · 143

해동성국 · 143

향가 · 173

향·부곡·소 · 193

향약 · 333

향찰 · 335

향청 · 270

현생인류 · 21

형사취수 · 59

호국불교 · 79

호락논쟁 · 346

호석 · 174

호우 · 92

호족 · 156

호태왕 · 89

호패법 · 186

호포제 · 329

혹세무민 · 389

혼천의 · 278

홍건적 · 227

홍익인간 · 47

화랑도 · 105

화백회의 · 97

화석 · 23

화엄사상 · 162

화이사상 · 260

화쟁사상 · 161

화통도감 · 229

환곡 · 353

환국 · 250

환도 · 86

후삼국시대 · 168

후시무역 · 312

훈구 · 275

훈민정음 · 272

훈요십조 · 184

흠흠신서 · 383